UTB FÜR WISSENSCHAFT

UTB **2204**

W0293236

Eine Arbeitsgemeinschaft der Verlage

Wilhelm Fink Verlag München
A. Francke Verlag Tübingen und Basel
Paul Haupt Verlag Bern · Stuttgart · Wien
Hüthig Fachverlage Heidelberg
Verlag Leske + Budrich GmbH Opladen
Lucius & Lucius Verlagsgesellschaft Stuttgart
Mohr Siebeck Tübingen
Quelle & Meyer Verlag Wiebelsheim
Ernst Reinhardt Verlag München und Basel
Ferdinand Schöningh Verlag Paderborn · München · Wien · Zürich
Eugen Ulmer Verlag Stuttgart
Vandenhoeck & Ruprecht Göttingen und Zürich
WUV Wien

F. Koslowski
U. Kohlmeier

Controlling-Wörterbuch der Praxis

Deutsch/Englisch
Englisch/Deutsch

Lucius & Lucius · Stuttgart

Anschrift der Autoren:

Prof. Dr. Frank Koslowski
Ernst-Reuter-Str. 16
67373 Dudenhofen

Ulrich Kohlmeier
Unterloh 18
32457 Porta Westfalica

Die Deutsche Bibliothek – CIP-Einheitsaufnahme

Koslowski, Frank:
Controlling-Wörterbuch der Praxis : Deutsch-Englisch, Englisch-Deutsch / Frank Koslowski/Ulrich Kohlmeier. Stuttgart : Lucius und Lucius, 2001
(UTB für Wissenschaft : Uni-Taschenbücher ; 2204)
ISBN 3-8252-2204-7 (UTB)
ISBN 3-8282-0161-X (Lucius & Lucius)

Druck und Einband: F. Pustet, Regensburg
Einbandgestaltung: Atelier Reichert, Stuttgart
Printed in Germany

UTB-Bestellnummer: ISBN 3-8252-2204-7

Vorwort

Die stetig wachsende Bedeutung sowohl der internationalen Beziehungen der Unternehmen als auch der damit erhöhten Steuerungs- und Controllinganforderungen an die Unternehmensführungen erfordern einheitliche Sprachregelungen. Da Englisch die internationale Unternehmenssprache ist und ein Controlling-Wörterbuch bislang noch nicht existierte, entschlossen wir uns, diese Lücke zu schliessen. Während unserer Arbeit an diesem Nachschlagwerk wurde deutlich, daß sich im Controlling-Wortschatz verschiedene Begriffe fanden, bei denen es in der Anwendung zwischen den englischsprachigen Ländern durchaus unterschiedliche Bedeutungen gab. Außerdem stellte sich heraus, dass es eine Vielzahl von theoretischen - literarischen - Übersetzungen bestimmter Controllingbegriffe gibt, mit denen ein Praktiker allerdings nur sehr wenig anfangen kann. Unser Ehrgeiz war es daher, uns u.a. durch intensive Gespräche mit Controller-Kollegen auf allgemeine praxisnahe Übersetzungen der betroffenen Fachtermini zu einigen, um einen grösstmöglichen inhaltlichen Anwendungswert in der Praxis zu garantieren.

Das daraus entstandene vorliegende Wörterbuch beinhaltet die Begriffe und Fachausdrücke des gesamten Controlling-Spektrums, vom allgemeinen Kostenstellen und Kosten-Nutzen-Controlling über das Beschaffungs-, Produktions- und Vertriebs-Controlling bis zum Personal- und Finanz-Controlling. Der Wortschatz umfasst mit rund 5.000 Stichwörtern und deren Ableitungen alle relevanten Begrifflichkeiten des praxisnahen Controlling.

Dieses Controlling-Wörterbuch für die Praxis ist sowohl für Studenten und Dozenten wirtschaftswissenschaftlicher Studiengänge als auch für Praktiker und Manager in den Unternehmen geeignet, die mit der zunehmenden Globalisierung und der damit einhergehenden internationalen Verflechtung wirtschaftlicher Beziehungen immer mehr gefordert werden, Kommunikation jeglicher Art auf Basis der englischen Sprache zu betreiben.

Sie finden in diesem Wörterbuch einheitlich zu verwendende Fachausdrücke des Controlling, die vornehmlich in den USA und Grossbritannien ihren Ursprung haben und mittlerweile weltweit in aktiver Anwendung sind. Dieses Wörterbuch will bei unternehmensweiter Verwendung auch zu einer Vereinheitlichung im Sprachgebrauch beitragen. In der Schreibweise entsprechen die Übersetzungen dem britischen Englisch. Rein britische bzw. amerikanische Ausdrücke sind mit (GB) respektive (US) gekennzeichnet. Im deutschen Teil ist das "ß" durch "ss" ersetzt. Das "to" in Verbindung mit dem englischen Verb ist in alphabetischer Hinsicht ohne Bedeutung.

Controlling, das wir i.w.S. als "zielorientiertes Navigieren, Planen und Steuern" definieren, ist schon lange nicht mehr auf die reine Kostenkontrolle zu beschränken. Controlling ist vielmehr eine Arbeitsmethodik und eine wesentliche Komponente des Managements, die jeder Manager in jedem Unternehmensbereich ausübt, wenn er Ziele setzt, entsprechend plant und steuert. Die Berufsbezeichnung **Controller** hingegen bezieht sich auf den betriebswirtschaftlichen Lotsen des Managements, der mit seinem Informations-, Koordinations- und Moderationsservice in allen Unternehmensbereichen involviert sein sollte. Die International Group of Controlling (IGC) hat ein Controller-Leitbild entwickelt, dass das komplexe Aufgabenspektrum des Controllers beidsprachig sehr treffend auf den Punkt bringt:

Controller-Leitbild	A Mission-Statement for Controllers
Controller leisten begleitenden betriebswirtschaftlichen Service für das Management zur zielorientierten Planung und Steuerung.	Controllers provide an accompanying service in management accounting and financial analyses for managers which will enable them to plan and control their operations according to objectives.
Das heisst:	This means:
1. Controller sorgen für Ergebnis-, Finanz-, Prozess- und Strategietransparenz und tragen somit zu höherer Wirtschaftlichkeit bei.	1. Controllers are responsible for the transparency of business results, finance, processes and strategy thus contributing to higher profitability.
2. Controller koordinieren Teilziele und Teilpläne ganzheitlich und organisieren unternehmensübergreifend zukunftsorientiertes Berichtswesen.	2. Controllers co-ordinate sub-targets and sub-plans in a holistic way and organize a reporting-system which is future-oriented and covers the business as a whole.
3. Controller moderieren den Controlling-Prozess so, dass jeder Entscheidungsträger zielorientiert handeln kann.	3. Controllers moderate the controlling process so that every decision maker can act in accordance with agreed objectives.
4. Controller sichern die dazu erforderliche Daten- und Informationsversorgung.	4. Controllers ensure that managers receive all necessary information.
5. Controller gestalten und pflegen die Controllingsysteme.	5. Controllers create and maintain the controlling systems.
Controller sind interne betriebswirtschaftliche Berater aller Entscheidungsträger und wirken als Navigator zur Zielerreichung.	Controllers are internal economic consultants (advisors) to all decision-makers and act in the role of a navigator torwards the achievement of goals.

Quelle: Arbeitsgemeinschaft "International Group of Controlling (IGC)", Gauting,

Wir möchten unseren Dank an viele Controller richten, die uns in der Entstehungszeit durch ihren kompetenten Rat unterstützten. Ein ganz besonderer Dank gilt unseren Ehefrauen für ihre Hilfe und Geduld, die sie uns über die gesamte Zeit der Entstehung dieses Wörterbuches zuteil werden liessen. Daneben hat Herr Dr. v. Lucius uns mit seiner herzlichen Art und seiner kompetenten Begleitung zum Schluss unserer Arbeit an dem Wörterbuch viel Energie für dessen Vollendung gegeben.

Die Autoren sind für jede Anregung dankbar, die zu einer Weiterentwicklung und Verbesserung des vorliegenden Standardwerkes beiträgt, denn nur durch die Mithilfe aller Controllingbegeisterten wird dieses Buch in den nächsten Jahren von uns optimal und dynamisch weiterentwickelt werden können. Bitte mailen Sie uns Ihre Anregungen und Wünsche! Auch wenn Sie Ideen haben, die nicht zum vorliegenden Controlling-Projekt gehören, sind wir auf diese Art für Sie erreichbar.

F.Koslowski@epost.de
oder
Ulrich_Kohlmeier@yahoo.com

Mannheim und Aachen, im Februar 2001

A

Abbruchkosten	dismantling costs
Abbuchung vom Konto	deduction from an account
Abfall, produktionsabhängiger ~	production caused scrap
Abfallabweichung	scrap variation
Abfallmaterial	waste material
Abfallprodukt	waste product, by-product
Abfallprozentsatz	percentage of scrap
Abfallwertrechnung	calculation of scrap, scrap calculation system
Abfallzuschlag	allowance for scrap and usage
Abfindung	indemnity
Abfluss aus Finanzierungstätigkeit	net cash used in financing activities
Abfluss aus investiver Tätigkeit	net cash used in investing activities
Abgabe, öffentliche ~	public levy
Abgabe, Sozial-	social security contribution
Abgabenquote	tax and contributions ratio
Abgabepreis	sales price
Abgänge	dispositions
Abgänge von Sachanlagen	retirements of property, plant and equipment
Abgangsdatum	leaving date
Abgrenzung	cut-off
Abgrenzung der Verkäufe	sales cut-off
Abgrenzung des Einkaufs	purchase cut-off
Abgrenzung von Zinsaufwand oder Zinsertrag	accrued interest payable or receivable
Abgrenzung, aktive ~	deferrals, deferred charge
Abgrenzung, Fixkosten-	period expense cut-off
Abgrenzung, passive ~	accruals, deferred income
Abgrenzung, periodische ~ von Aufwand und Ertrag	accrual basis of accounting
Abgrenzungen	accruals and deferrals
Abgrenzungsposten, Rechnungs-	deferred expenses, deferred charges
Abhebung	withdrawal
Abkommen	agreement
Ablauf des Patentschutzes	patent expiry

Ablauf einer Frist	expiry, expiration
Ablauf, Planungs-	budget procedure
Ablaufdatum	expiry date
ablaufen einer Frist	to expire
Ablaufplan	schedule
Abnahmeverpflichtung	purchase commitment
Abrechnung von Dienstleistungen	service accounting
Abrechnung, Jahres-	annual settlement
Abrechnung, Jahresend-	year-end-closing
Abrechnung, Kostenstellen-	cost centre settlement
Abrechnung, Material-	material cost accounting
Abrechnungsbogen	account centre sheet
Abrechnungseinheit	accounting unit
Abrechnungsstelle	account centre
Abrechnungssystem	clearing system
Abrechnungstag	settling day
Abrechnungsverfahren	accounting system
Abrechnungszeitraum	accounting period
abrufbar	callable
Absatz	sales
Absatzbuchhaltung	marketing accounting
Absatzchancen	sales opportunities, sales possibilities
Absatzfinanzierung	marketing financing
Absatzförderung	sales promotion
Absatzforschung	marketing research
Absatzgebiet	distribution ~, market ~, sales ~, trading area
Absatzkanal	distribution channel
Absatzkapazität	selling capacity
Absatzkennzahlen	standard figures of distribution
Absatzkontingent	market quota
Absatzkosten	distribution cost, sales cost
Absatzmenge	quantity of sales
Absatzmethode	distribution method, marketing method
Absatzplan	sales budget, merchandising scheme
Absatzprognose	sales forecast
Absatzrückgang	falling-off of sales

Absatzschwankungen	sales fluctuations
Absatzstatistik	sales chart, marketing statistic
Absatzsteigerung	increased sales, sales promotion
Absatzverhältnisse	selling conditions, market situation
Absatzwege	sales channels, channels of distribution
Absatzzahlen	market data, sales figures
Abschlagszahlung	down-payment, partial payment
Abschluss der Konten	closing the accounts
Abschluss, Jahres-	year-end closing, annual financial statement
Abschlussbilanz	annual balance sheet
Abschlussprüfer	auditor
Abschlussprüfung	audit
Abschreibung	depreciation
Abschreibung auf Basis der Wiederbeschaffungskosten	replacement method of depreciation
Abschreibung auf der Basis von Produktionseinheiten	unit-of-production method of depreciation
Abschreibung auf immaterielle Vermögenswerte	amortization
Abschreibung wegen Substanzverzehr	depletion
Abschreibung zweifelhafter Forderungen	bad debt expense
Abschreibung, abzugsfähige ~	deductible depreciation
Abschreibung, aufgelaufene ~ auf Sachanlagevermögen	accumulated depreciation
Abschreibung, ausserordentliche ~	extraordinary depreciation
Abschreibung, buchmässige ~	book depreciation
Abschreibung, degressive ~	declining balance method of depreciation
Abschreibung, direkte ~	depreciation booked against the asset
Abschreibung, indirekte ~	depreciation accumulated in a reserve account
Abschreibung, kalkulatorische ~	imputed depreciation, calculated depreciation
Abschreibung, lineare ~	straight-line method of depreciation
Abschreibung, planmässige ~	normal depreciation

Abschreibung, Sonder-	accelerated depreciation, special depreciation
Abschreibung, steuerliche ~	depreciation for tax purposes
Abschreibungen auf das Anlagevermögen	depreciation of fixed assets, depreciation amortization
Abschreibungsaufwand	depreciation expense
Abschreibungsbetrag	amount of depreciation
abschreibungsfähige Kosten eines Wirtschaftsgutes	depreciable cost
Abschreibungsgrundlage	depreciation basis
Abschreibungsmethode	depreciation method
Abschreibungssatz	depreciation rate
Abschreibungsverfahren	depreciation method
Abschreibungszeit	depreciation period
absetzbar	deductible
Absicherung finanzieller Risiken	hedging of financial risks
Absichtserklärung	letter of intent, declaration of intent
Abstandszahlung	indemnity payment
Abstimmbrücke	reconciliation bridge
abstimmen von Konten	to reconcile of accounts
Abstimmsumme	check sum
Abstimmung von Zahlen	reconciliation of figures
Abstimmungsdifferenz	amount out of balance
Abstimmungsposten	reconciling item
Abteilung	department, division, section
Abteilungsleiter	head of department
Abtretungserklärung	declaration of assignment
Abweichung	deviation, variation, variance
Abweichung bei Standardkosten	variation in standard costs, standard cost variance
Abweichung, Beschäftigungs-	variation of the operation capacity
Abweichung, Bestands-	inventory variance, inventory variation
Abweichung, Budget-	budget variance
Abweichung, Fabrikausstoss-	manufacturing output variation
Abweichung, Fixkosten-	period expense variation
Abweichung, Gemeinkosten-	overhead variance, overhead variation

Abweichung, Kosten-	cost deviation, cost variance, cost variation
Abweichung, Leistungsgrad-	labour efficiency variance
Abweichung, Losgrössen-	lot-size variance
Abweichung, Material-	material variance
Abweichung, Preis-	price variation
Abweichung, Skonto-	cash discount variance
Abweichung, Umsatz-	turnover variance
Abweichung, ungeklärte ~	undefined variation
Abweichung, Verbrauchs-	consumption variance
Abweichungen	variances
Abweichungsanalyse	variance analysis
Abweichungsverteilung	allocation of variances
abwerten	to devalue
Abwertung	devaluation
Abwertung der Lagerbestände	devaluation of finished goods warehoused
Abwertung der Währung	devaluation of currency
Abwesenheitsrate	absentee rate
Abwicklungskosten	handling costs
Abzahlungszeit	repayment period
Abzinsung	discounting
Abzinsungsfaktoren	discount factors
Abzinsungssatz	discount rate
Abzug	allowance, deduction
abzugsfähig	deductible
abzugsfähige Ausgaben	deductible expenses
Agio	premium
Akkordarbeit	piece-work
Akkordlohn	incentive scheme of payment
Akkordvorgaben	piece-work rate, incentive operations work
Akkordzettel	job time ticket
Akkreditiv	letter of credit
Akkreditivbegünstigter	beneficiary of a letter of credit
Akkreditivinhaber	accreditee
Akquisition	acquisition

akquisitorischer Wettbewerb	promotional competition
Akte	file
Aktie	share, stock
Aktie ohne Bezugsrecht	ex rights share
Aktie, an Belegschaft ausgebene ~	stock issued to employees
Aktie, an der Börse notierte ~	listed stock
Aktie, ausgegebene ~	issued share, issued stock
Aktie, Belegschafts-	employee stock, staff share
Aktie, börsenfähige ~	quotable share
Aktie, dividendenberechtigte ~	participating share
Aktie, nachschusspflichtige ~	assessable share
Aktie, noch nicht ausgegebene ~	unissued share
Aktien, eigene zurückgekaufte ~	treasury stock
Aktien, Gratis-	stock dividend, bonus stock
Aktien, junge ~	newly issued shares
Aktien, nicht an der Börse eingeführte ~	unlisted share
Aktien, nicht notierte ~	unquoted shares
Aktien, Stamm-	common stock
Aktien, stimmberechtigte ~	voting shares
Aktien, Vorzugs-	preferred shares
Aktienausgabekosten	share issue expenses
Aktienbesitz	share holdings, portfolio
Aktienbörse	stock exchange
Aktiengesellschaft	public stock corporation
Aktienhandel	stock brokerage
Aktienindex	share index
Aktienkapital	capital stock, share capital
Aktienkapital, ausgegebenes ~	capital stock issued
Aktienkapital, eingezahltes ~	capital stock paid-in
Aktienkapital, genehmigtes ~	capital stock authorized
Aktienkurs	stock price
Aktionär	shareholder, stockholder
Aktionärsvermögen	shareholder value
Aktiva	assets
aktivieren	to capitalize

Aktivierung	capitalization
Aktivierungspflicht	obligation to capitalize
aktivierungspflichtige Ausgaben	capital expenditures
Akzeptkredit	acceptance credit, banker's acceptance credit
Akzeptprovision	accepting commission
allgemeine Bedingungen	general conditions
Allokation von Kosten	allocation of costs
Altersrente	old age pension
Altersrückstellungen	pension accounting reserves
Altersteilzeit	seniority part time
Altersversorgung, betriebliche ~	old age company pension
Amortisation	amortization
Analyse	analysis
Analyse, Abweichungs-	variance analysis
Analyse, Portfolio-	portfolio analysis
Analyse, Potential-	potential analysis
Analyse, Unternehmens-	business analysis
Analyse, Ursachen-	cause analysis
Analyse, Wert-	value engineering
Analyse, Wertketten-	value chain analysis
Analyse, Wettbewerbs-	competition analysis
Anbieter	offerer
Anfangsbestand	opening balance
Anfangsbestand, Waren-	opening inventory
Anfangsgehalt	initial salary
Anfangssaldo	opening balance
Angebot, gesamtwirtschaftliches ~	supply
Angebot, Kauf-	deal, offer, sales offer
Angebotslücke	gap in supplies
angemessener Preis	adequate price, fair price, reasonable price
Angestellter	salaried employee, white-collar employee
Angestellter, aussertariflicher ~	non-tariff employee
Angestellter, leitender ~	non-tariff employee, key employee
Anhang	appendix, attachment

Anlageabgang	loss in assets
Anlagefonds	investment fund
Anlageinvestitionen	purchase of fixed assets
Anlagen ausser Betrieb	idle plant
Anlagen im Bau	construction in progress
Anlagen, Finanz-	financial investments, financial assets
Anlagen, Sach-	fixed assets; tangible assets; property, plant and equipment
Anlagen, schlüsselfertige ~	turnkey systems
Anlagen, stillgelegte ~	idle plant
Anlagenbuch	property ledger
Anlagenkartei	fixed asset register
Anlagenwerte, immaterielle ~	intangible assets
Anlagepolitik	investment policy
Anlagerisiko	investment risk
Anlagespiegel	analysis of fixed assets
Anlagevermögen	fixed assets, noncurrent assets
Anlagevermögen, immaterielles ~	intangible property
Anlagevermögen, Wertpapiere des ~	long-term investments
Anlageziel	investment objective
Anlaufkosten	start-up expenses
Anlaufzeit	start-up period
Anleger	investor
Anleihe	loan
Anleihe, Options-	optional bond, option loan
Anleihemarkt	bond market
Anleihenemission	loan issue, bond issue
Anleihezinsen	loan interest
Anmerkung zum Jahresabschluss	notes to the financial statements
Annahme, Waren-	receiving
Annahme, Wechsel-	acceptance
Annuität	annuity
Anrechnungsfähige Versicherungsjahre	eligible insured years
Anreiz	incentive
Anschaffung	acquisition
Anschaffungskosten	acquisition cost

Anschaffungsnebenkosten	incidential acquisition expenses
Anschaffungswert	acquisition value, purchasing value
Anspruch	claim, entitlement
Anspruch, Erstattungs-	claim for refund
Anspruch, Schadensersatz-	claim for damages
anspruchsberechtigt	eligible
Anteil	share
Anteile an assoziierten Unternehmen	shares in related companies
Anteile anderer Gesellschafter	minority interests
Anteile in Fremdbesitz	shares held by third parties
Anteile, Kapitalgesellschafts-	shares of a corporation
Anteile, Markt-	market shares
anteilig kalkulierte Fixkosten	proportionately calculated period expenses
Anteilseigner	shareholder
Antrag	application
Antrag auf Fristverlängerung	request for extension of time
Anwalt	attorney
Anwesenheitskarte	time card
Anzahlung	prepayment, down-payment
Anzahlung auf Anlagen	advance payment on fixed assets
Anzahlung, erhaltene ~	advance payment received
Anzahlung, geleistete ~	advance payment made
Arbeit	labour
Arbeit, Kurz-	short time work
Arbeiter	blue-collar worker, hourly-paid employee
Arbeiter, Gast-	foreign worker
Arbeitgeber	employer
Arbeitgeberanteil	employer's share
Arbeitgeberbeitrag	employer's contribution
Arbeitnehmer	employee, employed person
Arbeitnehmeranteil	employee's share
Arbeitnehmerbeitrag	employee's contribution
Arbeitsablauf	procedure
Arbeitsablaufplan	flow chart
Arbeitsbelastung	work load

Arbeitsdirektor	manager of personnel affairs
Arbeitsgang	operation, working procedure
Arbeitsgruppe	working group, task force
Arbeitskostenverteilung	labour cost distribution, allocation of labour costs
Arbeitskraft, menschliche ~	manpower
Arbeitskräfte, Voll-	full-time employees
arbeitslos	unemployed
Arbeitslosengeld	unemployment benefits
Arbeitslosenhilfe	unemployment assistance
Arbeitslosenunterstützung	unemployment compensation
Arbeitslosenversicherung	unemployment insurance
Arbeitslosigkeit	unemployment
Arbeitsplan	work plan
Arbeitsplatzbeschreibung	job description
Arbeitsprinzipien	operating principles
Arbeitsschutz	occupational safety
Arbeitsstab	task force
Arbeitsstelle	work-place
Arbeitsstudien	time and motion studies
Arbeitsstunden	working hours
Arbeitstag	workday
Arbeitsunfähigkeit	incapacity for work, disability
Arbeitsunfähigkeitsbescheinigung	sickleave notice
Arbeitsunfall	on-the-job accident, industrial injury
Arbeitsvergütung	compensation
Arbeitsvertrag	employment contract
Arbitrage	arbitration, arbitrage
arithmetisches Mittel	arithmetic mean, mean average
Artikel	article
Artikelbezeichnung	product designation
Artikelnummer	working code, article code
aufbewahren	to store
Aufbewahrungspflicht	record retention requirements
Aufgeld	premium, agio
aufgerundet	rounded

auflösen, eine Gesellschaft ~	to dissolve a company
Auflösung von Reserven	reversal of reserves
Auflösung von Rückstellungen	reversal of accruals
Auflösung von Wertberichtigungen	reversal of allowances
Aufschlag, Gewinn-	profit make-up, profit margin
Aufschlag	surcharge
Aufschub (Verzögerung)	delay
Aufsichtsrat	supervisory board, board of directors
Aufsichtsratsmitglied	member of the board of directors
Aufsichtsratsvergütungen	directors' fee
Aufsichtsratsvorsitzender	chairman of the board
Auftrag	order
Auftraggeber	sponsor
Auftragsabwicklung	order procedure
Auftragsbestätigung	order confirmation, order acknowledgement
Auftragseingang	orders received
Auftragserteilung	placing of orders
Auftragsfertigung	job-order production
Auftragsgrösse	size of order
Auftragsherstellung	contract work
Auftragsrückstand	order backlog
Aufwand	expense
Aufwand, aktivierungspflichtiger ~	capital expenditure
Aufwand, ausserordentlicher ~	extraordinary expense
Aufwand, Material-	cost of materials
Aufwand, neutraler ~	non-operating expense
Aufwand, sonstiger ~	other expense
Aufwandsentschädigung	expense allowance
Aufwendungen	expenses, charges
Aufwendungen aus Verlustübernahme	expenses from profit and loss pooling agreement
Aufwendungen für bezogene Leistungen	cost of purchased services
Aufwendungen für Roh-, Hilfs- u. Betriebsstoffe	cost of raw materials, consumables and supplies
Aufwendungen, ausserordentliche ~	extraordinary charges, extraordinary expenses

Aufwendungen, Betriebs-	operating expenses
Aufwendungen, betriebsfremde ~	non-operating expenses
Aufwendungen, liquiditätswirksame ~	liquidity-related expenses
Aufwendungen, sonstige betriebliche ~	other operating charges, other operating expenses
Aufwendungen, soziale ~ (freiwillige)	voluntary social benefits
Aufwendungen, soziale ~ (gesetzliche)	social security benefits
Aufwertung	revaluation
aufzinsen	to accumulate interest
Ausbeute	yield
Ausbildung	trainee programme, training
Ausbildung am Arbeitsplatz	training on-the-job, on-the-job training
Ausbildung, Berufs-	apprenticeship
ausbuchen	to write off, to charge off
ausdrückliche Zustimmung	explicit consent
Ausfallbürgschaft	letter of indemnity
Ausfälle, Forderungs-	bad debt expense
Ausfallquote	drop-out rate
Ausfallzeit einer Anlage	down-time
Ausfuhrkredite	export financing
ausfüllen	to complete, to fill in
Ausgabe von Aktien	issue of shares
Ausgabekurs	issue price
Ausgaben	expenditures
Ausgaben, abzugsfähige ~	deductible expenses
Ausgaben, aktivierungspflichtige ~	capital expenditures
Ausgabenbeleg	voucher
Ausgangsfracht	freight-out
ausgeschütteter Gewinn (Dividende)	distributed net income, dividend
Ausgleich von Verlusten	loss absorption
Ausgleichsabgabe	equalization levy
Ausgleichszahlung	equalization payment
aushandeln	to negotiate, to bargain
Aushilfen	temps, temporary staff
Auslandsgeschäft	foreign business
Auslandsguthaben	foreign balances

Auslandsinvestition	foreign investment
Auslandsmarkt	foreign market
Auslastung, Kapazitäts-	capacity utilization, utilization of capacity
Auslastungsgrad	degree of utilization
Auslastungsrate	occupancy rate
auslegen (vorschiessen)	to advance
Ausleihungssatz	loan rate, borrowing rate
Auslieferer	distributor, supplier
Ausnahmefall	exceptional case
Ausrüstung	equipment
Ausscheidung	elimination, excretion
Ausschreibung	invitation to tender
Ausschuss (Komitee)	committee
Ausschuss (Schrott)	scrap, spoilage
Ausschuss, Lenkungs-	steering committee
Ausschussware	sub-standard goods
ausschütten, Dividende ~	to distribute a dividend
Ausschüttung an Aktionäre	distribution to shareholders
Aussendienst	field force, field work
Aussendienst, Verkaufs-	sales force
Aussenhandel	foreign trade
Aussenhandelsbank	foreign trade bank
Aussenhandelsbilanz	foreign trade balance
Aussenstände	debts receivable
ausserordentliches Ergebnis	extraordinary profit or loss, extraordinary result
äusserster Termin	deadline
aussertarifliche Bezahlung	non-tariff payment
Ausstellung eines Wechsels	issuing of a note
Ausstellungsdatum	date issued
Ausübungspreis	exercise price
Auswahlkriterien	selection criteria
auswerten	to exploit, to analyse, to evaluate
Auswertung	exploitation, analysis, evaluation
Auswirkung	impact
Auszahlung	payment

Auszahlungskurs	pay-off rate, pay-out rate
Auszubildender	trainee, apprentice
Auszug	abstract
Auszug aus Besprechungsprotokollen	abstract of minutes
Auszug, Bank-	bank statement
Auszug, Konto-	statement of account
automatisch	automatic
Automatisierung	automation

B

Bandfertigung	line production
Bank	bank
Bankabstimmung	bank reconciliation
Bankakzept	bank acceptance
Bankauszug	bank statement
Bankbestätigung	bank confirmation
Bankdiskont	bank discount
Bankdiskontsatz	bank discount rate
Bankeinzahlung	bank deposit
Bankeinzugsverfahren	bank collection procedure
Bankengesetz	banking law, banking act
bankfähig	discountable, eligible
Bankgarantie	banker's guarantee
Bankgeheimnis	banker's discretion
Bankguthaben	cash in bank
Bankkassierer	teller
Bankkredit	bank loan
Bankkredit (Überziehungskredit)	bank loan (overdraft facility)
Banknote	bill
Bankprovision	banker's commission
Bankrott	bankruptcy
Bankrott gehen	to go bankrupt
Banksaldenbestätigung	confirmation of bank balance
Bankscheck	banker's cheque
Bankschulden	amounts due to banks
Bankspesen	bank charges
Banküberziehungskredit	bank overdraft facility

Bankzinsen	bank interest
Bardepot	bardepot
Bargeld	cash, cash on hand
Bargeschäft	cash transaction
Barkauf	cash purchase
Barscheck	open cheque
Barskonto	cash settlement discount, cash discount
Barüberweisung	cash transfer, bank transfer
Barverkauf	cash sale
Barwert	present value, cash value
Barwert, Renten-	present value of a deferred annuity
Barzahlung	cash payment
Barzahlungsrabatt	cash discount
Basisstrategie	main strategy
Baugenehmigung	building permit
Baukastensystem	modules
Bausparkasse	building loan association
Bausparvertrag	building loan contract
Beamter	civil servant
Beanstandung	complaint
Bearbeitungszeiten	processing times
Beauftragter	commissioner
Bedarf	need, requirement
Bedarfsanalyse	demand analysis
Bedingung	condition, term
Beeinflussbarkeit der Kosten	controllability of costs
befristete Beschäftigung	temporary employment
beglaubigen	to certify, to attest
behördliche Kontrolle	regulatory control
Beihilfen, öffentliche ~	government grants
Beitrag, Deckungs-	marginal contribution
Beitrag, Mitgliedschafts-	contribution, dues
Beitragsbemessung	assessment of contributions
Beitragsbemessungsgrenze	assessable income ceiling
Beitragsberechnung	calculation of contributions
beitragspflichtige Einnahmen	assessable income

Beitragsrate	contribution rate
Beitragsrückerstattung	contribution refund
Beitragsstaffelung	premium schedule
belasten	to debit, to charge
Belastung	debit, charge
Belastung, steuerliche ~	tax burden
Belastungsanzeige	debit-note
Belastungsbuchung (Sollbuchung)	debit entry
Beleg	voucher
Belegschaftsaktie	employee stock, staff share
Belegschaftsvertretung	staff's representation
beleihbar	acceptable as collateral
beleihen	to lend against security
Bemessungsgrundlage	basis of assessment
Bemessungsgrundlage, Steuer-	tax base
Berater	consultant, adviser
Beratungsgesellschaft	consultancy
Beratungskosten	consulting fees
Berechnung (Kalkulation)	calculation
Bereich, Verantwortungs-	area of responsibility
Bereichsleiter	head of the section
Bereinigung, Saison-	seasonal adjustment
Bereitschaftskosten	capacity costs
Bereitstellungsprovision	commitment fee
Bericht	report, statement
Bericht, Geschäfts-	annual report
Berichterstattung	reporting
Berichtigung	adjustment, correction
Berichtigungsbuchung	adjusting entry
Berichtsjahr	year reported on, reporting year
Berichtsmonat	month reported on, reporting month
Berichtswesen	reporting
Berichtswesen, internes ~	internal reporting
Berichtszeitraum	period reported on, reporting period
Beruf	occupation, profession
beruflicher Status	employment status

Berufsgenossenschaft	workmen's compensation board
Berufshaftpflicht	professional liability
Berufskrankheit	occupational disease
Berufsrisiko	occupational hazard, occupational risk
Berufsschule	vocational school
Berufsunfall	occupational accident
Berufung	appeal
Berufung einlegen	to file an appeal
Berufungsausschuss	appeals committee
Berufungsfrist	time limit for filing an appeal
Beschaffung	purchasing, procurement
Beschaffung, Personal-	hiring of personnel, personnel hiring
Beschaffungsmarkt	supply market
Beschäftigter	employee, employed person
Beschäftigung	employment
Beschäftigung, Plan-	planned activity
Beschäftigungsabweichung	variation of the operation capacity
Beschäftigungsgrad	employment rate
bescheinigen	to certify
Bescheinigung	certificate, attestation
Beschreibung, Tätigkeits-	job description
Besitzrecht	property right
Besprechung	meeting, discussion
Bestand	inventory, inventories, stock
Bestand an flüssigen Mitteln	cash balance
Bestand aufnehmen	to take inventory, to take stock
Bestand, eiserner ~	permanent stock
Bestand, Handelswaren-	merchandise inventory
Bestand, Waren-	inventory, merchandise stock
Bestand, Warenend-	closing inventory
Bestandsabbau	inventory decrease
Bestandsabweichung	inventory variance
Bestandsaufnahme, körperliche ~	physical inventory taking, inventory count
Bestandsaufnahme, laufende ~	current inventory taking
Bestandsbewertung	inventory valuation, inventory pricing

Bestandserhöhung	inventory increase
Bestandsfortschreibung	inventory roll-forward
Bestandskonto	inventory account
Bestandsprüfung	audit
Bestandsreduzierung	inventory decrease
Bestandsüberschuss	overage
Bestandsveränderung	inventory change, change of inventory
Bestandsverlust	inventory shrinkage
Bestandsverzeichnis	inventory listing
Bestandswerte	inventory value
Bestätigung	confirmation, acknowledgement, certification
Bestätigungsvermerk des Wirtschaftsprüfers	auditor's certificate
Bestätigungsvermerk, eingeschränkter ~	qualified auditor's certificate
Bestechung	bribe
Bestellsystem	ordering system
Bestellung	purchase order
bestens	at best
Besteuerung	taxation
Besteuerungszeitraum	taxable period
Bestimmungen	terms, provisions
Bestimmungen, ergänzende ~	supplementary provisions
Bestimmungen, zwingende ~	mandatory provisions
Beteiligung	participation, interest
Beteiligung (unter 50%)	affiliate
Beteiligung, Mehrheits-	majority holding
Beteiligung, Minderheits-	minority holding
Beteiligung, stille ~	silent partnership
Beteiligungsergebnis	expense from investments in affiliated companies
Beteiligungserträge	income from investments
Beteiligungserwerb	purchase of an equity interest
Beteiligungsgesellschaft	investment company
Beteiligungsverkauf	sale of an equity interest
Betrag, Investitions-	investment amount
Betrag, offener ~	open items

Betrieb	business, firm, enterprise
betriebliche Altersversorgung	old age company pension
betriebliche Aufwendungen, sonstige ~	other operating expenses
betriebliche Erträge, sonstige ~	other operating income
Betriebs- und Geschäftsausstattung	furniture and office equipment
Betriebs- und Hilfsstoffe	supplies
Betriebsablauf	operating procedure, operating cycle
Betriebsabrechnungsbogen (BAB)	cost distribution sheet
Betriebsanlagen	machinery and equipment
Betriebsaufwendungen	operating expenses
Betriebsausgaben	operating expenses
Betriebsdatenerfassung	plant data collection
Betriebsergebnis	operating result, operating profit
Betriebsergebnis vor Ertragssteuern u. Zinsen	earnings before interest and taxes (EBIT)
Betriebserweiterung	plant expansion
betriebsfremder Aufwand	non-operating expense
betriebsfremder Ertrag	non-operating income
Betriebsgewinn	operating income
Betriebsgrösse, optimale ~	optimal size
Betriebshaftpflichtversicherung	public liability insurance
Betriebskapital, kurzfristiges ~	working capital
Betriebskosten	operating costs, running costs
Betriebskrankenkasse (BKK)	company health insurance fund
Betriebsleiter	plant manager
Betriebsmittel	operating funds
betriebsnotwendiges Kapital	capital employed
betriebsnotwendiges Vermögen	operating assets
Betriebsprüfung	tax audit
Betriebsrat	workers' council
betriebssicher	foolproof
Betriebsstätte	permanent establishment, regular place of business
Betriebsstoffe	operating supplies
Betriebsunterbrechungsversicherung	business-interruption insurance
Betriebsvermögen	assets used in the business

Betriebsvermögen, notwendiges ~	assets deemed necessary for use in the business
betriebswirtschaftliche Analyse	business analysis
Betrug	fraud
Bevollmächtigung	authorization
Beweis	evidence, proof
Bewertung	valuation, evaluation
Bewertung zum Niederstwertprinzip	valuation at the lower of cost of market
Bewertung, Bestands-	inventory valuation
Bewertung, mehrdimensionale ~	multi-dimensional evaluation
Bewertung, vorsichtige ~	conservative valuation
Bewertungsfreiheit	elective valuation
Bewertungsmethode	valuation method
Bewertungsvorschriften	valuation rules
Bewirtungsspesen	entertainment expenses
Bezahlmodell, nutzungsabhängiges ~	pay-per-use
Bezahlung	fee, payment
Bezahlung, Feiertags-	bank holiday payment
Bezogener	drawee
Bezugsgrösse	reference, activity unit
Bezugsgrösseneinheit	unit of calculable reference
Bezugsgrössenmenge	quantity of calculable reference, reference quantity
Bezugskosten, Waren-	incidental purchasing costs
Bezugsrecht	subscription right
Bezugsrecht auf Aktien	stock option
Bilanz	balance sheet
Bilanz, Eröffnungs-	opening balance sheet, start-up balance sheet
Bilanz, Handels-	commercial balance sheet
Bilanz, konsolidierte ~	consolidated balance sheet, condensed balance sheet
Bilanz, vorläufige ~	preliminary balance sheet
Bilanzanalyse	analysis of financial statements
Bilanzänderung	retroactive change in the financial statements
Bilanzfrisur	window dressing

Bilanzgewinn in der Bilanz	retained earnings
Bilanzgewinn in der GuV	unappropriated surplus
Bilanzierungs- und Bewertungsgrundsätze	valuation and accounting policies
Bilanzierungshandbuch (Handbuch des Rechnungswesens)	accounting manual
Bilanzierungsvorschriften	accounting principles
Bilanzkonto	balance sheet account, real account
Bilanzstichtag	balance sheet date
Bilanzsumme	balance sheet total
Bilanzverlust in der Bilanz	accumulated deficit
Bilanzverlust in der GuV	unappropriated deficit
Bildung einer Reserve	set-up of a reserve
Bildung von Rücklagen	to appropriate earnings to specific surplus accounts
Bildung von Rückstellungen	to provide for accruals
Bildung von Wertberichtigungen	to provide for valuation reserves
Binnenhandel	domestic trade
Binnenmarkt	home market, domestic market
Blankoindossament	endorsement in blank
Blankoscheckformular	counter cheque
Bonität	credit standing
Bonus	bonus, premium
Börse	stock exchange
börsenfähig	quotable
Börsenhändler	stock broker
Börsenkurs	quotation
Börsenmakler	exchange broker
Börsenwert	quoted market value
Börsenzeitung	financial paper
Branche	branch of industry, business line
Branchenspanne	average industry margin
Brutto	gross
Bruttobetrag	gross amount
Brutto-Cash-Flow, betrieblicher ~	gross cash provided by operating activities
Bruttoeinkommen	gross income

Bruttoergebnis vom Umsatz	gross profit
Bruttoerlös	gross sales
Bruttoertrag	gross revenue
Bruttogewinn (Rohertrag)	gross profit, gross margin
Bruttoinlandsprodukt (BIP)	gross domestic product (GDP)
Bruttolohn	gross wage
Bruttosozialprodukt (BSP)	gross national product (GNP)
Bruttoumsatz	gross sales, gross turnover
buchen	to book, to record
Buchfälschung	falsification of accounts
Buchführung	bookkeeping, accounting
Buchführung, doppelte ~	double entry bookkeeping
Buchführung, einfache ~	single entry bookkeeping
Buchführung, periodengerechte ~	accrual basis of accounting
Buchgewinn	book profit
Buchhalter	bookkeeper, accountant
Buchhaltung	accounting
Buchhaltung, Finanz-	financial accounting
Buchhaltungsgrundsätze	accounting principles
Buchprüfer	auditor
Buchprüfung	audit
Buchung	entry
Buchung, statistische ~	memo entry
Buchungskreislauf	accounting cycle
Buchungssatz	entry, accounting record
Buchwert	book value
Buchwert, Netto-	net book value
Budget	budget
Budget der betrieblichen Aufwände und Erträge	operating budget
Budget der Einnahmen und Ausgaben	cash budget
Budget der Investitionen	capital budget
Budget, Jahres-	annual budget
Budgetabweichung	budget variance
Budgetfreigabe	budget release
Budgetierung	to draw up a budget, budgeting

Budgetkontrolle	budget control
Budgetposition	budget item
Budgetrestriktion	budget constraint
Budgetvorgabe	budget allowance
Budgetzeitraum	budget period
Bundesanstalt	federal agency
Bundesanzeiger	Federal Gazette
Bundesarbeitsgericht	Federal Labour Court
Bundesbank	Federal Reserve Bank
bundesbankfähig	discountable at the Federal Reserve Bank
Bundesbehörde	federal authority
Bundesfinanzhof	Federal Finance Court
Bundesgerichtshof	Federal Court of Justice, Federal Supreme Court
Bundesverfassungsgericht	Federal Constitutional Court
Bundeszuschüsse	federal subsidies
Bürge	guarantor
Bürgschaft	guarantee, surety
Bürgschaftsverpflichtung	guarantee obligation, surety obligation
Büro	office
Büroangestellter	clerical worker
Bürobedarf (Büromaterial)	office supplies
Büroberuf	clerical occupation
Büropersonal	clerical personnel

C

Cash Flow (Kapitalfluss)	cash flow
Cash Flow vor Ertragssteuern und Zinsen	cash flow before interest and taxes (CFBIT)
Charge	batch
Chargennummer	batch number
Chargenprotokoll	batch record
Chargenprüfung	batch testing
Checkliste	check list
Clearingstelle	clearing house
computergestütztes System	computerized system

Controller, Beteiligungs-	controller for subsidiaries
Controller, Finanz-	Finance Controller
Controller, Forschungs- und Entwicklungs-	Research & Development Controller
Controller, Logistik-	Logistics Controller
Controller, Marketing- und Vertriebs-	Marketing & Sales Controller
Controller, Produktions-	Production Controller
Controller, Strategie-	Strategy Controller
Controller, Werks-	Production Controller
Controllerdienst	controller service
Controlling, Projekt-	project controlling
Controlling-Kalender	controlling year planner
Courtage	courtage

D

Dachverband	umbrella organization
Darlehen	loan
Darlehensforderungen	loans receivable
Darlehensverbindlichkeiten	loans payable
Daten	data
Daten eingeben	to feed
Daten, technische ~	mechanical data
Datenausgabe	output
Datenblatt	data sheet
Dateneingabe	input
Datenschutz	data protection
Datenverarbeitung	data processing
Datum, Fälligkeits-	due date
Dauer	duration, length of time
Dauer, Nutzungs-	service life
Debitoren	accounts receivable
Deckung, Versicherungs-	insurance coverage
Deckungsbeitrag	contribution margin, variable gross margin, marginal contribution
Deckungsbeitrag, liquiditätswirksamer ~	liquidity-related contribution
Deckungsbeitrag, Produkt-	product contribution
Deckungsbeitrag, Produktgruppen-	product group contribution
Deckungsbeitragsrechnung	marginal contribution accounting

Deckungsbeitragsrechnung, Kunden-	customer contribution accounting
Deckungsbeitragsrechnung, mehrdimensionale ~	multidimensional contribution accounting
Deckungsbeitragsrechnung, mehrstufige ~	multi-step contribution accounting
Deckungsbeitragsrechnung, stufenweise ~	stepwise contribution accounting
Deckungsbeitragsstufen	contribution margin steps
Deckungsbeitragsziele	contribution margin objectives
Deckungsgeschäft	hedge
Deflation	deflation
Delegiertenversammlung	general assembly, plenary session
Dementi	denial, disclaimer
Demontagekosten	dismantling costs
Deport	forward discount
Depot	portfolio
Depotgebühren	deposit fees
Deregulierung	deregulation
Deutsche Bundesbank	German Federal Bank
Deutscher Gewerkschaftsbund	German Trade Union Federation
Deutscher Industrie- und Handelstag	Association of German Chambers of Industry and Commerce
Devisen	foreign exchange, foreign currency
Devisen, nicht frei konvertierbare ~	blocked currencies, nonconvertible currencies
Devisenarbitrage	exchange arbitrage
Devisenausländerkonten	non-resident accounts
Devisenbeschränkungen	foreign exchange restrictions
Devisenbörse	foreign exchange market, "forex" (for short)
Devisengeschäfte	foreign exchange transactions
Devisenhandel	foreign exchange business, "forex" (for short)
Devisenkassahandel	spot exchange transactions
Devisenkassakurs	spot rate
Devisenkurs	exchange rate
Devisenmakler	foreign exchange broker
Devisenmanagement	foreign exchange management

Devisenposition, aktive ~	exposed net asset position, long position
Devisenposition, passive ~	exposed net liability position, short position
Devisentermingeschäft	forward exchange contract
Devisenterminhandel	forward exchange transactions
Devisenterminkurs	forward rate
Devisenverluste und -gewinne	exchange losses and gains
Diagramm	diagram, graph
Dienst nach Vorschrift	work-to-rule
Dienstleistung	service
Dienstleistung, gewerbliche ~	commercial service
Dienstleistung, innerbetriebliche ~	internal service
Differenz, Inventur-	inventory variance
Differenz, Kurs-	converts on difference
Differenz, Preis-	price difference
Differenzierungsstrategie	differentiation strategy
Direktabsatz	direct sales
Direktbewerbung	direct-to-consumer advertising
Direkteinkauf	direct buying
Direktlieferung	drop shipment
Direktverkauf	direct selling
Disagio	debt discount, disagio
Disposition, Material-	raw material planning
Distributionsweg	channel of distribution
Diversifikation	diversification
Dividende	dividend
Dividende in Form von Aktien	stock dividend
Dividende zahlen	to pay a dividend
Dividende, ausgeschüttete ~	distributed dividend
Dividende, erklärte ~	declared dividend
Dividendenerträge	dividends received
Dividendensatz	dividend rate
Divisionsstufenkalkulation	process cost system
Dokumentation	documentation
Doppelbesteuerung	double taxation

dreiseitige Vereinbarung	trilateral agreement
dreiseitiger Vertrag	trilateral contract
Dringlichkeitssitzung	emergency meeting
Druckmedien	printmedia
duale Finanzierung	dual financing
dubiose Forderungen	doubtful accounts
Durchnittsverbrauch	average consumption
Durchnittsverbraucher	average customer, average consumer
Durchschnitt	average
Durchschnitt, Jahres-	annual average
durchschnittliche Nutzungsdauer	average useful life
Durchschnittsgemeinkostensatz	average overhead rate
Durchschnittskosten	average cost
Durchschnittslohn	average wage
Durchschnittspreis, gleitender ~	sliding average price
Durchschnittspreisverfahren, gleitendes ~	sliding average price method
dynamische Verfahren der Wirtschaftlichkeitsrechnung	dynamic methods of calculating profitability

E

EDV (Elektronische Datenverarbeitung)	EDP (electronic data processing)
Effekten	securities
effektive Nachfrage	effective demand
Effektivverzinsung	yield
ehrenamtlich	honorary
eidesstattliche Erklärung	affidavit
Eigenanteil	personal share
eigenerzeugte Hilfsstoffe	self-manufactured supplies, own manufactured supplies
Eigenfinanzierung	financing out of retained earnings
Eigenkapital	equity capital, owners' equity, capital and reserves
Eigenleistungen, aktivierte ~	own work capitalized
Eigenmittel	capital funds
Eigentum	ownership, property
Eigentümer	owner, proprietor
Eigentümer, Aktien-	holder of shares

Eigentumsrechte	property rights
Eigentumsübertragung	transfer of title
Eigentumsvorbehalt	title of retention
Eigenverantwortung	self-responsibility
Eigenverbrauch	own use
einführen	to launch
Einfuhrerlaubnis	import authorization
Einfuhrkredit	import credit
Einfuhrland	importing country
Einführung, Produkt-	launch of a product
Einführungsangebot	introductory offer
Einfuhrzoll	import duty, duty on importation
Eingang, Waren-	receipt of merchandise
Eingang, Zahlungs-	payments received
Eingangsfracht	freight-in
Eingangslager	receiving warehouse
eingefrorene Preise	price rigidity
eingetragener Verein (e.V.)	registered association
eingetragenes Warenzeichen	registered trade mark
eingezahltes Grundkapital	paid-in share capital
Einheit, Abrechnungs-	accounting unit
Einheit, Mengen-	unit of quantity
Einheit, Organisations-	organization unit
einheitliches Unternehmenserscheinungsbild	corporate identity
Einheitspreispolitik	single price policy
Einheitswert	assessed value
Einigung	agreement
Einigungsvertrag	unification treaty
Einkauf	purchase, buying
Einkäufer	purchasing agent
Einkaufsabteilung	purchasing department
Einkaufsgenossenschaft	co-operative buying association
Einkaufskartell	purchasing cartel
Einkaufsmodell	selective contracting
Einkaufspreis	purchase price
Einkaufspreisunterschied	purchase price variance

Einkaufsverhalten	buying behaviour
Einkaufsverpflichtung	purchase commitment
Einkommen	income, revenue
Einkommensfortzahlung	income maintenance
Einkommensniveau	level of income
einkommensschwach	low-income
Einkommensteuer	income tax, personal income tax
Einkünfte aus Gewerbebetrieb	business income
Einkünfte aus Kapitalvermögen	investment income
Einkünfte aus nichtselbständiger Arbeit	employment income
Einkünfte aus selbständiger Arbeit	income from self-employment
Einkünfte aus Vermietung und Verpachtung	rental income
Einkünfte, ausländische ~	foreign-source income
Einkünfte, inländische ~	domestic source income
Einkünfte, sämtliche ~	income from all sources
Einkünfte, sonstige ~	income from other sources
Einlage	capital contribution
Einlage, befristete ~	time deposit, fixed deposit
Einlagen, aussenstehende ~	not paid-in capital
Einmannbetrieb	one-man business
Einnahmen	income, earnings
Einnahmen- und Ausgabenplan	cash budget, incoming and outgoing budget
Einnahmen- und Ausgabenrechnung	cash basis accounting, incoming and outgoing accounting
Einnahmen, Bar-	cash receipts
einnahmeorientierte Ausgabenpolitik	revenue-based expenditure policy
Einrichtung	facility
Einrichtung, soziale ~	employee facilities
Einrichtungsgegenstände	furniture and fixtures
Einrichtungszeit	set-up time
Einsparungen	savings
Einsparungen, Kosten-	cost savings, cost cuttings
Einspruch einlegen	to file a protest
Einstandspreis	acquisition price, acquisition cost, historic purchase price

Einstandswert	acquisition value
einstellen in Rücklagen	to transfer to reserves
Einstellung in offene Rücklagen	earnings appropriated to surplus
einstimmig	unanimous
Einstimmigkeit	unanimity
einstweilige Verfügung	injunction
eintragen	to record
Einwand	defense
Einwendung	objection
einzahlen	to deposit
Einzahlungsbeitrag	deposit
Einzahlungsbeleg	deposit slip
Einzelakkordsatz	piece-work labour rate
Einzelfertigung	unit production, piece production
Einzelhandel	retail trade, retailing
Einzelhandelspreis	retail price
Einzelhandelsumsatz	retail turnover
Einzelhändler	retailer, retail trader
Einzelkosten	unit costs, specific costs, direct costs
Einzelkosten, Sonder-	special direct costs
Einzelleistungsvergütung	fee-for-service payment
Einzelmaterialkosten	direct material costs
Einzelunternehmen	sole proprietorship
Einzelziele	individual targets
Einzugsgebiet	trading area
eiserner Bestand	base stock
elastischer Bedarf	elastic demand
Emissionskonsortium	underwriting syndicate
Emissionskurs	issue price, rate of issue
Empfänger	receiver, addressee
Empfangsbestätigung	receipt
Empfehlung	recommendation
Endbestand, buchhalterischer ~	closing balance
Endbestand, Waren-	closing inventory
Endverbraucher	ultimative consumer, final consumer
Endverbraucherpreis	price to the ultimative consumer, retail price

Energie	energy
Energie, Fremd-	energy purchased
Energiekosten	energy costs
Energiepreisdifferenz	energy price variation
Engpass	bottleneck
Engpass, Kapazitäts-	bottleneck of capacity
Engpass, strategischer ~	strategic bottleneck
Engpasseinheit	bottleneck unit
Engpassplanung	bottleneck planning
Enteignung	dispossession
entgangener Gewinn	lost profit
Entgelt	reimbursement, remuneration, pay
Entgeltfortzahlung	continued payment of wages, continued payment of salary
Enthaltung	abstention
Entlassung	dismissal, lay-off
Entlassungsgelder	severance payments
Entlastung	discharge, release
Entlastung des Vorstandes	release of the officers
Entlohnung	remuneration, employee compensation
Entnahme	drawing, withdrawal
Entschädigung	indemnification
Entscheidung	decision
Entscheidungsfindung	decision making
Entscheidungsinhalte	decision contents
Entscheidungspakete	decision packages
Entscheidungsprozess	decision-making process
Entscheidungsrechnung	decision accounting
entscheidungsrelevant	relevant to decisions
Entscheidungsträger	decision maker
Entschliessung	resolution
Entschliessungsantrag	motion for a resolution
Entschliessungsentwurf	draft resolution
entwerten	to cancel
Entwicklung	development
Entwicklung, konjunkturelle ~	cyclical trend

Entwicklung, wirtschaftliche ~	commercial development, business trend
Entwicklungskosten	development expenses, development costs
Entwurf	draft
Erfahrungskurve	experience curve
Erfahrungskurveneffekt	experience curve effect
Erfassungsbeleg	voucher
Erfolgsbeteiligung	profit sharing
Erfolgsfaktoren, kritische ~	critical success factors
Erfolgskontrolle	result checking
Erfolgspotentiale	potentials for success
Erfolgsrechnung, kurzfristige ~	short-term result account
Ergänzung des Produktsortiments	product line extension
Ergebnis	result
Ergebnis der gewöhnlichen Geschäftstätigkeit	profit or loss on ordinary activities, result of ordinary activities
Ergebnis vor Ertragssteuern	profit before taxation
Ergebnis, ausserordentliches ~	extraordinary profit or loss, extraordinary result
Ergebnis, Beteiligungs-	expense from investments in affiliated companies
Ergebnis, Betriebs-	operating results, net operating profit
Ergebnis, erzieltes ~	result, realized ~
Ergebnis, Finanz-	financial result, non-operating result
Ergebnis, Handels-	trading result
Ergebnis, Monats-	monthly result
Ergebnis, neutrales ~	non-operational income
Ergebnis, operatives ~	operating result
Ergebnis, risikobereinigtes ~	risk-adjusted result
Ergebnis, Wirtschafts-	economic result
Ergebnis, Zins-	interest income
Ergebnis, Zwischen-	intermediate result
Ergebnisabführung	profit and loss transfer, profit and loss absorption
Ergebnisabführungsvertrag	profit and loss transfer agreement
Ergebnisanalyse	outcomes analysis

ergebnisbezogen	according to the result
Ergebnisdarstellung	statement of income
Ergebnisforschung	outcomes research
Ergebniskonto (Gewinn und Verlustrechnung)	profit and loss account
Ergebnisrechnung	income statement, statement of result
Ergebnistransparenz	transparency of the results
Ergebnisübersicht	statement of income
Ergebnisverbesserung	improvement of income
Ergebnisverschlechterung	deterioration of income
Ergebnisvortrag	earned surplus balance forward
ergebniswirksam	result affecting
Erhaltungsaufwand	maintenance costs
Erhöhung	increase
Erhöhung langfristiger Rückstellungen	increase in long-term provisions
Erklärung, eidesstattliche ~	affidavit
Erlaubnis	permission, approval
erläuternde Hinweise	notes for guidance
Erlös, Brutto-	gross sales
erlösabhängige Kosten	costs depends on revenue
erlöschen	to expire
Erlöse	earnings, income, proceeds
Erlöse aus Anlageabgängen	proceeds from sale of fixed assets
Erlösschmälerung	sales deduction
Ermächtigung	authorization, empowerment
ermässigter Preis	reduced price, reduced rate
Ermässigung	reduction
Ermessensentscheidung	discretionary decision
Ermessensfreiheit	discretionary power, scope of discretion
Ermittlung	inquiry, investigation
Ermittlung, Sollkosten-	calculation of flexible budget
Ermittlungsbehörde	investigating authority
Ermittlungsverfahren	investigation procedure
Eröffnung	opening
Eröffnungsbestand	opening balance

Eröffnungsbilanz	opening balance sheet, start-up balance sheet
Eröffnungsbuchung	opening entry
Eröffnungsinventur	opening inventory, start-up inventory
Eröffnungssaldo	opening balance
Ersatzbedarf	replacement demand
Ersatzbeschaffung	replacement
Ersatzinvestitionen	replacement of capital assets
Ersatzlieferung, kostenlose ~	replacement free of charge
Ersatzprodukte	substitute products
Erschwerniszulage	work condition bonus
Erstattung, Steuer-	tax refund
Erstattungsanspruch	claim for refund
Erträge	income, revenue
Erträge aus Beteiligungen	income from equity investment
Erträge aus dem Abgang von Anlagevermögen	income from disposal of fixed assets
Erträge aus der Auflösung von Rückstellungen	income from reversal of accruals
Erträge, ausserordentliche ~	extraordinary income
Erträge, neutrale ~	non-operating income
Erträge, sonstige ~	other income
Erträge, sonstige betriebliche ~	other operating income
Ertragskraft	earning power
Ertragsschwelle (Gewinnschwelle)	break-even point
Ertragssteuern	income taxes
Ertragswert	value of earnings, goodwill
Erwartung	forecast
Erwartungsrechnung	forecasts to end of year
Erweiterung	expansion
Erweiterungsinvestitionen, Kapazitäts-	investments for expansion of capacity
Erweiterungsvorhaben	expansion intention
Erwerbsfähigkeit	ability to work
Erwerbsquote	activity rate, labour force participation rate
Erwerbsunfähigkeit	disablement, occupational disability, incapacity for employment

Erzeugerpreis	producer's price
Erzeugnis	product
Erzeugnisgruppe	product line
Erzeugnisse, Fertig-	finished goods, finished products
Erzeugnisse, unfertige ~	goods in process, products in process
Erziehungsurlaub	child-raising leave
Etat	budget, account
Etikett	label
etikettieren	to label
Etikettierung	labeling
Europäische Union (EU)	European Union (EU)
Europäischer Rat	European Council
Europäischer Sozialfonds	European Social Fund
Europarat	Council of Europe
Eventualhaushalt	contingency budget
ewige Rente	perpetual annuity
Exekutivgewalt	executive power
Existenzminimum	subsistence level
Export- und Importfinanzierung	foreign trade financing
externe Qualitätskontrolle	external quality control
externes Rechnungswesen	external accounting

F

Fabrik	plant, factory
Fabrik, vollautomatische ~	fully-automated plant
Fabrikabgabepreis	selling price ex works
Fabrikant	manufacturer, maker
Fabrikate, Teil-	goods in process, products in process
Fabrikation	manufacturing
Fabrikgebäude	plant building
Fabrikleiter	factory manager
Fabrikpreis	price ex factory
Fabrikzeichen	trademark
fachübergreifend	interdisciplinary
Factoring	factoring
Fahrkosten	transportation expenses
Faktor, Plan-	planned rate

fakturieren	to bill
Fakturierung	billing
fällig	due, payable
fällige Steuerschuld	tax due
Fälligkeit, bei ~	on maturity
Fälligkeitstermin	maturity date, due date, expiry date, deadline
Fälligkeitswert	maturity value
Fallstudie	case study
Falschgeld	counterfeit money
Fälschung	forgery
Familienstand	marital status
Fehlbetrag	deficit, loss, shortage
Fehler	error, mistake
fehlerhafte Ware	defective goods
Fehlerwahrscheinlichkeit	error margin
Fehlinvestition	bad investment, mistaken investment
Fehlzeiten	absenteeism
Feiertag	bank holiday, public holiday
Ferien, Werks-	factory vacation
Fernschreiber	teletypewriter, teleprinter
Fertigerzeugnisse	finished goods
Fertigstellungsgrad	degree of completion, percentage of completion
Fertigung	production, manufacturing
Fertigung, Einzel-	unit production, piece production
Fertigungsgemeinkosten	manufacturing overhead expenses
Fertigungsgemeinkosten, umgelegte ~	distributed manufacturing overhead expenses
Fertigungsgemeinkostenüberdeckung	overapplied manufacturing overhead expense
Fertigungsgemeinkostenunterdeckung	underapplied manufacturing overhead expenses
Fertigungsgemeinkostenzuschlag	manufacturing overhead rate
Fertigungshöchstgrenze	production limit
Fertigungsinsel	production island
Fertigungskosten	cost of goods manufactured, manufacturing cost

Fertigungskosten, lohnabhängige ~	labour dependent cost
Fertigungskosten, maschinenabhängige ~	machine dependent cost
Fertigungskosten, proportionale ~	proportional manufacturing costs
Fertigungskostenstelle	manufacturing cost centre
Fertigungslohn	direct labour
Fertigungsmaterial	direct material
Fertigungsplanung	production scheduling
Fertigungsprogramm	manufacturing program
Fertigungssteuerung	production control
Fertigungsstrukturkosten	manufacturing structure costs
Fertigungszuschläge	manufacturing allowances
Fertigware	finished goods
Fertigwarenlager	finished goods warehouse
Festgeld	time deposit
festverzinslich	fixed interest-bearing
Festwert	fixed value, base value
fiktive Buchung	fictitious entry
Filiale	branch, branch office
Finanzamt	tax office
Finanzanalyse	financial analysis
Finanzanlagen	financial assets, financial investments
Finanzausgleich	fiscal equalization
Finanzausschuss	finance committee, financial committee
Finanzbuchhalter	financial accountant
Finanzbuchhaltung	financial accounting
Finanzcontrolling	financial controlling
finanzielle Aufwendungen und Erträge	non-operating income
finanzielle Belastung	financial burden
finanzielle Last	financial burden
finanzielle Manövriermasse	financial manoeuvrability
finanzielle Stabilität	financial stability
finanzielle Strategie	financial strategy
finanzielle Unterstützung	financial support
finanzieller Verlust	financial loss
finanzielles Risiko	financial risk

finanzielles Umfeld	financial environment
Finanzierung	financing
Finanzierungskosten	cost of financing
Finanzierungsmittel	means of financing
Finanzierungsrechnung	statement of cash flow
Finanzierungswechsel	finance bill
Finanzkontrolle	cash control, financial control
Finanzlage	financial position
Finanzmanager	treasurer
Finanzminister	Minister of Finance
Finanzministerium	Ministry of Finance
Finanzplan	financial budget, cash budget
Finanzplan, kurzfristiger ~	short-term cash budget
Finanzplan, langfristiger ~	long-term cash budget
Finanzplanung	financial planning, budgetary accounting
Finanzschulden	financial liabilities
Firma	firm
Firmenwert	goodwill
fiskalisch	fiscal
Fiskus	tax authorities
Fixkosten	fixed costs, period expenses
Fixkosten, anteilig kalkulierte ~	proportionately calculated period expenses
Fixkostendeckung	fixed costs coverage, period expenses recovery
Fixkostenplanung	period expense budget
Fixkostenstufen	period expense categories
Fixkostenzuteilung	allocation of fixed costs
Fliessbandfertigung	mass production
Fliessfertigung	line production
Fluchtgeld	hot money
Fluktuation, Personal-	personnel fluctuation, labour fluctuation
Fluktuationsrate	fluctuation rate
flüssige Mittel	liquid assets, liquid funds
Fonds	fund
Forderung	receivable, claim

Forderung, bevorrechtigte ~	preferred claim
Forderung, dubiose ~	doubtful account, doubtful receivable
Forderungen	accounts receivable, receivables
Forderungen aus Lieferungen und Leistungen	trade accounts receivable, trade debtors
Forderungen ggü. verbundenen Unternehmen	accounts receivable from affiliates
Forderungen und sonstige Vermögensgegenstände	trade and other debtors, receivables and other assets
Forderungen und Vermögensgegenstände, übrige ~	other debtors, other receivables and other assets
Forderungen, fällige ~	current receivables
Forderungen, kurzfristige ~	short-term receivables
Forderungen, langfristige ~	long-term receivables
Forderungen, sonstige ~	other accounts receivable
Forderungen, überfällige ~	overdue receivables
Forderungen, uneinbringliche ~	bad debts, uncollectable accounts
Forderungen, Verkauf von ~	factoring
Forderungen, Wertberichtungen von ~	allowance for doubtful accounts
Forderungsabtretung	assignment of accounts receivable
Forderungsausfall	bad debt expense
Formular	form
Formular, Geschäfts-	business form
Forschung	research
Forschung und Entwicklung (F&E)	research and development (R&D)
Fracht, Eingangs-	freight-in
Frachtbrief	bill of loading (B/L)
Frachtkosten	freight costs
frei an Bord (fob)	free on board (fob)
frei auf Waggon (fot)	free on track (fot)
frei längsseits des Schiffes (fas)	free alongside ship (fas)
frei Schiff (fos)	free on ship (fos)
frei Versandbahnhof (for)	free on rail (for)
Freibetrag, Steuer-	personal exemptions
freie Preisbildung	freedom of price formation
freie Rücklage	free reserves, free surplus

Freigabe	release
Freihandelszone	free trade area
Freisetzung, Kapital-	capital released
Freistellung von Mitarbeitern	release of employees
Freiverkehrsbörse	curb exchange
freiwillige soziale Aufwendungen	voluntary employee benefit expenses
Fremdfinanzierung	financing with borrowed funds
Fremdkapital	long-term debt, outside borrowed capital
Fremdkapitalzinsen	interest on outside capital
Fremdlager	consigned inventory
Fremdleistungen	outside services, services purchased
Fremdwährung	foreign currency, foreign exchange
Fremdwährungskonto	foreign currency account
Fremdwährungsumrechnung	foreign currency translation
Fremdwährungsverpflichtung	foreign currency commitment
Frist	deadline, period, time limit
Frist, Zahlungs-	due date
Fristablauf	expiration
Fristverlängerung	extension of time
Früherkennung	early warning, early detection, early diagnosis
Früherkennungssignale	early warning signals, weak signals
Frühpensionierung	early retirement
Fuhrpark	automobiles and trucks
Führung	management
Führung durch Zielvereinbarung	management by objectives
Führungsstufen	level of management
Funktion	function
Funktionsbereiche	function areas
Fusion	merger, fusion
fusionieren	to merge

G

Garantie	guarantee, warranty
Garantieforderung	guarantee claim
Garantiezeit	guarantee period
Gastarbeiter	foreign worker

Gebäude	building
Gebrauchsanweisung	instructions for use, directions
Gebrauchtwarenmarkt	secondhand market
Gebühr	fee, charge
Gebühr, Lizenz-	royalty, licence fee
Gebührenordnung	fee schedule
gebundenes Kapital	tied-up capital
Gegenangebot	counteroffer
Gegenbuchung	contra entry
Gegenkonto	contra account
Gegenwartswert	present value
Gegenwert	equivalent
Gehalt	salary
Gehalt, Durchschnitts-	average salary
Gehalt, Grund-	basic salary
Gehaltsabrechnung	pay-roll
Gehaltsabzüge	pay-roll deductions
Gehaltsempfänger	salaried employee, white collar
geistiges Eigentum	intellectual property
Geld	money
Geld festlegen (auf Konto)	to put on time deposit
Geld, Bar-	cash
Geldabwertung	devaluation
Geldaufwertung	revaluation
Geldausgang	cash disbursement
Geldbestände, Steuerung der ~	cash management
Geldeingang	cash receipt
Geldkurs	bid, buying rate, bid price
Geldmarkt	money markt
Geldstrafe	fine
Geldüberweisung	money transfer
Geldüberweisung, telegrafische ~	cable transfer
Geldumlauf	currency in circulation
geleistete Anzahlung	payment on account
gelenkter Wettbewerb	managed competition
Gemeinkosten	overhead expenses

Gemeinkosten, Fertigungs-	manufacturing overhead expenses
Gemeinkosten, Material-	material overhead expenses, indirect material
Gemeinkosten, umgelegte ~	overhead expenses distributed
Gemeinkosten, Unternehmens-	company overheads
Gemeinkosten, verrechnete ~	overhead expenses applied
Gemeinkosten, verschiedene ~	miscellaneous overhead expenses
Gemeinkostenabweichung	overhead variance
Gemeinkostenlöhne	indirect labour
Gemeinkostensatz	overhead rate
Gemeinkostenüberdeckung	overabsorbed overhead
Gemeinkostenunterdeckung	underabsorbed overhead
Gemeinkostenverrechnungsbasis	overhead distribution basis
Gemeinkostenverrechnungssatz	overhead distribution rate
Gemeinkostenzuschlag der Kostenstelle	cost centre overhead rate
gemeinnützig	non-profit
gemeinsame Vermarktung	co-marketing
Gemeinschaftsunternehmen	joint venture
Gemeinwohl	public interest
genehmigen	to approve, to authorize
genehmigtes Aktienkapital	authorized capital stock
Genehmigung	approval, permission, authorization
Genehmigungsantrag	permit application
Genehmigungsbehörde	licencing authority
Genossenschaft	co-operative association
Gerichtsstand	court of jurisdiction
geringwertig	low value
Gesamtabsatzplan	overall marketing programme
Gesamtangebot	aggregate supply
Gesamtbetrag	total amount
Gesamthaftung	joint liability
Gesamtjahr	year total
Gesamtschuldner	joint debtor
Gesamtverschuldung	total indebtedness
Geschäft	business
Geschäft, Inlands-	domestic business

Geschäfte, schwebende ~	pending transactions
Geschäfte, Termin-	hedges
Geschäftsbedingungen	business terms, business conditions, conditions of trading
Geschäftsbedingungen, allgemeine ~	general business terms
Geschäftsbereich	business segments
Geschäftsbericht, jährlicher ~	annual report
Geschäftseinheit, strategische ~	strategic business unit
Geschäftsformular	business form
Geschäftsführer	general manager, managing director
Geschäftsjahr	business year, fiscal year
Geschäftslage	store location
Geschäftsleitung	management
Geschäftsmann	businessman
Geschäftspolitik	business policy, company policy
Geschäftssitz	registered office
Geschäftsstelle	branch office
Geschäftswert	goodwill
Geschäftszentrum	trading centre
Geschmackswandel	change in taste
Gesellschaft	company
Gesellschaft mit beschränkter Haftung (GmbH)	limited liability company
Gesellschaft, 100%ige Tochter-	wholly-owned subsidiary
Gesellschaft, Beteiligungs- (unter 50%)	affiliated company
Gesellschaft, Mutter-	parent company
Gesellschaft, Personen-	partnership
Gesellschaft, Tochter- (über 50 %)	subsidiary company, subsidiary
Gesellschafter einer Kapitalgesellschaft	shareholder
Gesellschafter einer Personengesellschaft	partner
Gesellschafter, Anteile anderer ~	minority interests
Gesellschafterversammlung	shareholders' meeting
Gesellschaftsanteil	shareholder's interest, partner's interest
Gesellschaftssitz	registered office

Gesetz	law
Gesetzgeber	legislator, lawmaker
Gesetzgebung	legislation
Gesetzgebungsprogramm	legislative programme
gesetzlich vorgeschrieben	government-mandated, mandated by law
gesetzliche Feiertage	legal holidays
gesetzliche Rücklage	legal reserve
gesetzliche Vorschriften	legal requirements
gesetzwidrig	unlawful, illegal, illicit
gesperrtes Guthaben	blocked account
gestaffelter Preis	differential price, graduated price
gesteuerter Wettbewerb	managed competition
Gesundheitseinrichtungen	healthcare facilities
Gewährleistung	warranty
Gewährleistungsansprüche	warranty claims
Gewährleistungsverpflichtungen	warranty obligations
Gewerbe	trade
gewerbliche Anwendbarkeit	industrial application
gewerbliches Schutzrecht	trademark
Gewerkschaft	union
Gewerkschaftsbeiträge	union dues
Gewicht der Verpackung	tare
Gewinn	profit, net income, gain
Gewinn nach Steuerabzug	after-tax profit, net income after taxes
Gewinn pro Verkaufseinheit	profit per unit
Gewinn- und Verlustprognose	profit and loss forecast
Gewinn- und Verlustrechnung	profit and loss account, income statement
Gewinn vor Ertragsteuern	income before income taxes
Gewinn vor Ertragsteuern und Zinsen (EBIT)	earnings before interest and taxes (EBIT)
Gewinn vor Steuer	income before tax (IBT), pre-tax profit
Gewinn vor Steuerabzug	pre-tax profit, net income before taxes
Gewinn, ausgeschütteter ~	distributed income, dividend
Gewinn, ausschüttungsfähiger ~	earnings available for distribution
Gewinn, bereinigter ~	adjusted profit

Gewinn, einbehaltener ~	retained profit, retained earnings
Gewinn, entgangener ~	lost profit
Gewinn, imaginärer ~	imaginary profit
Gewinn, in Rücklagen eingestellter ~	earnings appropriated to specific surplus accounts
Gewinn, Inflations-	inflationary profit
Gewinn, nicht ausgeschütteter ~	undistributed net income
Gewinn, nicht entnommener ~	undrawn profit
Gewinn, nicht realisierter ~	unrealized gain
Gewinn, realisierter ~	realized gain
Gewinn, Rein-	net profit, net income
Gewinn, Schein-	paper profit
Gewinn, steuerpflichtiger ~	taxable income
Gewinn, unerwarteter ~	windfall profit
Gewinnabführungsvertrag	profit and loss transfer agreement
Gewinnanteil	profit share
Gewinnanteile anderer Gesellschafter	minority interests in profits
Gewinnbeteiligung	profit participation, profit share
Gewinneinbruch	profit collapse
Gewinnentwicklung	profit performance
gewinnorientiert	profit-oriented
Gewinnplanung	profit planning
Gewinnrücklagen	retained earnings
Gewinnschwelle	break-even point
Gewinnspanne	profit margin
Gewinnverlagerung	profit shifting
Gewinnverteilung	profit distribution, allocation of profit
Gewinnverwendung	appropriation of profit
Gewinnvortrag	unappropriated surplus carried forward
Gewinnziel	profit objective
Gläubiger	creditor
gleichbleibende Nachfrage	steady demand
gleichbleibende Preise	stable prices
gleitender Durchschnitt	moving average
gleitender Durchschnittspreis	sliding average price
Globalisierung	globalization

Goodwill, erworbener ~	purchased goodwill
Goodwill, originärer ~	created goodwill
Grad der Zielerreichung	percentage of completion
Gratifikation	bonus
Gratifikation, Jahres-	year-end bonus
Gratifikation, Weihnachts-	christmas bonus
Gratis	free of charge
Gratisaktie	bonus stock
Gratisangebot	free deal
grauer Markt	grey market
Grenzertrag	marginal income, marginal revenue
Grenzfall	borderline case
Grenzgewinn	marginal profit
Grenzkäufer	marginal buyer
Grenzkosten	marginal costs, product costs
Grenzkosten der Arbeit	marginal cost of labour
Grenzkostenrechnung	marginal costing, direct costing
Grenzleistung des Kapitals	marginal efficiency of capital
Grenznachfrage	marginal demand
Grenznutzen	marginal utility
Grenznutzen, abnehmender ~	diminishing marginal utility
Grenznutzentheorie	theory of marginal utility
Grenzplankostenrechnung	flexible standard costing based on margin
Grenzproduktivität	marginal productivity
Grenzproduktivität der Arbeit	marginal productivity of labour
Grenzsteuersatz	marginal rate of tax
grenzüberschreitende Lieferung	cross border delivery
Grosshandel	wholesale
Grosshandelsspanne	wholesale margin
Grosshandelsunternehmen	wholesale enterprise
Grosshandelsverkaufspreis	wholesale price
Grosshandelsvertrieb	wholesale distribution
Grossreparatur	major repairs
Grundbedürfnisse	basic needs
Grundbesitz	real estate

Gründer	Founder
Grundgehalt	base salary
Grundkapital	capital stock, share capital
Grundkapital, eingezahltes ~	paid-in capital stock, paid-in share capital
Grundkapital, genehmigtes ~	authorized capital stock, authorized capital stock
Grundlage, Preisbildungs-	price calculation basis
Grundlagenforschung	basic research
Grundlohn	base pay, basic wage
Grundpreis	basic rate, standard rate
Grundrecht	Fundamental right
Grundsätze ordnungsgemässer Buchführung	rules of orderly bookkeeping
Grundschuld	land charge, mortgage
Grundstück	land, premises, site
Grundstücke und Gebäude	land and buildings
Gründung, Gesellschafts-	Incorporation of a company
Gründungskosten	Incorporation expense
Gründungsurkunde	certificate of incorporation
Gruppe, Produkt-	product group
gültig	Valid
Gutachten	expert opinion, expertise
Gutachter	Expert
Güter des gehobenen Bedarfs	semi-luxury goods
Gütezeichen	mark of quality, quality label
Guthaben bei Kreditinstituten	cash at banks
Guthaben, gesperrte ~	frozen assets
Guthaben, verfügbare ~	free assets
Gutschreiben	credit entry
Gutschrift	Credit
Gutschriftsanzeige	credit note

H

Haben / Soll	credit / debit
Habenbuchung	credit entry

Habensaldo	credit balance
Habenzinsen	Interest income
Haftpflichtversicherung	public liability insurance
Haftung	Liability
Halbfabrikate (unfertige Erzeugnisse)	goods in process, work in process
halbjährlich	half-yearly, twice yearly, semiannually
Halbwertszeit	half-life
Haltbarkeit	shelf life
Haltbarkeitsprüfung	Stability test
Handbuch des Rechnungswesens, Bilanzierungshandbuch	Accounting manual
Handel	Commerce, trade, trading
Handel, Gross-	Wholesale
handeln	to deal
Handelsbarrieren	trade barriers
Handelsbeschränkungen	trade restrictions
Handelsbetrieb	Commercial establishment
Handelsbeziehungen	trade relations
Handelsbilanz	Commercial balance sheet, trade balance, balance of trade
Handelsbrauch	Business custom
Handelsdefizit	trade deficit
Handelsdelegation	trade delegation
Handelsembargo	trade embargo
Handelsfreiheit	Freedom of trade
Handelsgeschäfte	Trading transactions
Handelsgesellschaft	Trading company
Handelshemmnisse	trade barriers
Handelskammer	Chamber of commerce
Handelsmarke	Brand
Handelsname	brand name
Handelsreisender	Travelling salesman
Handelsspanne	trade margin
Handelsvertreter	sales agent
Handelsvertretung	sales agency, trade mission
Handelsware	merchandise
Handelswarenbestand	merchandise inventory

Handelszentrum	business centre, centre of commerce
Handfertigung	manual production
handgefertigt	handworked
Händler	dealer, distributor
Händlerrabatt	dealer rebate, trade discount
Handlungsbevollmächtigter	authorized representative
Handlungsvollmacht	authorization, power of attorney, proxy
Handwerker	artisan
harmonisierte Gesetzgebung	harmonized legislation
Harmonisierung	harmonization
Härtefallregelung	hardship provision, hardship clause
Häufigkeit	frequency
Hauhaltsanpassung	budget reconciliation
hauptamtlich	full-time
Hauptbuch	general ledger
Hauptlieferant	prime supplier
Hauptversammlung	shareholders' meeting, stockholders' meeting
Haushaltsjahr	fiscal year
Haushaltskürzung	budget cutback
Haushaltsplanung	budgeting
Herstellkosten, volle ~	fully allocated production costs, full manufacturing costs
herstellen	to produce, to manufacture
Hersteller	producer, manufacturer
Herstellermarke	trademark
Herstellkosten	manufacturing cost, cost of production
Herstellkosten der verkauften Produkte	cost of goods sold
Herstellkosten, proportionale ~	product costs, product related costs
Herstellkosten, volle verrechnete ~	fully allocated costs
Herstellung	production
Herstellungsbereich	production area
Herstellungserlaubnis	manufacturing authorization
Herstellungsformel	manufacturing formula
Herstellungskosten	costs of goods manufactured
Herstellungsvorgänge	manufacturing operations
Hilfs- und Betriebsstoffe	manufacturing supplies

Hilfskonto	sub-account
Hilfskostenstelle	service cost centre
Hilfslöhne	auxiliary wages
Hilfsstoffe, selbsterzeugte ~	self-manufactured supplies
Hilfsstofflager	warehouse for supplies
Hinterlegung	deposit
Hinterlegungsbescheinigung	certificate of deposit
Hochkonjunktur	boom
Höchstbeitrag	maximum contribution
Höchstpreis	ceiling price
Höchstrabatt	maximum rebate
höhere Gewalt	force majeure, act of God
Holdinggesellschaft	holding company
Honorar	fee
Honorarkürzung	fee cut
Hypothek	mortgage
Hypothekarkredit	mortgage loan
Hypothekenanteilschein	mortgage certificate
Hypothekenforderung	mortgage claim
Hypothekenpfandbrief	mortgage bond
Hypothekenpfandrecht	mortgage lien
Hypothekenschuld	mortgage debt

I

ideeller Firmenwert	goodwill
immaterielle Vermögensgegenstände	intangible assets
Immobilien	real estate, property
Importerlaubnis	import authorization
Importförderklausel	import promotion clause
Importkredit	import credit, import financing
Importwarenabschlag	special deduction on imported inventories
in Kraft treten	to come into force, effective date, to become effective
in Zahlung geben	to trade-in
inaktives Konto	dormant account
Inanspruchnahme	utilization
Inbetriebnahmekosten	cost of opening, start-up expenses

indirekte Besteuerung	indirekt taxation
indirekte Löhne	indirect labour
indirekte Steuern	indirect taxes, excise taxes
indirekter Fertigungslohn	indirect labour
Indossament	endorsement
indossieren	to endorse
Industrieobligation	industrial bonds
Inflationsgewinn	inflationary profit
Informationen, informelle ~	informal informations
Informationssystem	information system
Informationssystem, Management-	management information system
Infrastruktur	infrastructure
Inhaber	bearer, holder, owner
Inhaberaktie	bearer stock
Inhaberpapier	bearer certificate
Inhaberschuldverschreibung	bearer bond
Inkasso	collection
Inland	domestic
inländisch	domestic
inländische Einkünfte	income from domestic sources
Inlandsbedarf	domestic needs
Inlandserzeugnis	domestic article
Inlandsgeschäft	domestic business
Inlandsmarkt	domestic market
Inlandswährung	local currency
Innenfinanzierungskraft	self-financing strength
Innenrevision	internal audit
Innenrevisor	internal auditor
Innenumsatz	intracompany sales, internal turnover
innerbetrieblich	intracompany, intraplant
innerbetriebliche Leistungen	intracompany services, internal services
innerbetriebliche Leistungsverrechnung	intracompany services charging, internal cost allocation
innerbetrieblicher Verrechnungspreis	internal transfer price
Insolvenz	insolvency
Instandhaltung und Reparaturen	repairs and maintenance
Instandhaltung, Wartung	maintenance

Instandhaltungskosten	(repair and) maintenance costs
Instanz, dritte ~ (Revision)	court of appeals
Instanz, erste ~	lower court
Instanz, zweite ~ (Berufung)	appellate court
Interessenkonflikt	conflict of interests
Interkonzern	intercompany
Interkonzernlieferung	intercompany delivery
Interkonzernumsatz	intercompany sales
Internationaler Währungsfonds (IWF)	International Monetary Fund (IMF)
interne Kontrolle	internal control
interne Qualitätskontrolle	internal quality control
interne Revision	internal audit, internal auditing
internes Berichtswesen	internal reporting
Interne-Zinsfuss-Methode	internal interest rate method
Interpolation	interpolation
Intervallfertigung	intermittent production
Intervention	intervention
Interventionspunkte	intervention points
Interventionswährung	intervention currency
Invalidenrente	disability benefit
Invalidenversicherung	disability insurance
Invalidität	invalidity, disability
Inventar, Büro-	office equipment
Inventarbücher	fixed assets records
Inventur	inventory
Inventur durch körperliche Bestandsaufnahme	physical inventory count
Inventur nach FIFO-Methode	Fifo (first-in, first-out) method
Inventur nach LIFO-Methode	Lifo (last-in, first-out) method
Inventur, Eröffnungs-	start-up inventory, opening inventory
Inventur, permanente ~	perpetual inventory
Inventuraufnahmeblatt	tally sheet
Inventurbewertungsmethode	inventory valuation method
Inventurdifferenz	inventory variance
Inventurzettel	inventory tag
investiertes Kapital	capital invested

investiertes Vermögen	invested assets
Investition	investment
Investition, Auslands-	foreign investment
Investition, gemeinsame ~	joint investment
Investition, Qualitätsverbesserungs-	investment for quality improvement
Investition, Rationalisierungs-	investment for rationalization
Investition, vielversprechende ~	promising investment
Investitionen, Ersatz-	replacement capital assets
Investitionen, Erweiterungs-	investments for expansion of capacity
Investitionsanreiz	investment incentive
Investitionsart	type of investment
Investitionsbedingungen	terms of investment
Investitionsbetrag	investment amount, amount of investment
Investitionsklima	investment climate
Investitionskredit	investment credit
Investitionsnachfrage	investment demand
Investitionsplan	capital expenditure budget, investment budget
Investitionspolitik	investment policy
Investitionsrechnung	investment appraisal
Investitionsvolumen	investment volume
Investitionsvorhaben	investment intention
Investitionszulage	investment premium, investment grant
Investmentgesellschaft	investment company
Irrtumswahrscheinlichkeit	error probability
Istdaten	actual data
Istkosten	actual costs
Ist-Kosten	actual cost
Ist-Kosten der Vergangenheit	historical cost
Ist-Kostenerfassung	actual cost recording
Istleistung	actual units, actual activities
Ist-Soll-Leistung	actual-target-activity, actual-target-performance
Ist-Wird-Rechnung	actuals-future account

J

Jahr bisher	year to date

Jahr, Berichts-	year reported on
Jahr, Gesamt-	year total
Jahr, Geschäfts-	business year, financial year, fiscal year
Jahr, laufendes ~	current year
Jahrbuch	annual
Jahresabrechnung	annual settlement
Jahresabschluss	year-end closing, annual financial statements
Jahresabschluss, geprüfter ~	audited financial statements
Jahresabschlussprüfung	annual audit
Jahresbudget	annual budget
Jahresdurchschnitt	annual average
Jahresendabrechnung	year-end-settlement
Jahresgewinn	net income for the year
Jahresgratifikation	year-end bonus, year's bonus
Jahresherstellkosten	control standard costs
Jahresplan	annual budget
Jahresplanung	annual planning
Jahresüberschuss	net income for the year, profit for the year
jahreszeitliche Schwankungen	seasonal variation
Jahreszinssatz	annual rate of interest
jährlich	annually
Jubiläumsgeld	extra pay for jubilees, jubilee pay
Jugendarbeitsschutzuntersuchung	medical examination of young workers
juristische Person	legal entity, artificial person, legal person

K

Kalender	calendar
Kalenderjahr	calendar year
Kalkulation	calculation, cost estimation
Kalkulation, Divisionsstufen-	process cost system
Kalkulation, Misch-	hybrid costing
Kalkulation, Nach-	actual cost determination
Kalkulation, Preis-	price calculation, price estimating
Kalkulation, Vor-	preliminary costing
Kalkulation, Zuschlags-	overhead percentage cost calculation

Kalkulationsdatenbank	costing data base
Kalkulationsgrundlage	calculation basis
Kalkulationsschema	product costing scheme
kalkulatorische Abschreibung	imputed depreciation, calculated depreciation
kalkulatorische Kosten	imputed costs
kalkulatorische Sozialleistungskosten	imputed social security costs
kalkulatorische Wagniskosten	imputed risk costs
kalkulatorische Zinsen	imputed interests, calculated interests
kalkulatorischer Unternehmerlohn	imputed entrepreneurial salary
Kampagne	campaign
Kapazität	capacity
Kapazität, freie ~	spare capacity
Kapazität, maximale ~	theoretical capacity
Kapazität, optimale ~	optimum capacity
Kapazität, produktive ~	productive capacity
Kapazitätsauslastung	utilization of capacity
Kapazitätsausweitung	expansion of production facility
Kapazitätsbedarfsplanung	capacity requirements planning
Kapazitätsengpass	bottleneck of capacity
Kapazitätskosten	capacity costs, fixed costs
Kapazitätsnachfrage	capacity demand
Kapazitätsplanung	capacity planning
Kapital	capital
Kapital der Gruppe, erwirtschaftetes ~	retained earnings of the group
Kapital- und Geldbeschaffung	raising of capital and funds
Kapital, ausgewiesenes ~	stated capital
Kapital, bedingtes ~	conditionally authorized capital, conditional capital
Kapital, betriebsnotwendiges ~	capital employed
Kapital, Eigen-	owners' equity, owned capital, capital and reserves
Kapital, eingezahltes ~	paid-in capital
Kapital, Fremd-	long-term debt

Kapital, gebundenes ~	tied-up capital
Kapital, genehmigtes ~	authorized capital
Kapital, gezeichnetes ~	issued capital
Kapital, Grund-	capital stock
Kapital, investiertes ~	invested capital
Kapital, Stamm-	share capital, capital stock
Kapitalanlage	investment
Kapitalanlage, unsichere ~	insecure investment
Kapitalanteil	capital share
Kapitalaufbau	capital structure
Kapitalbedarf	capital requirements
Kapitaleinlage	capital share paid in
Kapitaleinzahlungen	capital contributions
Kapitalerhöhung	capital increase
Kapitalerhöhung aus Gesellschaftsmitteln	increase in share capital out of retained earnings
Kapitalerträge	investment income
Kapitalertragsteuer	capital yields tax
Kapitalfluss	cash flow
Kapitalflussrechnung	cash flow statement
Kapitalfreisetzung	capital released
Kapitalgesellschaft	corporation
Kapitalgewinn	capital gain
Kapitalherabsetzung	reduction of share capital
kapitalisieren	to capitalize
Kapitalmarkt	capital market
Kapitalreserven	capital surplus
Kapitalrücklage(n)	capital reserve(s)
Kapitalumschlag	capital turnover
Kapitalverhältnisse	capital ownership
Kapitalverlust	capital loss
Kapitalverzinsung	return on investment
Kapitalwert	capital value
Kapitalwertmethode	capital value method
Kapitalzins	interest on principal
Kartell	cartel, trust

Kartellgesetz	anti-trust law
Kassageschäft	cash transaction
Kassakurs	spot rate
Kasse	cash
Kassenbestand	cash on hand
Kasseneinnahmen	receipts
Kassenprüfung	cash audit
Kassierer	cashier
Kauf	purchase
Kauf auf Probe	purchase on trial
Kauf nach Muster	sale to pattern, sale by sample
Kauf zur Probe mit Rückgaberecht	purchase in trial
Käufergruppe	buyer category
Käufermarkt	buyer's market
Käuferverhalten	purchase pattern
Kaufkraft	buying power, purchasing power
Kaufkraftparität	purchasing power parity (PPP)
Kaufkredit	loan to finance purchases
Kaufkurs	buying rate
Kaufmann	merchant, proprietor
Kaufpreis	purchase price
Kaufvertrag	contract of sale, sales contract
Kaufvertrag mit Eigentumsvorbehalt	conditional sales contract
Kaution	caution money, security
Kennzahlen	ratios
Kennzahlenstruktur	ratio system structure
Kennzahlensystem	ratio systems
Kennzahlensystem, ausgewogenes	balanced score card
Kennzeichnung	label
Kennziffer	code
Kernkompetenzen	key competences
KGV (Kurs-Gewinn-Verhältnis)	PER (price-earning-ratio)
Kilometergeld	mileage allowance
Klage	suit, action
Klage erheben, verklagen	to file a suit, to sue
Klagegrund	cause of action

Klagerecht	right of action, claim
Klageschrift	complaint
Klageverjährung	limitation of action
Klassifikation	grading
Klausel	clause, stipulation
Kleinbetrieb	small business, small enterprise
Kleinkredit	small loan, consumer loan
Knappheit	shortage
kombinierte Vergütungsformen	combined reimbursement
Kommanditgesellschaft (KG)	limited partnership
Kommanditgesellschaft auf Aktien (KGaA)	partnership partly limited by shares
Kommanditist	limited partner
Kommission	consignment
Kommissionär	consignee
Kommissionsgebühr	commission
Kommissionsverkauf	consignment sale, commission sale
Kommissionsware	consigned goods
Kompagnon	partner
Kompensationsgeschäft	barter transaction
Komplementär	general partner
Konjunkturaufschwung	upward business trend
konjunkturell	cyclical
konjunkturelle Entwicklung	cyclical trend
Konjunkturforschung	business research
Konjunkturlage	economic climate
Konjunkturprognose	business forecast
Konjunkturrückgang	downward business trend
Konjunkturschwankung	seasonal variation
Konkurrent	competitor, rival
Konkurrenz	competition
Konkurs	bankruptcy
Konkursbilanz	realization and liquidation statement
Konkurseröffnung	adjudication of bankruptcy
Konkursgläubiger	creditor of bankrupt
Konkursmasse	bankrupt's assets, estate of a bankrupt
Konkursschuldner	bankrupt

Konkursverfahren	bankruptcy proceeds
Konkursverwalter	receiver
Konkursverwaltung	receivership
Konossement	bill of lading
Konsignation	consignment
Konsignationsgeschäft	consignment transaction
Konsignationsverkauf	consignment sale
Konsignationswaren	goods on consignment
konsolidierte Bilanz	consolidated balance sheet
konsolidierter Abschluss	consolidated financial statements
Konsolidierung	consolidation
Konsolidierungsgrundsätze	consolidation principles
Konsolidierungskreis	companies included in the consolidation
Konsolidierungsmethoden	consolidation methods
Konsortialbank	member bank of a syndicate
Konsortialführer	lead-manager
Konsortialgeschäfte	syndicate business, business on joint account
Konsortium	financial syndicate, consortium
Konsumartikel	article of consumption
Konsument	consumer
Konsumgüter	consumer goods
Konten	accounts
Kontenblatt	ledger sheet, ledger card
Kontengliederung	accounts classification
Kontenplan	chart of accounts
Kontenrahmen, vorgeschriebener ~	standard chart of accounts
kontieren	to do the account distribution
Kontierung	account distribution
kontinuierliche Nachfrage	current demand
kontinuierlicher Verbesserungsprozess (KVP)	continuous improvement
Konto	account
Konto belasten	to debit
Konto eröffnen	to open an account
Konto, abgeschlossenes ~	closed account
Konto, Kosten-	expense account

Konto, laufendes ~	current account
Konto, Sperr-	blocked account
Konto, Unter-	subaccount
Kontoabschluss	closing statement
Kontoabstimmung	reconciliation of an account
Kontoabweichung	discrepancy between two accounts
Kontoanalyse	account analysis
Kontoauszug	statement of account
Kontobezeichnung	account title
Kontokorrentkonto	current account of customers and suppliers
Kontokorrentkredit	open credit, overdraft
Kontokorrentzinsen	interest on current account
Kontrollbericht	inspection report
Kontrolle, Qualitäts-	quality control
kontrollieren	to check
kontrollierter Bereich	controlled area
Kontrollnummer	reference number
Kontrollspalte	control column
Konventionalstrafe	penalty for breach of contract
konvertierbare Währung	convertible currency
Konvertierung	conversion
Konzept, finanzwirtschaftliches ~	financial concept
Konzept, leistungswirtschaftliches ~	operational concept
Konzept, soziales ~	social concept
Konzern	group, concern, trust
Konzern Gewinn- und Verlustrechnung	consolidated income statement
Konzernabschluss	consolidated financial statements
Konzernbereich	group division
Konzernbilanz (konsolidierte Bilanz)	consolidated balance sheet
Konzerndeckungsbeitrag	concern marginal contribution
Konzerngewinn	consolidated profit
Konzernrechnung	consolidated accounting
Konzernverlust	consolidated loss
Konzernware	group products
Konzernzentrale	group headquarter

Koordination	co-ordination
Kopie	copy
kopieren	to copy, to duplicate
Kopplungsverkauf	combination sale
Körperschaft	corporation, corporate entity
Körperschaft des öffentlichen Rechts	public corporation
Körperschaftssteuer	corporate income tax, corporation tax
Körperschaftsteuergesetz (KStG)	corporation income tax law
Korrektur	adjustment
Korrekturmassnahmen	corrective actions
Korrespondenzbank	correspondent bank
Kosten	costs, expenses, charge
Kosten abwälzen	pass on costs
Kosten abzüglich aufgelaufener Abschreibung	depreciated cost, net book value
Kosten der Inbetriebnahme	cost of opening, opening costs
Kosten der umgesetzten Leistungen	cost of goods sold, cost of sales
Kosten einschliesslich vereinbartem Gewinn	cost-plus-profit
Kosten für allgemeine Verwaltung	costs of general administration
Kosten für Forschung und Entwicklung	costs of research and development
Kosten für Technik	costs of engineering
Kosten für Vertrieb	costs of distribution, selling expenses
Kosten für Werbung	advertising expenses
Kosten inkl. Ausladen und Zoll	landed cost
Kosten, abschreibbare ~	depreciable costs
Kosten, aktivierte ~	capitalized costs
Kosten, anteilige ~	share of costs
Kosten, beeinflussbare ~	contrallable costs
Kosten, Bereitschafts-	capacity costs
Kosten, Betriebs-	operating cost, running costs
Kosten, Durchschnitts-	average cost
Kosten, Entwicklungs-	development expenses, development costs
Kosten, erlösabhängige ~	costs depends on revenue
Kosten, Fertigungs-	manufacturing cost, cost of production

Kosten, Fix-	period expenses, fixed costs, structure costs
Kosten, Forschungs-	research and development expenses
Kosten, Fracht-	freight charges
Kosten, Gemein-	overhead expenses
Kosten, geschätzte ~	estimated cost
Kosten, Grenz-	marginal costs, product costs
Kosten, Herstell-	cost of production, manufacturing cost
Kosten, Ist-	actual cost
Kosten, kalkulatorische ~	imputed cost
Kosten, kapitalisierte ~	capitalized cost
Kosten, kontrollierbare ~	controllable cost
Kosten, Kredit-	borrowing cost, loan expense
Kosten, Lebenshaltungs-	cost of living
Kosten, Lebenszyklus-	life style costs
Kosten, Lohn-	wage costs, labour costs
Kosten, Misch-	mixed costs
Kosten, nicht kontrollierbare ~	non-controllable cost
Kosten, optimale ~	optimum costs
Kosten, Perioden-	period costs
Kosten, Personal-	pay-roll costs, personnel costs, labour costs
Kosten, Plan-	planned costs, budget costs
Kosten, primäre ~	primary costs, costs primarily arisen
Kosten, Produkt-	product costs
Kosten, Prozess-	activity based cost
Kosten, Real-	real costs
Kosten, Reise-	travel expenses
Kosten, Risiko-	risk costs
Kosten, Schliessungs-	shut-down costs
Kosten, Sekundär-	secondary costs
Kosten, sekundäre ~	secondary costs
Kosten, Selbst-	cost of sales
Kosten, Soll-	flexible budget
Kosten, Sondereinzel-	special direct costs
Kosten, Standard-	standard cost

Kosten, Stillstand-	idle plant expenses
Kosten, Struktur-	structure costs
Kosten, Stück-	unit cost
Kosten, Transport-	transportation expenses, freight
Kosten, Umlage-	costs allocations
Kosten, variable ~	variable costs
Kosten, verauslagte ~	out-of pocket expenses, expenses disbursed
Kosten, Verpackungs-	packing costs
Kosten, verrechnete ~	allocated cost
Kosten, Verschiffungs-	shipping costs
Kosten, Vertriebs-	distribution costs, selling expenses
Kosten, Verwaltungs-	administrative expenses
Kosten, vorausbezahlte ~	prepaid cost
Kosten, vorkalkulierte ~	predetermined cost
Kosten, Wagnis-	risk costs
Kosten, weiterbelastete ~	allocated costs
Kosten, Ziel-	target costs
Kostenabweichung	cost deviation, cost variance
Kostenanalyse	cost analysis
Kostenansammlung	cost accumulation
Kostenanteil	portion of costs
Kostenart	cost elements, cost category, cost group
Kostenartengruppen	groups of cost elements
Kostenartenrechnung	cost element accounting
Kostenaufschlagsmethode	cost plus method
Kostenaufteilungsverfahren	absorption costing
Kostenbeeinflussung	influence on costs
Kostenbestandteil	element of costs
Kostenbeteiligung	cost sharing
Kostendämpfung	cost containment
Kostendeckung	cost recovery, break-even
Kosten-Effektivitäts-Analyse	cost-effectiveness analysis
kosteneffizient	cost efficient
Kosteneinsparungen	cost savings, cost cuttings

Kostenerfassung	cost recording
Kostenerfassung, Ist-	actual cost recording
Kostenermittlung	costing
Kostenerstattung	cost recovery
Kostenexplosion	cost escalation
kostenfrei	free of charge
Kostenführerschaft	cost leadership
kostengünstig	cost-efficient
Kostenkonto	cost account
Kostenkonto, Sammel-	collecting cost account
Kostenkontrollbogen	cost control sheet
Kostenkontrolle	cost control
Kosten-Leistungs-Verhältnis	value-for-money ratio
Kostenmanagement	cost management
Kosten-Nutzen-Analyse	cost benefit analysis
Kostenplanung	cost planning
Kostenpreis, Selbst-	cost price
Kostenrechner	cost accountant
Kostenrechnung nach Einzelaufträgen	job order cost system
Kostenrechnung, Grenz-	marginal costing, direct costing
Kostenrechnung, Plan-	standard cost accounting
Kostenrechnung, Produkt-	calculation of product costs
Kostenrechnung, Proportional-	proportional costing
Kostenrechnung, Prozess-	activity-based costing
Kostenrechnung, Standard-	standard costing
Kostenrechnung, Teil-	direct costing
Kostenrechnung, Voll-	absorption costing, full costing
Kostenrechnung, Ziel-	target costing
Kostenremanenz	cost lag
Kostensätze	cost rates
Kostenschlüssel	cost key
Kostensenkung	cost reduction
Kostensenkungspotential	potential for cost reduction
Kostensenkungsprogramm	cost cutting programme, cost reduction programme
Kostenspaltung	cost splitting
Kostenstelle	cost centre

Kostenstelle, Produktions-	production cost centre
Kostenstelle, Sammel-	collecting cost centre
Kostenstelle, vorbereitende ~	preparatory cost centre
Kostenstellenabrechnung	cost centre settlement
Kostenstellengemeinkostenzuschlag	cost centre overhead rate
Kostenstellenrechnung	cost center accounting, departmental accounting
Kostenträger	unit of cost
Kostenträgerrechnung	unit cost accounting
Köstenträgerrechnung	product costing
Kostenträgerzeitrechnung	product costing per period
Kostentransparenz	transparency for costs
Kostentreiber	cost driver
Kostenüberschreitung	cost overrun
Kostenumlage	cost allocation, allocation of costs
Kostenverantwortlichkeit	cost responsibility
Kostenvergleich	comparison of costs
Kostenverteilung	allocation of costs, cost distribution
Kostenvoranschlag	cost estimate
Kostenvorteil	cost advantage
kostenwirksam	cost-effective
Kostenziele	cost objectives
Kostenzurechnung	cost allocation
Kouponbogen	coupon sheet
Kraftfahrzeugbetriebskosten	automobile expenses
Kraftfahrzeughaftpflichtversicherung	automobile liability insurance
Kraftfahrzeugpark	automobiles and trucks
Krankengeld	sick pay
Krankenversicherung	health insurance
Kredit	credit, loan
Kredit, Bank-	bank credit
Kredit, Beistands-	stand-by credit
Kredit, Blanko-	unsecured credit
Kredit, durchlaufender ~	transmitted loan
Kredit, eingefrorener ~	frozen loan
Kredit, eingeräumter ~	credit line, overdraft facilities

Kredit, kurzfristiger ~	short-term credit/loan
Kredit, langfristiger ~	long-term credit/loan
Kredit, laufender ~	standing credit
Kredit, Lieferanten-	trade credit
Kredit, öffentlicher ~	public loan
Kredit, Rahmen-	credit line
Kredit, Raten-	installment loan
Kredit, Rediskont-	rediscount credit
Kreditabteilung	loan department
Kreditakte	credit folder, loan file
Kreditantrag	loan application
Kreditaufnahme	borrowing, raising of loans, issuances of debt
Kreditauftrag	credit order
Kreditauskunft	credit report
Kreditbedarf	borrowing requirements
Kreditbeschaffungskosten	loan issue expense
Kreditbesicherung	loan security
Kreditbürgschaft	credit guarantee
Krediteinschätzung	rating
Kreditgeber	lender
Kreditgebühr	stand-by fee
Kreditkauf	charge purchase
Kreditkonditionen	credit terms
Kreditkosten	borrowing costs
Kreditlimit	credit limit
Kreditlinie	line of credit
Kreditnehmer	borrower
Kreditorenjournal	purchase register
kreditorische Debitoren	customers with credit balances
Kreditprolongation	renewal of credit
Kreditprovision	loan commission
Kreditrahmenkontingent	credit line quota
Kreditrisiko	credit risk
Kreditverkauf	charge sale, sale on credit
Kreditverkehr	loan transactions

Kreditversicherung	credit insurance
Kreditverwalter	credit manager
Kreditwesengesetz	banking law
Kreditwürdigkeit	credit standing
Kreditwürdigkeitsprüfung	credit investigation
Kreditzusage	grant of credit
kritische Masse	critical mass
Kulanzleistung	obliging allowances
kündbar	callable, terminable
Kunde	customer
Kunden, zweifelhafte ~	doubtful trade receivables, doubtful accounts
Kundenausfall	bad-debt loss
Kundenbedürfnisse	customers' needs
Kundendeckungsbeitragsrechnung	customer contribution accounting
Kundendienst	customer service
Kundendienst (Aussendienst)	field service
Kundendienst (nach dem Kauf)	after sales service
Kundenrabatt	customer allowance, discount for customers
Kundenzufriedenheit	customer satisfaction
kündigen	to give notice, to terminate
kündigen, fristlos ~	to dismiss without notice
Kündigung	notice
Kündigung, schriftliche ~	written notice
Kündigungsfrist	terms of notice
Kuppelprodukt	joint product
Kurs	quote, rate
Kurs, Börsen-	quotation
Kurs, Brief-	ask
Kurs, Emissions-	rate of issue, issue price
Kurs, Geld-	bid
Kurs, Schluss-	close
Kurs, Währungs-	foreign exchange rate
Kursbericht	market quotation
Kursdifferenz	conversion difference
Kursdifferenzbuchung	foreign exchange adjustment

Kursgewinn	exchange profit
Kurs-Gewinn-Verhältnis (KGV)	price-earning-ratio (PER)
Kursnotierung, amtliche ~	official quotation
Kursrisiko	foreign exchange risk, exchange exposure
Kurssicherung	cover, hedge
Kurstabelle	quotation record
Kursumrechnung	currency conversion
Kursverlust	exchange loss
Kurswert	market price, quoted value
Kurzarbeit	short-time work
Kurzarbeiterzuschuss	allowance for short time workers
Kurzbericht	summary report
Kurzbroschüre	folder
kurzfristig	short-term
kurzfristige Erfolgsrechnung	short-term result account
kurzfristige Forderungen	short-term receivables
kurzfristige Planung	short-term budget
kurzfristige Verbindlichkeit	short-term liability
kurzfristiger Finanzplan	short-term cash budget
kurzfristiger Kredit	short-time credit/loan

L

Ladenhüter	shelf warmer, unsaleable article, slow-moving items
Ladenpreis	selling price
Lagebericht	status report
Lager	warehouse
Lager, Eingangs-	receiving warehouse
Lager, Fertigwaren-	finished goods warehouse
Lager, Hilfsstoff-	warehouse for supplies
Lager, unverzolltes ~	bonded stock
Lager, Zentral-	central warehouse
Lagerbestand	stock, inventory on hand
Lagerbestandsbericht	stock status report
Lager-Bestandsbewertung	warehouse inventory valuation
Lagerbewegung	stock rotation
Lagerfachkarte	bin card

Lagergebühren	warehouse fees, stock holding cost, storage charges
Lagerhaltung	stockkeeping
Lagerkarte	stock record
Lagerkosten	warehouse costs, storing charges
Lagermiete	storing rent
Lagerort	stock location
Lagerplanung	storage planning
Lagerrotation	stock rotation
Lagerschein	warehouse receipt
Lagerüberwachung	stock control
Lagerumschlag	stock turnover, inventory turnover
Lagerung	storage
Lagerwert	inventory value
Land, Grundstück und Gebäude	real estate
Landarbeiter	farm worker
Landeswährung	local currency
langfristig	long-term, long-run
langfristige Forderungen	long-term receivables
langfristige Planung	long-term budget
langfristige Verbindlichkeiten	long-term liability, long-term debts
langfristiger Finanzplan	long-term cash budget
langfristiger Kredit	long-term credit/loan
Langfristplanung	long-term planning
Langzeitplan	long-range plan
Langzeitstudie	long-term study
Lastenausgleich	equalization of war burden
Lastenausgleichsabgabe	burden equalization levy
Lastschrift	debit entry, charge
laufend	current
laufendes Jahr	current year
laufendes Konto	current account
Laufzeit	term
Leasing	leasing
Lebensdauer eines Gutes	useful life
Lebenshaltungskosten	cost of living
Lebensstandard	standard of living

Lebensversicherung	life insurance
Lebenszykluskonzept	life style concept
Lebenszykluskosten	life style costs
Lebenszyklus-Kostenrechnung	life-cycle-accounting
Leerkosten nicht genutzter Anlagegüter	idle-plant expense
Leerverkauf	short sale
Leistung	performance, efficiency
Leistung, vermögenswirksame ~	property payment, property-creating performance
Leistungen, innerbetriebliche ~	internal services
Leistungs- und Kostenstelle	performance- and cost-centre
leistungsabhängige Kosten	direct costs
Leistungsbeurteilung	performance rating, performance assessment
Leistungsbewertung	merit rating
Leistungsgradabweichung (bei Standardkostenrechnung)	labour efficiency variance
Leistungslohn	incentive wage
Leistungsnachweis	track record
Leistungsniveau	service level
Leistungspotential	performance potential
Leistungsprämie	incentive bonus
Leistungsstandard (Leistungsziele)	standard of performance (SOP)
Leistungssteigerungspotentiale	opportunities for improving performance
Leistungsverrechnung, innerbetriebliche ~	internal service charging, internal cost allocation
Leistungsziele	output objectives, performance objectives
Leitbild	mission statement
leitende Führungskraft	executive
Leiter, Abteilungs-	head of department
Leiter, Bereichs-	head of the section
Leiter, Fabrik-	factory manager
Leiter, Produktions-	production manager
Leiter, Technik-	general manager for manufacturing and development
Leiter, Verkaufs-	sales manager

Leiter, Werks-	plant manager
Leitlinie	guideline
Lieferant	supplier
Lieferantenkredit	trade credit
Lieferantenverbindlichkeit	trade liability
Lieferbedingungen	terms of delivery, delivery terms
Lieferdatum	delivery date
Liefernachweis	proof of delivery (POD)
Lieferpreis	delivery price, sales price
Lieferschein	delivery note
Lieferscheinoriginal	docket
Liefertermin	delivery date
Lieferung	delivery
Lieferung per Nachnahme	cash on delivery (COD)
Lieferung, grenzüberschreitende ~	cross border delivery
Lieferung, unternehmensinterne ~	intercompany delivery
Lieferungen, Rück-	goods return, redelivery
Lieferungsrückstand	order backlog
Lieferverpflichtung	sales commitment
Lieferzeit	delivery period, delivery time
LIFO-Verfahren	LIFO-method (last-in, first-out)
limitierter Kauf- oder Verkaufsauftrag	stop-loss order
lineare Abschreibung	straight-line method of depreciation
Liquidation	liquidation
Liquidationsbilanz	liquidation balance sheet
Liquidationswert	liquidation value
liquide Mittel	liquid funds, liquid recources, liquid assets, ready money
liquide Mittel und Forderungen	quick assets
Liquidität	liquidity
Liquidität ersten Grades	quick assets ratio
Liquiditätsabschöpfung	absorption of liquidity
Liquiditätsdisposition	cash management
Liquiditätsengpass	liquidity bottleneck
Liquiditätsgrad	liquidity ratio
Liquiditätskennzahl	liquidity ratio

Liquiditätslage	liquidity position, cash position
Liquiditätsreserve	liquidity reserves
Liquiditätsveränderung	change of liquidity
liquiditätswirksamer Deckungsbeitrag	liquidity-related contribution
Liste	list, schedule
Liste, Bestandsfortschreibungs-	article history list
Listenpreis	list price
Lizensierung	licencing
Lizenz	licence
Lizenzdauer	licence term
Lizenzeinnahmen	licence income
Lizenzfertigung	production under licence
Lizenzgebühr	royalty, licence fee
Lizenzinhaber	licence holder
Lizenznehmer	licensee
Lizenztausch	cross-licensing
Lizenzvereinbarung	licence agreement
Lizenzzahlungen	royalty payments
Logistik	logistics
Lohn	wage
Lohn- und Gehaltsbuchung	pay-roll accounting
Lohn- und Gehaltsliste	pay-roll
Lohn- und Gehaltssystem, Brutto-	gross pay-roll system
Lohn- und Preiskontrollen	wage- and price controls
Lohn, Brutto-	gross pay
Lohn, Durchschnitts-	standard wage
Lohn, Leistungs-	incentive wage
Lohn, Netto-	net pay
Lohn, Rüst-	set up wages
lohnabhängige Fertigungskosten	labour dependent cost
Lohnabrechnung	pay-roll calculation
Lohnabrechnung, Brutto-	gross wage calculation
Lohnabteilung	wage pay-roll department
Lohnabzug (für Steuer, Versicherung, usw.)	pay-roll deductions
Lohnänderung	change in pay
Lohnarbeit	day work

Lohnbuch	pay-roll register
Lohnbüro	pay-roll department
Lohnempfänger	wage earner
Lohnerhöhung	wage rise, wage increase
Lohnfortzahlung	sickness payment
Lohnhersteller	contract manufacturer
Lohnkonto	(individual) pay-roll account
Lohnkosten	wage costs, labour costs
Lohnkostenverteilung	labour cost distribution
Lohnliste	pay-roll sheet
Lohnmehrverbrauch	extended labour costs
Lohnnebenkosten	ancillary wage costs
Lohnniveau	wage level
Lohnsteuer	wage tax, wage withholding tax
Lohnsteuer, einbehaltene ~	wage tax withheld
Lohnsteuerjahresausgleich	annual settlement of wage withholding tax
Lohnsteuerkarte	withholding exemption certificate, wage tax card
Lohnsteuertabelle	withholding tax table
Lohnstop	wage freeze
Lohnstundensatz	hourly rate of pay
Lohntag	pay day
Lohntüte	pay envelope
Lohnverarbeitung	tolling
Lohnverhandlungen	wage negotiations
Lohnvorschuss	advance on wages
lokale Währung	local currency
lokale Werbung	local advertising
Lombardsatz	prime rate
löschen	to clear
Losgrösse	production batch
Losgrössenabweichung	lot-size variance
Losgrössenfertigung	lot production
Luxusgüter	luxury goods

M

Magnetband	magnetic tape

Mahnbescheid	court order to pay
Mahnbrief	dunning letter, reminder
mahnen	dunning, to dun
Mahnung	reminder, dunning letter
Makler	broker, agent
Makler von Wertpapieren	stockbroker
Maklergebühr	brokerage, broker's commission
Maklerprovision	brokerage
Management, Devisen-	foreign exchange management
Management-Erfolg	management result
Management-Erfolgsrechnung	management result accounting
Management-Informationssystem	management information system
Management-Report	management report
Mandant	client
Mängelbericht	deficiency report
Mängelrüge	complaint
Mann-Stunde	man hour
manuelle Buchung	hand posting
Marge	margin
Marke	brand, make, trademark
Markenakzeptanz	brand acceptance
Markenartikel	brand, specialty goods
Markenname	trade mark,brand
Markenpolitik	brand policy
Markenpräferenz	brand preference
Markentreue	brand loyalty
Markenvergleich	brand comparison
Markenzeichen	trade mark, brand
Marketing	marketing
Marketingabteilung	marketing department
Marketingidee	marketing approach
Marketingkampagne	marketing campaign
Marketingkonzept	marketing concept
Marketingkosten	marketing expenses
Marketingleiter	marketing manager
Marketingmethoden	marketing techniques

Marketingmix	marketing mix
Marketingplan	marketing plan
Marketingpolitik	marketing policy
Marketingstrategie	marketing strategy
Marketingziel	marketing objective
Markt, Inlands-	domestic market
Markt, schwacher ~	thin market, bear market
Markt, starker ~	strong market, bull market
Marktabsprache	marketing agreement
Marktanalyse	market survey, field survey
Marktangebot	market supply
Marktanteil	market share, market coverage
Marktanteil, absoluter ~	absolute market share
Marktanteil, relativer ~	relative market share
Marktaufteilung	division of markets
Marktausweitung	market expansion
Marktbeobachtung	market investigation, observation of the market
Marktdaten	market facts
Marktdurchdringung	market penetration, market coverage
Markteinfluss	market force
Marktentwicklung	market development
Marktforschung	market research
Marktgrösse	market size
Marktkampagne	market campaign
Marktlage	state of the market, market situation
Marktlücke	untapped market
Marktnische	market niche
Marktplanung	market planning
Marktposition	market position
Marktpotential	market potential
Marktpreis	market price, market value
Marktpreis, angemessener ~	fair market price
Marktprognose	market forecast
Marktsättigung	market saturation
Marktschwankungen	market fluctuations

Marktstrategie	market strategy
Marktstruktur	market structure
Marktstudie	market study
Marktumfrage	market inquiry
Marktuntersuchung	market analysis, survey, field survey, market audit
Marktverhalten	market behaviour
Marktvolumen	market volume
Marktwachstum	market growth
Marktwert	market value
Marktwirtschaft	market economy
Marktzins	market rate of interest
Maschinen	machinery
Maschinen und maschinelle Anlagen	machinery and equipment
maschinenabhängige Fertigungskosten	machine dependent cost
Maschinenarbeiter	operator
Maschinenbelastung	machine load
Maschinenfertigungskosten	machine depending cost
Maschinengang	cycle
Maschinengruppe	production unit
Maschinenkostensatz	machine overhead rate
Massenartikel	mass-produced article
Massenproduktion	mass production
Massenproduktion, Grössenvorteile der ~	economies of scale
Massnahmenplanung	action planning
Material, Fertigungs-	direct material
Materialabrechnung	material cost accounting
Materialabweichung	material variance
Materialausgabe	issue of material
Materialbedarfsplanung	material requirement planning
Materialbewegungsliste	material transaction register
Materialdisposition	raw material planning
Materialentnahme	withdrawal of material
Materialgemeinkosten	material overheads
Materialgemeinkostenzuschlag	material cost overhead rate, material handling charge

Materialkosten	material cost
Materialkosten, Einzel-	direct material costs
Materiallager	raw material warehouse
Materialpreisdifferenz	variation in material prices, material price variation
Materialschwund (Materialverlust)	material shrinkage, scrap
Materialtransportzeit	handling time
Materialverbrauch	material usage
Materialzuordnung	material allocation
materielles Recht	substantive law
maximale Selbstbeteiligung	out-of-pocket maximum, maximum co-payment
Mehrarbeitszuschläge	overtime premium
mehrdimensionale Deckungsbeitragsrechnung	multidimensional contribution accounting
Mehrheit	majority
Mehrheitsbeteiligung	majority holding
Mehrstimmrecht	cumulative voting right
mehrstufige Deckungsbeitragsrechnung	multi-step contribution accounting
Mehrverbrauch, Lohn-	extended labour costs
Mehrwert	additional value
Mehrwertsteuer (MWSt)	value added tax (VAT)
Meinungsbildner	opinion leader
Meinungsforscher	opinion pollster, opinion researcher
Meinungsführer	opinion leader
Meinungsumfrage	opinion poll, opinion survey
Meister	foreman
Menge	quantity
Mengenausweitung	increase in quantity
Mengenbegrenzung	quantitative restriction, limitation of quantity
Mengenbonus	volume allowance, quantity discount
Mengeneinheit	unit of quantity, unit
Mengengerüst	quantity structure
Mengenkontrolle, buchmässige ~	quantity control
Mengenrabatt	quantity discount
Mengenstandard (Mengenvorgabe)	quantity standard

Messe	exhibition, fair, show, trade fair
Mietanlagen, aktivierte ~	capitalized leases
Mietaufwand	rental expenses, rent
Miete	rent
mieten	to rent, to lease
Mieter	tenant, lessee
Mietertrag	rental income
Mietnebenkosten	ancillary rental costs
Mietvertrag, langfristiger ~	long-term lease
Mietvorauszahlung	rent paid in advance
Minderheit	minority
Minderheitsaktionär	minority shareholder
Minderheitsanteil am Reinvermögen	minority interest
Minderheitsbeteiligung	minority holding
Minderjähriger	minor, person under age
Minderlieferung	short delivery
Minderung	reduction
Minderwert, durch Veralterung	loss in value, through obsolescence
Minderzahlung	underpayment
Mindestbeitrag	minimum contribution
Mindestkapital	minimum capital
Mindestlohn	minimum wage
Mindestqualifikationen	minimum qualifications
Mindestreserve	statutory reserve, minimum reserve
Mindestreservevorschriften	reserve requirements
Mitarbeiter	colleague
Mitarbeiter, Freistellung von ~	release of staff, release of employees
Mitbestimmung	co-determination (by the staff, employees)
Mitglied	member
Mithaftung	secondary liability
Mitinhaber	co-owner
Mitschuldner	joint debtor
Mittel	means, funds
Mittel, eigene ~	own funds

Mittel, flüssige ~	cash, ready money, liquid resources, liquid funds
Mittel, fremde ~	borrowings
Mittel, liquide ~	cash, ready money, liquid resources, liquid funds
Mittel, Veränderung liquider ~	change of cash
Mittel, verfügbare ~	available funds, disposable funds
Mittelabfluss aus Finanzierungstätigkeit	cash flow used in financing activities
Mittelabfluss aus Investitionstätigkeit	cash flow used in investing activities
Mittelbewegung, finanzielle ~	financial change of funds
Mittelbewegung, operative ~	operational fund's flow, operational change
mittelfristige Planung	medium-term planning
Mittelfristplanung	mid-term planning
Mittelherkunft	source of funds
Mittelherkunfts- und -verwendungsrechnung	statement of changes in financial position
Mittelstand	middle class, medium-sized business
Mittelverwendung	application of funds
Mittelwert	average, mean
Mittelzufluss aus Finanzierungstätigkeit	cash flow from financing activities
Mittelzufluss aus laufender Geschäftstätigkeit	cash flow from operating activities
Mobiliar	furniture
Mobilien	equipment
Monatsgehalt	monthly salary
Monopol	monopoly
Monopolpreis	monopoly price
Montage	assembling, assembly
Müll (Ausschussware)	scrap
multinational	multinational
mündelsichere Kapitalanlage	trustee investments
mündliche Verhandlung	trial, hearing
Mussforderungen	essential requirements
Muster	sample
Muster ziehen	to sample
Muster, technisches ~	pattern

Muttergesellschaft	parent company, parent
Mutterschaftsurlaub	maternity leave

N

nach geltendem Recht	according to present law
nach herrschender Rechtsprechung	according to present jurisdiction
Nachaktivierung	additional capitalization
Nachbelastung	readjusted charge
Nachbestellung	repeat order, additional order
Nachforderung	additional billing
Nachfrage	demand
Nachfrage, lebhafte ~	good demand
Nachfrage, starke ~	keen demand
Nachfrage, starre ~	inelastic demand
Nachfrage, steigende ~	growing demand
Nachfrageentwicklung	movement of demand
Nachfrageintensität	intensity of demand
Nachfragepreis	bid price
Nachfragerückgang	decline in demand
Nachfragestärke	strength of demand
Nachfragestau	piling of demand
Nachfrist	extended term
Nachholbedarf	backlog of demand
Nachkalkulation	actual cost determination
Nachlass	reduction, deduction, allowance, rebate
Nachlass, Preis-	price reduction
Nachlass, Steuer-	tax abatement
Nachnahme, Lieferung per ~	cash on delivery (COD)
Nachsaison	post season
Nachschubfracht	supplement freight
Nachschusspflicht	liability to pay an additional amount
Nachsteuer	supplementary tax
Nachtrag	amendment
nachträglich	subsequently
Nachzahlung, Lohn-	back pay
nahestehende Gesellschaft	affiliate
Namensaktie	registered share

Namenspapier	registered security
Natura, in ~	in kind
Naturalleistung	payment in kind
Naturallohn	wages in kind
Naturalrabatt	trade rebate in kind
natürliche Person	individual
Navigationsfähigkeit des Unternehmens	navigability of the business
Nebenbedingung	constraint
Nebengeschäft (Konto)	ancillary business (account)
Nebenkosten	incidental expenses, ancillary expenses (costs), additional charges
Nebenprodukte	by-products
Nebenstelle	branch office
Nebenwirkungen	side effects
negative Saldenbestätigung	negative confirmation
Negativklausel	negative clause, assurance "not to"
Nennbetrag	nominal value, par value
Nenner	denominator
Nennkapital	authorized share capital
Nennwert	face value, par value
Nennwert einer Aktie	par value of a share
Nennwert, über dem ~	above par
Nennwert, zum ~	at par value
Netto	net
Nettoausweis	net presentation
Nettobetrag	net amount
Nettobuchwert	net book value
Nettoergebnis	net gain or loss
Netto-Erlöse	net revenues
Nettoerlöswert	net realizable value
Nettogewinn	net income, net profit
Nettolohn	net pay
Nettopreis	net price
Nettoumlaufvermögen	net working capital
Nettoumlaufvermögen (NUV)	net working capital (NWC)
Nettoumsatz	net sales

Nettoverkaufserlös	net sales
Nettoverlust	net loss
Netzplantechnik	critical path planning
Netzwerk	network
Netzwerktechnik	critical path method
Neubewertung	reappraisal, revaluation, reassessment
neutraler Aufwand	other deductions, non-operating expenses
neutraler Ertrag	other income, non-operating income
nicht abzugsfähige Ausgaben	nondeductible expenses
nicht realisierter Gewinn oder Verlust	unrealized gain or loss
nicht umgelegt (Gemeinkosten)	unapplied (overhead)
Nichtbeachtung	noncompliance
Nichterfüllung	failure to perform
Nichtigkeitserklärung	annulment
Nichtzahlung	nonpayment
Niederlassung	branch
Niederlassung, Verkaufs-	sales location, sales branch, depot
Niederstwert	net realizable value
Niederstwertprinzip	lower of cost or market principle
niedrigst kalkulierter Preis	bargain level
niedrigste Qualität	bottom quality
Nischenstrategie	niche strategy
Niveau, Preis-	price level
Nominalbetrag	nominal value, face value
Nominalwert	nominal value
Norm	standard
Normalbeschäftigung	normal capacity
normaler Preis	standard price
Normalkostenrechnung	average standard cost system, cost accounting based on experience standards
Normalsatz	basic rate
Notar	notary public
Notenbank	bank of issue, central bank
Notierung	quotation
Notleidend	overdue

Null	zero, nil
Nullsummenspiel	zero sum game
Nummer	number, digit
Nutzeffekt (Wirkungsgrad)	efficiency
Nutzen	benefit, use, gain
Nutzen der Aktionäre	shareholder value
Nutzen, entgangener ~	lost benefit
Nutzen, Zusatz-	additional benefit
Nutzenintensität	usage intensity
Nutzen-Risiko-Analyse	risk-benefit analysis
Nutzen-Risiko-Bewertung	risk-benefit assessment
Nutzniesser	beneficiary
Nutzung	use
Nutzungsdauer	service life, useful life
Nutzungsdauer, durchschnittliche ~	average life
Nutzungsdauer, voraussichtliche ~	expected life
Nutzungsdauer, wirtschaftliche ~	useful life
Nutzungsrecht	beneficial interest
Nutzungswert	use value
Nutzwertanalyse	value benefit analysis, cost-utility analysis

O

Obligation	bond
Obligation mit Zinsabschnitt	coupon bond
Obligation, eingetragene ~	registered bond
Obligationsausgabe	bond issue
Obligationsdisagio	bond discount
Obligationsgläubiger	bond creditor, bond holder
Obligationsschuldner	obligor, bond issuer
Obligationstilgungsfonds	bond sinking fund
Obligo	liability, commitment
Offenbarungseid	oath of disclosure
offene Handelsgesellschaft (OHG)	general partnership
offene Rücklagen	open reserves (financial)
offener Betrag	open item (financial)
offener Markt	open market

offener Wettbewerb	pure competition
offenstehende Beträge	open items
öffentliche Beihilfen	government grants, state grants
öffentliche Meinung	public opinion
öffentliche Mittel	public funds
öffentliches Gut	public good
öffentliches Recht	public law
Öffentlichkeitsarbeit	public relations
Öffentlichkeitswerbung	advertising to the general public
öffentlich-rechtliche Körperschaft	corporation under public law, body public
ohne Berechnung	free-of-charge
ohne Gewährleistung oder Obligo	without recourse
ohne Verpflichtung	without obligation
ökonomisch	economical
operativ	operational
operative Jahresplanung	operative planning for the year
operative Mittelbewegung	operational fund's flow, operational change
Opportunitätskosten	opportunity costs
Optimalkapazität des Betriebes	optimum plant capacity
Optimalplanung	operations research
Option	option
Optionsanleihe	optional bond, option loan
Optionsscheine	warrants
Orderpapier	negotiable instrument, order instrument
Ordner	file, folder
Organgesellschaft	company which is under the economic, financial, and administrative control of another company (German tax law)
Organisationseinheit	organization unit
Organisationshandbuch	organization manual
Organisationskosten (Aufwendungen für Gründung und Kapitalbeschaffung)	organization cost (incorporation and initial issue expenses), start-up expenses
Organisationsplan	organization chart
Ort des Einkaufs	point of purchase
Ort des Verkaufs	point of sale

Ortszuschlag	local allowance

P

pachten	to lease
Pachtgegenstände, Aufwendungen des Pächters für ~	leasehold cost, leasehold improvements
Pachtvertrag	lease
Pachtwert	rental value
Parallelhandel	parallel trade
Parallelimport	parallel import
Parität	parity
Passiva	liabilities and capital, equity and liabilities
Passiva, transitorische ~	deferred income, unearned income
passivieren	to set up liabilities
Passivierungsverbot	must not be recorded as a liability
Patent	patent
Patentanmeldung	patent application
patentfähige Erfindungen	patentable inventions
Patentgebühr (amtlich)	patent fees
Patentgebühr (Nutzung)	royalty
patentgeschützt	patent-protected, on patent
Patentschutz	patent protection
Pauschalbesteuerung	lump-sum allowance
Pauschalbetrag	lump-sum amount
Pauschale	lump sum
Pauschalpreis	all-inclusive price
Pauschalvergütung	lump-sum payment, capitation payment
Pauschalwertberichtigung	lump-sum adjustment, lump-sum allowance
Pension	pension, retirement income
Pensionierung	retirement
Pensionsanwartschaft	pension right
Pensionskasse	pension fund
Pensionsplan	pension plan
Pensionsrückstellung	pension reserve, pension accounting reserve
Pensionsverpflichtung	pension liability

Pensionsversicherung	pension insurance
Pensionszusagen	grant of pension
periodenfremd	relating to other periods
periodengerechte Abgrenzungen	accruals, accrual basis of accounting
Periodenkosten	period costs
permanente Inventurunterlagen	perpetual inventory records
Person, juristische ~	legal entity
Person, natürliche ~	individual
Personal	personnel, staff
Personal- und Sozialwesen	personnel and social affairs
Personal, Mitarbeiter	staff, personnel
Personal, quasifixes ~	quasi fixed personnel
Personalabfindungsfonds	staff leaving indemnity reserve, redundancy fund, staff indemnity fund
Personalabteilung	personnel department, industrial relations
Personalakte	personnel file
Personalaufwand	personnel costs, staff expenses
Personalbeschaffung	hiring of personnel, personnel hiring
Personalbeschaffungsantrag	personnel request
Personalbudget	manpower budget
Personalchef	personnel manager
Personalfluktuation	labour turnover
Personalkosten	pay-roll, personnel, labour costs
Personalkredit	personnel loan, personnel credit, employee loan
Personalnebenkosten	non-wage labour costs
Personalrichtlinien	personnel procedures, personnel directions
Personalrichtlinien und Tarifwesen	personnel procedures and tariffs
Personalstellenplan	personnel position plan
Personengesellschaft	private company, partnership
Personenvereinigung	association of persons
persönlich haftender Gesellschafter	general partner
Pfand	pledge, security
Pfandbrief	mortgage bond, hypothecation bond
Pfandrecht	lien

Pfändung	attachment
Pfändung einer Lohnforderung	garnishment
Pfändung zur Eintreibung einer Steuerschuld	tax foreclosure
Pfändungsbeschluss	order of attachment, order to foreclosure
pfandweise	by way of pledge
Pflichtmitglied	compulsory member
Pflichtprüfung	audit required by law
Pflichtverletzung	breach of duty
Pflichtversicherter	compulsory insured person
Plan	plan, budget
Plan, Einnahmen- und Ausgaben-	incoming and outgoing budget, cash budget
Plan, Investitions-	investment budget
Plan, Jahres-	annual budget
Plan, Produktions-	production plan
Planbeschäftigung	planned activity
Planfaktor	planned rate
Plan-Ist-Vergleich	budget-actual-comparison
Plankosten	budget, planned costs
Plankostendatei	planned costs file
Plankostenrechnung	standard cost accounting
Plankostensatz	planned cost rate
Plankostensatz, proportionaler ~	proportional planned cost rate
Planleistung	planned activity, planned units
planmässig	as scheduled
Planstelle	authorized position
Planung	budget
Planung, Engpass-	bottleneck planning
Planung, Finanz-	budgetary accounting, financial budgeting, financial planning
Planung, Fixkosten-	period expense budget
Planung, Jahres-	annual planning
Planung, Kapazitäts-	capacity planning
Planung, Kosten-	cost planning
Planung, kurzfristige ~	short-term budget, short-term planning

Planung, langfristige ~	long-term budget, long-term planning
Planung, Mittelfrist-	mid-term planning
Planung, mittelfristige ~	medium-term planning
Planung, operative Jahres-	operative planning for the year
Planung, prozessorientierte ~	activity based budgeting
Planung, strategische ~	strategic planning
Planungsablauf	budget procedure
planungsorientiert	focussed on budgeting
Planungsprozess	planning process
Planungsstufen	planning levels
Planungssystematik	planning framework
Planwechselkurs	budget exchange rate
Plazierung	placing, placement
Police, Versicherungs-	insurance policy
Polstertechnik	cushioning products
Portefeuille	portfolio
Portfolioanalyse	portfolio analysis
Portfoliokonzept	portfolio concept
Porto, Telefon und Telegramme	postage, telephone and telegraph
Position (Posten)	item
Positionen, liquiditätswirksame ~	liquidity-related positions
Post	mail
Posten	item
Posten, Sonder-	special item
Postscheckguthaben	balance on postal cheque account
Postscheckkonto	postal cheque account
Postsparkonto	postal savings account
Postwurfsendung	mail addressed to householder
Potentialanalyse	potential analysis
Potentiale, Erfolgs-	potentials for success
Potentiale, Leistungssteigerungs-	opportunities for improving performance
Potentiale, Qualitätssteigerungs-	opportunities for improving quality
Potentiale, Rationalisierungs-	opportunities for rationalisation
Praktikant	temporary trainee
Praktikum	placement

Prämie	bonus
Prämie, Leistungs-	incentive bonus
Prämie, Qualitäts-	quality bonus
Prämie, Versicherungs-	insurance premium
Prämienrückstand	arrears in premium
Prämiensystem	merit system
Preis	price, charge, consideration
Preis ab Werk	factory price
Preis, Einkaufs-	purchase price
Preis, Einstands-	acquisition price, historic purchase price
Preis, Listen-	list price
Preis, stabiler ~	steady price
Preis, Stück-	unit price
Preis, überhöhter ~	excessive charge
Preis, vereinbarter ~	agreed price
Preis, Verrechnungs-	transfer price
Preis, Ziel-	target price
Preisabsprache	price agreement
Preisabweichungen	price variations
Preisänderung	price alteration
Preisangebot	quotation, bid
Preisangebot machen	to quote
Preisanpassung	price adjustment
Preisanstieg	price climb
Preisaufschlag	extra charge
Preisberechnung	price calculation
Preisbildung	price making
Preisbildungsgrundlage	price calculation basis
Preisbindung	price fixing, price prescription, price-fixing clause
Preisdifferenz	price variation
Preisdifferenz, Handelswaren-	price variation in merchandise
Preisdifferenzen, Material-	variation in material prices, material price variation
Preisdifferenzierung	zone pricing
Preisentwicklung	price development

Preiserhöhung	price increase
Preisermässigung	price reduction
Preisgarantie	price guarantee
Preisgefüge	price structure
Preisgleitklausel	clause of sliding price scale
preisgünstig	budget-priced, well-priced
Preiskalkulation	price calculation, price estimating
Preiskartei	selling price file
Preiskonstanz	steadiness of prices
Preiskontrolle	price control
Preisliste	price list, price catalog
Preisnachlass	price deduction, rebate, allowance
Preisniveau	price level
Preisnotierung an der Börse	market quotation
Preispolitik	price policy
Preisschwankung	price fluctuation
Preissenkung	price reduction, price cut
Preisspanne	price range
Preisspirale	price spiral
Preisstabilisierung	stabilization of prices
Preisstabilisierung, Kartell~	valorization
Preisstabilität	price stability
Preisstaffel	scale of prices
Preissteigerung	price increase
Preisstop	price freeze
Preissturz	collapse of prices, decline in prices
Preisüberprüfung	verification of prices
Preisunterschied	price difference
Preisvergleich	price comparison
Preisvergleichsliste	price comparison list, price survey
Preisvorteil	price advantage
Presseankündigung	press notice
Presseerklärung	press statement
Pressekonferenz	press conference
Pressemitteilung	press release
Pressereferent	press officer

Pressesprecher	press spokesman
Pressestelle	press office
Primärdaten	primary data
primäre Kosten	primary costs, costs primarily arisen
Prinzip, Verursachungs-	principle of causation
Prioritätsobligation	preference bond
privatärztliche Versorgung	private physician care
private Krankenversicherung	private health insurance
private Zwecke	for personal use
Privatkonto	proprietor's drawing account
Privatrecht	private law
pro Kopf	per capita
Probe	sample, test
Probebestellung	sample order
Probemuster	reference pattern
Probepackung	trial package
Produkt	product
Produktanalyse	product analysis
Produktbeurteilung	product assessment
produktbezogene Kosten	product related costs
Produktdeckungsbeitrag	product contribution
Produktdifferenzierung	product differentiation
Produkte in Bearbeitung	work in process
Produkte, Neben-	by-products
Produktenbörse	commodity exchange
Produktentwicklung	product development
Produktentwurf	product design
Produktforschung	product research
Produktgestaltung	product design
Produktgruppe	product group
Produktgruppendeckungsbeitrag	product group contribution
Produktgruppenstrukturkosten	structure costs of the product group
Produkthaftung	product liability
Produktion	production
Produktion, Band-	line production
Produktion, schlanke ~	lean production

Produktion, Serien-	serial production
produktionsabhängiger Abfall	production caused scrap
Produktionsabteilung	manufacturing department
Produktionsauftrag	production order
Produktionsbereich	production area
Produktionsbericht	production statement
Produktionseinheit	production entity, production unit, unit of production
Produktionsgesellschaft	production company
Produktionsgüter	industrial goods
Produktionskennziffer	production index
Produktionskosten	production costs, cost of production
Produktionskostenstelle	production cost centre
Produktionskurve	production curve
Produktionsleiter	production manager, head of production
Produktionsmaterial	direct material
Produktionsmittel	manufacturing assets
Produktionsmuster	production sample
Produktionsplan	production plan, manufacturing budget
Produktionsplanungs- und steuerungssystem (PPS)	production planning and scheduling system
Produktionsprogramm	production program
Produktionsstätte	production unit, place of production
Produktionsstrukturkosten	production structure costs
Produktionsstufe	production stage
Produktionsüberwachung	production control
Produktionsziel	production target
Produktivität	productivity
Produktivität, Grenz-	marginal productivity
Produktkosten	product costs, product related costs
Produktkostenrechnung	calculation of product costs
Produktlinie	product line
Produktordnungsgitter	product classification grid
Produktpiraterie	counterfeiting
Produktplanung	product planning
Produktprogramm	product programme

Produktrückruf	product recall
Produktstrukturkosten	structure costs of the product
Produktwerbung	product advertising
Produzent	producer, manufacturer
produzieren	to manufacture, to produce
Proforma-Rechnung	pro forma invoice
Prognose	prognosis, forecast
Prognose, Zahlungseingangs-	forecast of incoming payments
Prognosefehler	projection error
Prognosefehler	forecast error
Prognosen	prognoses
Prognosewert	forecast value
Projektcontrolling	project controlling
Projektgruppe (Projektteam)	projekt group, project team
Projektkosten	project costs
Projektstudie	feasibility study
Pro-Kopf-Berechnung	capitation
Pro-Kopf-Umsatz	per capita sales
Pro-Kopf-Verbrauch	per capita consumption
Prokura	power of attorney
Prokurist	person holding power of attorney
Prolongation	prolongation, renewal
prolongierter Wechsel	renewal note
proportionale Herstellkosten	product costs, product related costs
proportionale Steuer	proportional tax
Proportionalkostenrechnung	proportional costing
Prospekt, Börsen-	prospectus
Prospekt, Verkaufs-	pamphlet, sales literature
Protestspesen	protest fee
Protokoll	minutes, record
Prototyp	pre-production model
Provision	commission
Provisionszahlung	commission payment
Prozentsatz	percentage
prozentuale Selbstbeteiligung	coinsurance, percentage co-payment
Prozess der Zielfestlegung	process of setting objectives

Prozess, Zielvereinbarungs-	process of agreeing objectives
prozessieren	to sue, to litigate
Prozesskosten (Gericht)	court and legal costs
Prozesskosten (Kostenrechnung)	activity based cost
Prozesskostenmanagement	activity based cost management, activity-based management
Prozesskostenrechnung	activity-based costing
Prozessrisiko	risk of a lawsuit
Prüfbericht technischer Art	inspection report
prüfen	to check
prüfen (administrativ)	to examine, to check
prüfen (technisch)	to inspect
Prüfer	examiner, auditor, inspector
Prüfung	audit
Prüfung an Ort und Stelle	spot check
Prüfung der zahlenmässigen Richtigkeit	arithmetical verification
Prüfung von Frachtrechnungen	freight-rate check
Prüfung, lückenlose ~	detailed examination
Prüfung, stichprobenweise ~	examination on a test basis, sampling
Prüfungsauftrag	audit engagement
Prüfungsbericht	auditors' report
Prüfungsgebühren	audit fees
Prüfungsgrundsätze	auditing standards
Prüfungshandlungen	auditing procedures
Prüfungsprogramm	audit programme
Prüfungsstichtag	audit date
Prüfungsumfang	audit scope
Prüfungswesen	auditing
Prüfungszeichen	tick mark
Prüfungszeitraum	audit period
Publizitätsgesetz	company disclosure law
Punkt, Tagesordnungs-	item on the agenda

Q

Qualität	quality
Qualitätsbewusstsein	quality awareness
Qualitätsgewähr	warranty

Qualitätskontrolle	quality control
Qualitätsprämie	quality bonus
Qualitätssicherung	quality assurance
Qualitätssicherung, Abteilung für ~	quality control department
Qualitätssicherungssystem	quality management, quality assurance system
Qualitätssteigerungspotentiale	opportunities for improving quality
Qualitätsverbesserung	improvement in quality
Qualitätsverbesserungsinvestitionen	investments to improve quality
Qualitätsverschlechterung	deterioration in quality
Qualitätszirkel	quality circle
quasifixes Personal	quasi fixes personnel
Quellensteuer	tax withheld at source, withholding tax
Queraddition	cross-footing
Querkontrolle	cross-checking
Querschnitt	cross-section
Quittung	receipt
Quote	quota, share
Quotenpapier	no par value share
Quotierung	quotation

R

Rabatt	rebate
Rabatt (Abzug, Nachlass)	reduction, deduction, allowance, rebate, discount
Rabatt, Mengen-	quantity discount, volume discount
Rabatt, Natural-	rebate in kind
Rabattstaffel	scale of discount
Rahmenvereinbarung	general agreement, framework agreement, blanket agreement
Rahmenvertrag	general contract, framework contract, blanket contract
Rate	installment
Ratenkreditgeschäft	hire-purchase business, hire-purchase transaction
Ratenverkäufe	installment sales
Ratenzahlung	part payment
Rationalisierung	rationalization

Rationalisierungsfonds	rationalization fund
Rationalisierungsinvestition	investment for rationalization, investment made to increase efficiency
Rationalisierungspotentiale	opportunities for rationalisation
Rationalisierungsvorhaben	rationalization intention
Realeinkommen	real income
realisierter Gewinn	realized profit
Realkredit	loan on real estate
Rechenfehler	clerical error
Rechenschaftspflicht	accountability
rechnerische Richtigkeit	clerical accuracy
Rechnung	invoice, bill
Rechnung prüfen	to verify the invoice
Rechnung, Einnahmen- und Ausgaben-	incoming and outgoing accounting
Rechnung, Ergebnis-	statement of result
Rechnung, Fixkosten-	period expense calculation
Rechnung, Gewinn- und Verlust-	profit and loss account, profit and loss statement
Rechnung, Konzern-	group accounting
Rechnung, Kosten-	cost accounting
Rechnung, Kostenstellen-	cost centre accounting
Rechnung, Verantwortlichkeits-	responsibility accounting
Rechnung, Wirtschaftlichkeits-	calculation of profitability
Rechnungsabgrenzungsposten	deferred charges, deferred income
Rechnungsabteilung	billing department
Rechnungsbetrag	invoice amount
Rechnungseingangsbuch	voucher register
Rechnungsjahr	fiscal year
Rechnungslegung	accounting
Rechnungslegung, Grundsätze der ~	accounting rules
Rechnungslegungsvorschriften	accounting principles
Rechnungsprüfung	invoice check
Rechnungsschreibung	billing
Rechnungsstellung	invoicing
Rechnungswesen (Abteilung)	accounting (department)
Rechnungswesen, externes ~	external accounting, general accounting
Rechnungswesen, internes ~	management accounting

Recht	law, right
Recht, nach geltendem ~	according to present law
Recht, Patente und Lizenzen (Abteilung)	legal, patents and licences (department)
Recht, verbrieftes ~	chartered right, legal right
Rechte, grundstücksgleiche ~	leases equivalent to fixed assets
rechtliche Frage	legal issue
Rechts- und Sozialwesen (Abteilung)	legal and fiscal matters (department)
Rechtsanspruch	legal claim
Rechtsanwalt	attorney, lawyer, barrister (GB)
Rechtsform	legal form
Rechtsgrundsatz	generally accepted rule
Rechtsirrtum	error of law
rechtskräftig	legally binding
rechtskräftig abgeschlossener Fall	closed case
Rechtslage	legal position
Rechtsnachfolger	successor in title
Rechtsprechung	jurisdiction
Rechtsprechung, nach herrschender ~	according to present jurisdiction
Rechtssicherheit	legal certainty
Rechtsstaat	constitutional state
Rechtsstaatlichkeit	constitutionality
Rechtsstreit	lawsuit, litigation
Rechts-und Beratungskosten	legal and professional fees
rechtsungültig	invalid
Rediskont	rediscount
Rediskontsatz	rediscount rate
REFA-Studien	time and motion studies
Refinanzierung	refinancing
Regale	shelves
Regelung	settlement
Regress	recourse
Regressansprüche	recourse claims
Reinerlös	net sales
Reinerlösrechnung	net sales calculation
Reinerlösuntergrenze	minimum net sales

Reinertrag	net proceeds
Reingewicht	net weight
Reingewinn	net profit, net income
Reingewinn, unverteilter ~	retained earnings, earned surplus
Reinverlust	net loss
Reinverlust, aufgelaufener ~	accumulated deficit
Reinvermögen	net worth
Reinvestition	reinvestment
Reisekosten (inkl. Verpflegungskosten)	travel expenses (incl. board)
Reisekostenaufwandsentschädigung	travel allowance
Reisescheck	traveller's cheque
Reisestelle	travel department
Reklamation	claim, complaint
Reklamationsabwicklung	procedure of replacement and adjustment
Reklamationsbegleichung	adjustment (in respect of claims)
Reklame	advertising
Rendite	yield
Rendite (Reinertrag des angelegten Kapitals)	return of investment
Rentabilität	profitableness, profitability
Rente	annuity
Rente, Barwert einer zukünftigen ~	cash value of a deferred annuity
Rente, ewige ~	perpetual annuity
Rente, Gegenwartswert einer laufenden ~	present value of a current annuity
Rentenbarwert	present value of an annuity
Rentenbeitrag	pension contribution
Rentenpapiere, öffentliche ~	treasury bonds
Rentenreform	pension reform
Rentenschuld	annuity due
Rentenschuldverschreibung	annuity bond
Rentenversicherung	pension insurance, pension plan
Rentenversicherung auf Kapitaldeckungsbasis	funded pension plan
Rentenversicherung auf Umlagebasis	unfunded pension plan

Rentenversicherung, gesetzliche ~	annuity insurance, pension scheme, social security insurance
Rentner	retiree, pensioner
Reparatur	repair
Reparatur und Instandhaltung (R&I)	repair and maintenance (R&M)
Reparatur, Gross-	major repairs
Repräsentant	representative
Repräsentantivuntersuchung	sampling
Reserve bilden, eine ~	to set up a reserve
Reserve in Form von Bankguthaben oder Wertpapieren	funded reserve
Reserve, stille ~	hidden reserve, secret reserve
Reserveausrüstung	stand-by facilities
Reservekapazität	spare capacity
Reservelegung	building up reserves
Ressort (Vorstandsbereich)	division of executive board members
Rest	rest, remainder
Restbestand einer Ware	residue of stock
Restbetrag, Differenz-	remaining balance, difference
Restbuchwert	net book value
Restlaufzeit	remaining term
Restposten	rest
Restwert	remaining value, unrecovered cost
Retour	goods return, redelivery, sales return
Revision	audit
Revision, interne ~	internal audit
Revisor	auditor
Richtlinie	guideline, regulation
Richtlinie, Verfahrens-	obligatory directions
Richtpreis	suggested price
Risiko, finanzielles ~	financial risk
Risikoauslese	skimming, risk selection, cream-skimming
Risikogemeinschaft	risk pool
Risikokapital	venture capital, risk capital
Risikoprofil	risk profile
Risikoübernahme	coverage

Risikoübernahme durch den Versicherer, volle ~	full insurance coverage
Roh-, Hilfs- und Betriebsstoffe	raw materials and supplies
Rohbilanz	trial balance, work sheet (US)
Roheinnahme	gross receipt
Roherlös	gross sales
Rohertrag	gross profit
Rohmaterial	raw material
Rohmaterialcodepreis	raw material code prices
Rohverlust	gross loss
Rohvermögen	gross assets
Rollgeld	cartage
Rückerstattung	refund, reimbursement
Rückerstattung, Anspruch auf ~	claim for refund
Rückgriff	recourse
Rückgriffsrecht	recourse claim
Rückkaufskurs	redemption quote
Rückkaufswert	cash surrender value, redemption value
Rückkopplung	feedback
Rücklage aus Agio	capital surplus
Rücklage aus kostenfreiem Vermögenserwerb	donated surplus
Rücklage bilden	to provide a reserve
Rücklage für Preissteigerung	reserve for price increases
Rücklage(n)	reserve(s), reserve account, appropriated surplus
Rücklage(n), offene ~	open reserve(s)
Rücklage(n), freie ~	free reserve(s), discretionary reserve(s), free surplus
Rücklage(n), freie ~ angreifen	draw on free, discretionary reserve(s)
Rücklage(n), gesetzliche ~	legal reserve(s), appropriated surplus
Rücklage(n), Kapital-	capital reserve(s)
Rücklage, satzungsgemässe ~	statutory reserve
Rücklage, stille ~	hidden reserve, secret reserve
Rücklage, versicherungstechnische ~	actuarial reserve
Rücklage, versteuerte ~	surplus after taxes

Rücklage, zweckgebundene ~	appropriated reserve, appropriated surplus
Rücklagen gemäss steuerlichen Vorschriften	reserves recorded in accordance with tax regulations
Rücklieferung	goods return, redelivery, sales return
Rücknahme, zwangsweise ~	repossession
Rückprämie	put option
Rückruf	recall
Rücksprache	consultation
Rückstand, Liefer-	back order, backlog
Rückstand, Zahlungs-	back payments, payments in arrears
rückständige Dividende	dividend in arrears
Rückstellmuster	reference sample
Rückstellung bilden	to set up an accrual
Rückstellung für Ausgleichsansprüche	equalization reserve
Rückstellung für Entlassungsentschädigungen	reserve for severance pay
Rückstellung für Ertragssteuern	accrual for income taxes, income taxes payable
Rückstellung für Garantieverpflichtungen (Gewährleistungsansprüche)	reserve for guarantee obligations, accrual for warranties
Rückstellung für Pensionsverpflichtungen	pension reserve
Rückstellung für schwebende Geschäfte	reserve for uncompleted transactions
Rückstellung für unterlassene Instandhaltung	accrual for necessary repairs
Rückstellungen	provisions, accruals, accrued liabilities
Rückstellungen für Pensionen u. ähnliche Verpflichtungen	provisions for pensions and similar obligations
Rückstellungen, Auflösung von ~	release of accruals, reversal of accruals
Rückstellungen, Erträge aus der Auflösung von ~	income from the reversal of accruals
Rückstellungen, kurzfristige ~	short-term provisions
Rückstellungen, langfristige ~	long-term provisions
Rückstellungen, sonstige ~	other accruals, other provisions
Rückstellungen, Zuführung zu ~	provision for accruals
Rückstellungsaufwand für	provision for

Rücktritt	resignation
Rücktritt vom Vertrag	rescission
Rücktritt von einer Stellung	resignation
Rückvaluta	backvalue
Rückvergütung	refund, reimbursement
Rückversicherung	reinsurance
Rückwechsel	cross-bill
rückwirkend	retroactive
Rückzahlung	repayment
Rückzahlungsbedingungen	repayment terms
Rufbereitschaft	on call
Ruhegeld	retirement compensation, pension payment, old age compensation
ruhende Gesellschaft	dormant company
Ruhestand	retirement
Ruhestandsalter	retirement age
Ruhestandsversicherung	old-age insurance, retirement insurance, pension insurance
ruinöser Wettbewerb	cut-throat competition
Rumpfgeschäftsjahr	stub period
Rundschreiben	circular order
Rüstlohn	set up wages
Rüstzeit	setup time

S

Sachanlagen	fixed assets; property, plant and equipment
Sachanlagevermögen	tangible fixed
Sachbezug	remuneration in kind
Sache, bewegliche ~	personal property
Sacheinlage	contribution in kind
Sachkonten	general ledger accounts
Sachleistung	payment in kind, benefit in kind, non-cash benefit
Sachleistungsprinzip	benefits-in-kind principle
Sachverständigengutachten	expert opinion
Sachwert	real value
Saisonartikel	seasonal article

saisonbedingte Schwankungen	seasonally fluctuation, seasonal variation
Saisonbereinigung	seasonal adjustment
Saisoneinfluss	seasonal influence
Saldenbestätigung mit Rückantwort	positive confirmation
Saldenbestätigung ohne Rückantwort	negative confirmation
Saldenbilanz	trial balance
Saldenliste der Forderungen	receivable trial balance
Saldenliste der Forderungen aufgeschlüsselt nach Alter	aged receivable trial balance
saldieren	to net out
Saldo (buchhalterisch)	balance (bookkeeping)
Saldo, End- (buchhalterisch)	closing balance (bookkeeping)
Saldovortrag	balance carried forward, carry-forward
Saldovortrag am Jahresanfang	balance at beginning of year, opening balance
Sammelblatt	grouping sheet
Sammelbuchung	compound entry
Sammeldepot	custody account
Sammelfaktura	monthly billing
Sammelgang	nonlisting cycle
Sammeljournal	general journal
Sammelkonto	control account
Sammelkostenkonto	collecting cost account
Sammelkostenstelle	collecting cost centre
Sammelposten	compound item
Sammelwertberichtigung	lump-sum reserve, flat reserve, general purpose allowance
Sanierung	quasi-reorganization
Sanierungsgewinn (-verlust)	book gain (loss) on quasi-reorganization
Sättigung des Marktes	saturation of the market
Satz, Steuer-	tax rate
Satzung	statutes, by-laws
Satzungsänderung	change of articles
Satzungsbestimmungen	statutory provisions, by-laws, charter provisions
satzungsgemäss	statutory, according to the by-laws

Schaden	damage
Schadendeckung, volle ~	full coverage
Schadenersatz	compensation for damages
Schadenersatzanspruch	claim for damages
Schadenersatzklage	action for damages
Schadenersatzleistung	indemnification
Schadenersatzpflicht	liability for damages
Schadenersatzversicherung	indemnity insurance
Schadensfall	casualty, insured loss
Schaltergeschäft	over-the-counter business
Schatzanweisung	treasury note
Schatzmeister	treasurer
Schätzung	appraisal
Schatzwechsel	treasury bill
Schaubild	chart
Scheck	cheque
Scheck (Bilanzposten)	cheques on hand
Scheck ausstellen	to issue a cheque
Scheck mit anhängendem Zahlungsnachweis	voucher cheque
Scheck zu Protest gehen lassen	to protest a cheque
Scheck, Bank-	certified cheque
Scheck, Bar-	open cheque
Scheck, eingelöster ~	cancelled cheque
Scheck, nicht eingelöster ~	unclaimed cheque
Scheck, noch nicht zur Einlösung vorgelegter ~	outstanding cheque
Scheck, unbrauchbar gemachter ~	voided cheque
Scheck, Verrechnungs-	crossed cheque
Scheckanforderung	cheque request
Scheckausgangsbuch	cheque register
Schecks, zum Inkasso gegebene ~	cashed cheques
Schecksperre	stop payment order
Scheingeschäft	dummy transaction
Scheingewinn	paper profit
Scheinkauf	fictitious purchase

Schenkungssteuer	tax on donations
Schicht (Arbeitszeit)	shift
Schichtführer (Vorarbeiter)	foreman
Schichtzuschlag	shift allowance, shift premium
Schiedsgericht	court of arbitration
Schiedsrichter	arbitrator
Schlichtung im Lohnstreit	wage arbitration
Schliessfach bei einer Bank	safe deposit box
Schliessungskosten (Betrieb)	shut-down costs
Schlussabrechnung	final settlement
Schlussbilanz	closing balance sheet
Schlüssel, Kosten-	cost key
Schlüssel, Umlage-	allocation key
Schlüssel, Verteilungs-	distribution ratio, distribution key
schlüsselfertige Anlagen	turnkey systems
Schlüsselfrage	key question
Schlüsselindustrie	key industry
Schlüsselstellung	key position
Schlüsseltechnologie	key technology
Schlusskurs	closing price
Schlussnote	contract note
Schlussnotierung	closing quotation
Schlusswechselkurs des Vormonats	foreign exchange rate at closing date of prior month
Schmälerung, Erlös-	sales deduction
Schnellhefter	folder
Schonfrist	grace period
Schreibfehler	clerical error
Schreibstelle	printing position
Schrott, Ausschussware	scrap
Schrottwert	scrap value, salvage value
Schuld der öffentlichen Hand	public debt
Schuld, fällige ~	matured liability, amount due
Schuld, in Raten rückzahlbare ~	installment debt
Schuld, kurzfristige ~	short-term liability
Schuld, langfristige ~	long-term liability

Schuld, Löschung einer ~	cancellation of a debt
Schuld, schwebende ~	contingent liability
Schuld (strafrechtlich)	guilt
Schuld (zivilrechtlich)	obligation, liability, debt
Schuldabzahlung	payment of a debt
Schuldanerkenntnis	acknowledgement of debt
Schuldbefreiung	discharge of debt
Schulden	debts, outstanding debts
Schulden, Finanz-	financial obligations
Schulden, kurzfristige ~	short-term debts
Schuldenkonsolidierung	consolidation of debts
Schuldentilgung	retirements of debt
Schulderlass	forgiveness of a debt
schuldig	guilty
Schuldner	debtor
Schuldsaldo	debit balance
Schuldschein	certificate of indebtedness
Schuldscheindarlehen	loan against a promissory note
Schuldtilgungsfonds	sinking fund
Schuldverschreibung	bond, debenture, debenture stock
Schuldverschreibung (auf den Inhaber)	bearer bond
Schuldverschreibung (vom Kreditnehmer auf Abruf rückzahlbar)	callable bond
Schuldverschreibung der Gemeinden	municipal bond
Schuldverschreibung der Länder	state bond
Schuldverschreibung des Bundes	federal bond
Schuldverschreibung und Wandelschuldverschreibung	bonds and convertible bonds
Schuldverschreibung, Wandel-	convertible bond
Schuldwechsel (Wechselverbindlichkeiten)	notes payable, promissory note
Schuldzinsen	interest payable
Schulung	training
Schutz, Umwelt-	environmental protection
Schutz, Werks-	plant protection force
Schutzklausel	hedge clause
Schutzmarke	trade mark

Schutzrecht, gewerbliches ~	registered designs
Schutzzoll	protective duty
Schwankungen, Markt-	market fluctuations
Schwankungen, saisonbedingte ~	seasonal variation, fluctuation
schwebendes Konto	suspense account
Schwerpunkt	focus, emphasis, priority
Schwund	shrinkage
sekundäre Kosten	secondary costs
Sekundärkosten	secondary costs
Selbstfinanzierung	self-financing, retention of earnings
Selbstkontrolle	voluntary control
Selbstkosten	cost of sales, costs, cost price
Selbstkostendeckungsprinzip	principle of cost coverage
Selbstkostenpreis	cost price
Selbstprüfung	automatic check
Selbstversicherungsrücklage	self-insurance reserve
Sendung, Rück-	sales return, goods return, redelivery
Sensitivitätsanalyse	sensitivity analysis
Seriengüter	series-produced goods
Serienproduktion	serial production
Sicherheit	security
Sicherheiten für ein Darlehen	collateral for a loan
Sicherheitsabtretung	assignment of security
Sicherheitsklausel	security clause
Sicherheitsleistung	security, bail
Sicherheitsnehmer	secured lender
sichern, eine Forderung durch Pfand ~	to collaterize
Sicherungshypothek	mortgage security
Sicherungsübereignung	chattel mortgage
Sichteinlage	demand deposit
Sichtwechsel	demand note
Signale, schwache ~	weak signals
Sitz	domicile
Sitz der Geschäftsleitung	place of management
Sitz einer Firma	principal place of business
Sitzung	meeting, session, sitting

Sitzungsgelder	meeting attendance fees
Sitzungsprotokoll	minutes of a meeting
Skonti und Rabatte	cash and trade discounts
Skonto	discount
Skonto, Bar-	cash settlement discount (CSD), cash discount
Skontoabweichung	cash discount variance
Skontoverlust	lost discount
Solidargemeinschaft	shared risk pool, shared risk community
Solidarität	solidarity, risk sharing
Solidaritätsabgabe	solidarity tax
Soll (als Ziel)	target
Soll (buchungsrechnerisch)	debit (bookkeeping)
Sollbuchung	debit entry
Soll-Ist-Vergleich	target-actual comparison, comparison of performance to budget, comparison of budget with actual figures
Sollkosten	flexible budget, estimated (standard) costs
Sollkostenermittlung	calculation of flexible budget
Sollsaldo	debit balance
Sollstunden	obligatory hours
Sollvorgabe	target
Sollzinsen	interest expense
Solvenz	solvency
Sonderabschreibung	special depreciation
Sonderabschreibung (Teilwertberichtigung von Anlagegütern)	partial write-down of assets
Sonderausgaben	special personal deductions
Sonderbeauftragter	special envoy, special commissioner
Sonderbelastung	special charge
Sonderbilanz	special purpose balance sheet
Sondereinzelkosten	special direct costs
Sondereinzelkosten des Vertriebs	special direct sales costs
Sonderposten	special item
Sonderposten mit Rücklageanteil	special reserves, not taxable until use or liquidation (German tax law)
Sonderpreis	special rate, cut price

Sonderrabatt	extra discount, special discount
Sonderrücklage aus Neubewertungen	special reserve from revaluation, appraisal surplus, valuation reserve
Sonderrücklage, zweckgebundene ~	special purpose reserve
Sondersteuer	special tax
Sondervergütung	bonus
Sonderziehungsrechte	special drawing rights
Sonderzuwendung	special allowance
Sonn- und Feiertagsvergütung	holiday pay
sonstige Abzüge	other deductions
sonstige Aufwendungen	other expenses
sonstige betriebliche Aufwendungen	other operating expenses
sonstige betriebliche Erträge	other operating income
sonstige Forderungen	other accounts receivable
sonstige Steuern	other taxes
sonstige Verbindlichkeiten	other accounts payable
sonstiger Zusatzlohn	payment of non-productive labour
sonstiges (verschiedenes)	other (miscellaneous)
Sorten	foreign notes and coins
Sortiment	assortment, range of goods
Sortimentsausweitung	expansion of assortment, product-line expansion
Sortimentsbereinigung	stock clearance
Sortimentsvertiefung	line extension
Sozialabgaben	social security contributions, social insurance contributions
Sozialbezüge, sonstige ~	fringe benefits
soziale Aufwendungen, freiwillige ~	voluntary employee benefit expenses
soziale Aufwendungen, gesetzliche ~	compulsory employee benefit expenses, social security expenses
sozialer Wohnungsbau	government supported housing
Sozialfürsorge	social welfare
Sozialkosten, allgemeine ~	general social expenses
Sozialleistungskosten, kalkulatorische ~	imputed social security costs
Sozialprodukt, Brutto-	gross national product
Sozialversicherung	social security insurance

Sozialversicherungsbeiträge	social security taxes
Sozialversicherungsleistungen	social security benefits
Spanne	margin
Spareinlage	savings deposit
Spareinlage, Wertpapier für eine ~	savings certificate
Sparkasse	savings bank
Spediteur	forwarding agent, forwarder
Spedition	forwarding agency
Speditionskosten	forwarding charges
Spekulationsgewinn	speculative gain
Spekulationspapier	speculative stock
Spekulationsverlust	speculative loss
Spende	donation, gift
Sperrkonto	blocked account
Spesen	expenses
Spesen, Bank-	bank charges
Spesen, Reise-	travel expenses
Spesenerstattung	expense reimbursement
Spesenkonto	expense account
Spezifikation	specification
Spezifizierung	specification
Sprecher	spokesperson
staatlicher Zuschuss	government grants, state grant
Staatsausgaben	public expenditures
Staatseinkünfte	public revenues
Staatsetat	government budget
Staatspapiere	government bonds
Staatsrecht	constitutional law
Staatsschuld	public debt
Staatszuschuss	government subsidy
Staffelpreis	sliding-scale price
stagnierender Absatz	stagnation of sales
Stammaktie	common stock
Stammeinlage	initial, paid-in capital stock; capital invested
Stammhaus	home office, parent company
Stammkapital	capital stock

Stammkapital, verdecktes ~	hidden capital
Standard-Arbeitsverfahren	standard operating procedure
standardisiertes Produkt	standardized product
Standardisierung	standardisation
Standardkosten	standard cost
Standardkostenabweichung	standard cost variance
Standardkostenrechnung	standard costing, standard cost (accounting) system
Standardkostenrechnung auf der Basis historischer Kosten	estimated actual cost system, based on experience standards
Standardlohnkosten	standard labour cost
Standardpreis	standard price
Standardpreissystem	standard price system
Standardqualität	standard quality
Standardrate	standard rate
Standardwerte (Börse)	blue chips
ständige Nachfrage	steady demand
Standort	location, site
Statistik	statistics
statistisch	statistical
Stechkarte	clock card
Stechuhr	time clock
steigende Nachfrage	growing demand
steigende Tendenz	upward trend
Stellenangebot	employment offer
Stellenbesetzungsplan	manning table, staffing schedule
Stellengemeinkosten	departmental overhead expense
Stellenvermittlungsdienst	placement service
Sterbegeld	death benefit
Steuer	tax, levy
Steuer auf das Kapital, Gewerbe-	municipal trade tax on capital
Steuer auf den Ertrag, Gewerbe-	municipal trade tax on income
Steuer auf die Lohnsumme, Gewerbe-	municipal trade tax on pay-roll
Steuer, Abzugs-	withholding tax, tax at source
Steuer, Beförderungs-	transportation tax
Steuer, Börsenumsatz-	stock exchange transaction tax
Steuer, Einfuhrumsatz-	turnover equalization tax

Steuer, Einkommen-	income tax
Steuer, Einphasen-	single-stage tax
Steuer, Erbschaft-	inheritance tax, estate tax
Steuer, Ertrags-	income tax
Steuer, Gesellschafts-	capital investment tax
Steuer, Getränke-	beverage tax
Steuer, Gewerbe-	municipal trade tax, trade tax
Steuer, Grund-	real property tax
Steuer, Grunderwerb-	real estate transfer tax
Steuer, Hypothekengewinnabgabe-	burden equalization levy on mortgage profits
Steuer, Kapitalertrag-	capital yields tax, withholding tax on dividends
Steuer, Kapitalverkehr-	capital transaction tax
Steuer, Kirchen-	church tax
Steuer, Kopf-	head tax
Steuer, Körperschafts-	corporate income tax
Steuer, Kraftfahrzeug-	vehicle tax
Steuer, Kreditgewinnabgabe-	burden equalization levy on loan profits
Steuer, Lastenausgleich-	burden equalization levy
Steuer, Lohn-	wage tax
Steuer, Lohnsumme-	municipal trade tax on pay-roll
Steuer, Luxus-	luxury tax
Steuer, Mehrwert-	added-value tax
Steuer, Mehrwert- (MWSt)	value added tax (VAT)
Steuer, Mineralöl-	mineral oil tax
Steuer, Nach-	supplementary tax
Steuer, nicht abwälzbare ~	direct tax
Steuer, Pausch-	lump-sum tax
Steuer, progressive ~	progressive tax
Steuer, proportionale ~	proportional tax
Steuer, Quellen-	tax withheld at source
Steuer, Real-	real estate tax
Steuer, rückständige ~	delinquent tax
Steuer, Schenkung-	gift tax
Steuer, Sonder-	special tax

Steuer, Stempel-	stamp tax
Steuer, Tabak-	tobacco tax
Steuer, Umsatz-	value added tax payable, turnover tax
Steuer, Umsatzausgleichs-	turnover equalization tax
Steuer, Umsatzsteuervergütung	turnover tax refund
Steuer, Verbrauchs-	excise tax
Steuer, Vergnügungs-	entertainment tax
Steuer, Verkehrs-	transaction tax
Steuer, Vermögens-	net assets tax
Steuer, Vermögenszuwachs-	capital gains tax
Steuer, Wechsel-	tax on promissory notes
Steuer, Wertpapier-	security transaction tax
Steuer, Wertzuwachs-	tax on incremental value
Steuerabgabe	levy
Steuerabteilung	tax department
Steuerabzug an der Quelle	deduction at source, withholding tax
Steueranrechnung	tax credit
Steueraufkommen	tax revenue
Steuerausländer	nonresident taxpayer
steuerbar	taxable, subject to tax
steuerbarer Umsatz	sales subject to tax
Steuerbeamter	tax agent
Steuerbefreiung	tax exemption
steuerbegünstigt	tax privileged
Steuerbehörde	tax office, tax authority
Steuerbelastung	tax burden
Steuerbemessungsgrundlage	tax basis
Steuerberater	tax consultant
Steuerberechnung	tax computation
Steuerbescheid	tax assessment
Steuerbilanz	tax balance sheet
Steuereinnahmen	tax receipts
Steuereinnehmer	tax collector
Steuereinspruch	tax protest
Steuererklärung	tax return, tax return declaration
Steuererklärung abgeben	to file a tax return

Steuererklärung, gemeinsame ~	joint return
Steuererklärung, getrennte ~	separate return
Steuererklärung, Zeitpunkt für Abgabe der ~	deadline for filing a return
Steuererklärungstermin	due date of tax return
Steuererlass	abatement
Steuerermässigung	tax reduction
Steuerersparnis	tax saving
Steuererstattung	tax refund
Steuerertrag	tax revenue
Steuerfestsetzung	tax assessment
Steuerflucht	tax evasion
Steuerforderung	tax claim
steuerfrei	tax-exempt
Steuerfreibetrag	exempt amount, exemption
steuerfreie Einkünfte	exempt income
Steuergericht	tax court
steuergeschützte Massnahmen	tax-sheltered transactions
Steuergesetz	tax law, revenue code (US)
Steuergesetz, Aussen-	foreign transactions tax law
Steuerhinterziehung	tax evasion, tax fraud
Steuerhoheit	jurisdiction in tax matters
Steuerinländer	resident taxpayer
Steuerjahr	tax year, fiscal year
Steuerklasse	wage tax class
Steuerlast	tax burden
steuerliche Sonderabschreibung	fast tax write-off
steuerliche Verlustvortrag	tax loss carry-forward
Steuermessbetrag	base value for tax purposes
steuern (lenken)	to control
Steuern vom Einkommen	tax on operating income
Steuern vom Ertrag	tax on non-operating income
Steuern vom Vermögen	tax on net assets, property tax
Steuern, anrechnungsfähige ~	deductible taxes
Steuern, indirekte ~	indirect taxes
Steuern, sonstige ~	other taxes

Steuernachforderung	additional tax assessment
Steuernachlass	tax abatement
Steueroase	tax haven
Steuerpflicht	liability for taxation
Steuerpflicht, beschränkte ~	subject to limited taxation
Steuerpflicht, unbeschränkte ~	subject to unlimited taxation
steuerpflichtiges Einkommen	taxable income
Steuerplanung	tax planning
Steuerprüfung	tax audit, field audit
Steuerrecht	tax law
Steuerrückvergütung	tax refund
Steuersatz	tax rate
Steuersatz, gespaltener ~	split tax rate
Steuersatz, Grenz-	marginal rate of tax
Steuersatz, Körperschafts-	corporate income tax rate
Steuerschuld	tax due
Steuertabelle	tax table
Steuertermin	tax payment date
Steuerung	controlling
Steuerveranlagung	tax assessment
Steuervergünstigung	tax benefit, tax concession
Steuervermeidung	tax avoidance
Steuervorauszahlung	tax prepayment
Steuervordruck	tax form
Steuervorteil	tax advantage
Steuerwert	assessed value for tax purposes
Steuerzahler	taxpayer
Steuerzeitschrift	tax journal
Stichproben machen	to sample
Stichtag	appointed day, fixed date, deadline
Stichtagskurs	rate on day of reference, current rate
Stichtagswechselkurs	exchange rate of settling day
Stifter	donor, founder
Stiftung	foundation
stille Gesellschafter	silent partner
stille Reserve(n)	hidden reserve(s), hidden asset(s)

stillegen	to inactivate
Stillegung eines Anlagegutes	abandonment
stiller Teilhaber	dormant partner
Stillhalteabkommen	standstill agreement
stillschweigende Einwilligung	acquiescence
stillschweigende Genehmigung	tacit approval
Stillstandkosten	idle plant expenses
stimmberechtigte Aktie	voting share, voting stock
Stimmengleichheit	tie vote
Stimmenmehrheit	majority of votes
Stimmenminderheit	minority of votes
Stimmrecht	voting right
Stimmzettel	ballot
stornieren	to cancel
stornieren, eine Buchung ~	to reverse an entry
Stornierung	cancellation
Storno	cancellation, reversal
Stornobuchung	reversing entry
strafbar	punishable
Strafe	penalty
Strafe, Geld-	fine
Strafgericht	criminal court
Strafgesetzbuch	penal code
Strafrecht	criminal law
strafrechtliche Handlung	crime, criminal offense
Strategie	strategy
Strategie, Basis-	main strategy
Strategie, Differenzierungs-	differentiation strategy
Strategie, Nischen-	niche strategy
strategische Geschäftseinheit (SGE)	strategic business unit (SBU)
strategische Planung	strategic planning
strategische Überwachung	strategic supervision
strategische Unternehmensanalyse	strategic business analysis
strategische Werkzeuge	strategic tools
strategischer Engpass	strategic bottleneck
strategisches Geschäftsfeld	strategic business unit

strategisches Ziel	strategic objective
Streichung	cancellation
Streit	dispute
Streitfrage, anhängige ~	issue
Streitwert	value of matter in dispute
Strom, Gas, Wasser, usw.	utilities
Strukturkosten (Fixkosten)	structure costs
Strukturkosten, Fertigungs-	manufacturing structure costs
Strukturkosten, Produkt-	structure costs of the product
Strukturkosten, Produktgruppen-	structure costs of the product group
Strukturkosten, Produktions-	production structure costs
Strukturkosten, Verkaufs-	sales structure costs
Strukturkosten, Verwaltungs-	administration structure costs
Stück	piece, unit
Stückaktien	penny stocks
Stückelung (bei Aktien)	denomination
Stückkosten	unit cost, cost per unit
Stückliste	bill of material
Stücklohn, reiner ~	straight piece rate
Stücklohnsatz	piece rate
Stückpreis	unit price
Stückzinsen	accrued interest
stufenweise Deckungsbeitragsrechnung	stepwise contribution accounting
Stunden, Soll-	obligatory hours
Stundenlohnsatz	pay rate per hour
Stundung	extension
Substanzerhaltung	maintenance of asset value
Substanzerhaltungsrücklage	inflation reserve
Substanzverzehr	real-asset usage, real-asset loss
Substanzwert	net asset value
substituierbar	interchangeable
Substitutionsprodukt	substitute product
Subventionen	subsidies, subventions
subventionieren	to subsidize
subventionierter Preis	subsidized price
Summe	amount, total, sum

Summe, Zwischen-	subtotal
Summenaktie (Nennwertaktie)	par value stock
Swap-Geschäft	swap business, swap transaction, swap
SWOT-Analyse (Stärken, Schwächen, Chancen, Gefahren)	SWOT-Analysis (strengths, weakness, opportunities, threats)
Syndikat	syndicate
System, Informations-	information system
Szenario	scenario

T

Tabelle	tabulation, list, schedule, table, chart
tabellieren	to tabulate
Tagegeld	daily expense allowance, per diem
Tagesgeld	call money
Tagesgeldzinssatz	call rate
Tageskosten	current cost
Tageskurs	current rate
Tagesordnung	agenda, order of the day
Tagesordnungspunkt	item on the agenda
Tagespreis	current price, actual market price
Tagessatz	per diem rate
Tagesumsatz	daily turnover
Tageswert	current value, current market value
täglich	daily
Tantieme	bonus
Tarif	tariff, rate
Tariferhöhung	tariff increase
Tarifgruppe	labour grade
Tariflohn	agreed wage
Tarifurlaub	tariff holiday
Tarifverhandlungen	collective bargaining
Tarifvertrag	labour contract, collective wage agreement, wage settlement
Tätigkeit (Beruf)	occupation, job
Tätigkeitsbericht	activity report
Tätigkeitsbeschreibung	job description

Tätigkeitsgebiet	area of activity
Tausch	exchange, swap, trade
Tauschgeschäft	exchange, barter transaction
Tauschgeschäft, Devisen-	swapping, foreign exchange transaction
Tauschhändler	barterer
Täuschung	deception, fraud
Täuschung, arglistige ~	willful deceit
Täuschung, verabredete ~	collusion
Tauschwert	barter value, value in exchange
technische Abteilung	engineering department
technischer Fortschritt	technical progress
Teil	part
Teilabrechnung	installment accounting
Teilbetrieb	division
Teilfabrikat (Halberzeugnis)	goods in process
Teilhaber	partner
Teilhaber, stiller ~	dormant partner
Teilhabervertrag	partnership agreement
Teilkonzern	sub-group
Teilkonzernabschluss	partially consolidated financial statements
Teilkonzernbericht	report on partially consolidated financial statements
Teilkostenbasis	based on direct costing
Teilkostenrechnung	direct costing
Teilleistung	part-performance
Teilmarkt	sectional market
Teilmontage	subassembly
Teilsysteme	sub-systems
Teilwert	reduced current value (after partial write-down)
Teilwert, niedrigerer ~	lower current value (after partial write-down)
Teilwertberichtigung	special write-off
Teilzahlung	installment, part payment
Teilzahlungsbank	installment credit institution
Teilzahlungsbedingungen	installment terms

Teilzahlungsfinanzierungsgesellschaft	installment sales finance company
Teilzahlungskauf	installment purchase
Teilzahlungskredit	installment credit
Teilzahlungsverkauf	installment sale
Tendenz	trend
Tendenz, fallende ~	downtrend
Tendenz, steigende ~	uptrend
Termin, Erfüllungs-	deadline
Terminablage	date file
Terminbörse	futures exchange
Termindarlehen	term loan
Termindevise	forward exchange
Termineinlage	time deposit, fixed deposit
Termingeschäfte	hedges, futures
Terminkauf	forward purchase, futures
Terminkurs	forward rate
Terminliste	aging schedule
Terminpreis (an der Börse)	future price
Terminüberwachung	expediting
Terminverkauf	short sale
Terminzahlung	term payment
Textilveredelung	textile finishing
Textverarbeitung	word processing
Thema	matter, topic, subject
thesaurieren	to retain earnings
thesaurierter Gewinn	retained earnings
Thesaurierung	accumulation of capital by retention of earnings
Tiefstpreis	bottom price
Tilgung	amortization, repayment
Tilgungsfonds	sinking fund
Tilgungsrücklage	reserve for sinking fund
Tilgungszeitraum	amortization period
Tochtergesellschaft (100%ige)	wholly-owned subsidiary
Tochtergesellschaft (über 50 %)	subsidiary
Tochtergesellschaft (unter 50 %)	affiliate

Transaktion	transaction
Transferpreis	transfer price
Transparenz, Ergebnis-	transparency for results
Transparenz, Kosten-	transparency for costs
Transport und Versand	traffic and shipping
Transportband	conveyor belt
Transporte, innerbetriebliche ~	internal transportation
Transportgesellschaft	carrier, forwarder
Transportkosten	freight, transportation expenses
Transportversicherung	transport insurance
Trassant	drawer
Trassat	drawee
Tratte	draft, commercial trade bill
Tresor	vault, safe
Treu und Glauben	in good faith
Treuhand	trust
Treuhänder	trustee
treuhänderisch	fiduciary, in trust
Treuhänderschaft	trusteeship
Treuhandfonds	trust fund
Treuhandgesellschaft	trust company
Treuhandvermögen	trust property
Treuhandvertrag	trust agreement
Trittbrettfahrer-Verhalten	free rider position

U

überbewertet	overvalued
Überbringer	bearer
Überbrückungsgeld	transitional allowance, adjustment allowance
Übereinkommen	agreement, convention
überfällig	overdue, past due
überfällige Forderungen	overdue receivable
Übergangskonto	suspense account
Übergangsmassnahme	transitional measure
Übergangsregel	transitional rule
Überkapazität	excess capacity

Übernahme	acquisition, take-over
Übernahme zum Buchwert	transfer at book value
überprüfen	to check, to review
Überprüfung	audit, check, revision, verification
Überschreitung, Kosten-	cost overrun
Überschrift	heading
Überschuldung	over-indebtedness
Überschuss	surplus, excess
Übersicht	chart, listing, schedule
übersteigen	to exceed
Überstunden	overtime
Überstunden machen	work overtime
Überstundenprämie	overtime premium
Überstundenvergütung	overtime payment
Überstundenzuschlag	overtime premium
übertarifliche Leistung	fringe benefit
übertragbar durch Indossament	negotiable
Übertragung (ins Folgejahr)	carry-over (to next year)
überwachen	to monitor, to guard
Überweisung	remittance
Überweisung, Bank-	bank transfer
Überweisungsanzeige	remittance advice
Überweisungsauftrag	transfer order
Überweisungsempfänger	recipient payee
Überweisungsverkehr	bank transfers
Überzeichnung	over-subscription
Überziehung (eines Kontos)	overdraft
Überziehungskredit	overdraft facility, overdraft loan
Überziehungsprovision	overdraft fee
übrige Finanzanlagen	other long-term investments, other financial assets
übrige Forderungen und Vermögensgegenstände	other debtors, other receivables and other assets
Umbuchung	transfer bookkeeping, adjusting journal entry
Umfang	circumference

umgelegte Fertigungsgemeinkosten	distributed manufacturing overhead expenses
umgelegte Gemeinkosten	distributed overhead expenses
Umgruppierung	reclassification
Umlage	allocation
Umlage von Strukturkosten	allocation of structure costs
Umlage, Fixkosten-	allocation of period expenses
Umlage, Kosten-	cost allocation
Umlagekosten	allocated costs, costs allocations
Umlagen	cost allocations
Umlageschlüssel	allocation key
Umlauf	circular
Umlaufvermögen	current assets, floating assets
Umlaufvermögen, Netto-	net working capital
umrechnen, von Währungen	to convert; to translate
Umrechnung auf Jahresbasis	annualization
Umrechnungskurs	rate of exchange
Umrechnungstabelle	conversion
Umrüstzeiten	reprogramming times
Umsatz	turnover, sales
Umsatz, Brutto-	gross turnover, gross sales
Umsatz, Handelswaren-	sales of merchandise
Umsatz, Innen-	internal turnover, inside sales
Umsatz, Interkonzern-	intercompany turnover, intercompany sales
Umsatz, Netto-	net sales
Umsatzabweichung	turnover variance
Umsatzausgleichsteuer	turnover equalization tax
Umsatzbewertung	evaluation of turnover
Umsatzboni	turnover rebate
Umsatzentwicklung	sales trend
Umsatzergebnis	sales result
Umsatzerlöse	net sales
Umsatzgrenze	sales limit
Umsatzkostenverfahren	turnover cost system, cost of sales accounting method
Umsatzkurve	sales curve

Umsatzplanung	sales planning
Umsatzprämie	sales premium
Umsatzrentabilität	return on sales
Umsatzschätzung	sales estimate
Umsatzschmälerungen	sales deductions
Umsatzschwankungen	sales fluctuations
Umsatzstatistik	sales statistics, sales analyses
Umsatzsteuer	value added tax payable, turnover tax
Umsatzsteuervergütung	turnover tax refund
Umsatzüberschuss	turnover surplus
Umsatzziel	sales objective
Umschlag, Forderungs-	accounts receivable turnover
Umschlagsgeschwindigkeit	rate of turnover
umschulden	to refinance, to refund
umsonst	free-of-charge
Umstellungszeit	set-up time
Umwandlung	conversion
Umweltschutz	environmental protection
Umzugskosten	moving expenses
unbelastet	free and clear
unbeschränkte Steuerpflicht	unlimited tax liability
unbestimmte Zeit	indefinite period
uneinbringliche Forderungen	bad debts, uncollectable accounts
Uneinbringlichkeit	inability to collect
unerlaubte Handlung	tort
unerschlossener Markt	virgin market
Unfall	accident
Unfall, Arbeits-	on-the-job accident, industrial injury
Unfallrente	accident benefit
Unfallverhütung	accident prevention
Unfallversicherung	accident insurance
Unfallversicherung, gesetzliche ~	workmen's compensation insurance
unfertige Erzeugnisse (Teilfabrikate)	work-in-process, goods in process
ungebucht	unrecorded
ungebuchte Rechnung	unvouchered invoice
ungesicherte Forderung	unsecured receivable

ungültig	void, invalid
unkontrollierbare Kosten	noncontrollable costs
unkündbar	irredeemable
unlautere Werbung	unfair advertising
unlauterer Wettbewerb	unfair competition
Unregelmässigkeit	irregularity
unrentabel	unprofitable
unschuldig	innocent, not guilty
unselbständig	dependent
unter pari	at a discount, below par
Unterbeschäftigung	below-capacity utilization, under-employment
unterbesetzt	understaffed
unterbewerten	to undervalue
Unterbewertung	undervaluation
unterbieten	to underbid
Unterbilanz	capital deficit
Unterbrechung (in der Produktion)	break-down
Untergliederung	break-down, detail
Untergrenze, Reinerlös-	minimum net sales
Untergruppenkontrolle	minor control
Unterhalt	maintenance, support
Unterhaltungskosten	maintenance expenses, maintenance costs
Unterhändler	negotiator
Unterkonto	subaccount
Unterlagen	papers and document, records, documents
Unterlagen aufbewahren	to store records
Unterlagen fälschen	to falsify records
Unterlieferant	subcontractor
Unternehmen	enterprise, company
Unternehmen, verbundene ~	affiliated enterprises
Unternehmensanalyse, strategische ~	strategic business analysis
Unternehmensberater	consultant, management counsellor
Unternehmensbereich	division

Unternehmensbewertung	valuation of an enterprise "as a whole"
Unternehmensforschung	operations research, management science
Unternehmensgemeinkosten	company overheads
Unternehmensidentität	corporate identity
Unternehmenskonzept	corporate concept
Unternehmenskosten	company operation costs
Unternehmenskultur	corporate culture
Unternehmensphilosophie	company philosophy
Unternehmenspolitik	corporate policy
Unternehmensstrategie	management strategy
Unternehmenswert	corporate value, company value
Unternehmensziele	corporate objectives
Unternehmer	entrepreneur
Unternehmerlohn, kalkulatorischer ~	imputed entrepreneurial salary
Unterschied, Bewertungs-	difference in valuation, valuation variation
Unterschied, Konfektions-	change in standard
Unterschlagung	defalcation, embezzlement
Unterschlagungsversicherung	fidelity bond, fidelity insurance
unterschreiben	to sign
Unterschrift, faksimilierte ~	facsimile signature
Unterschriftsprobe	specimen signature
Unterstützung	support, subsidy, welfare benefits
Unterstützungsaufwand	employees' welfare benefits
Unterstützungsfonds, Unterstützungskasse	employee welfare fund
untersuchen	to examine, to check
Untersuchung	investigation
Untervermietung	sublease
unterversichert	underinsured
unterwegs befindliche Gelder	cash in transit
unterwegs befindliche Ware	merchandise in transit
Unterweisung (Instruktionen)	briefing
Unterzeichnung	signature
unverkäuflich	not saleable, obsolete

unverzinslich	non-interest bearing, interest free
unwesentlich	immaterial, minor
unwiderruflicher Kredit	irrevocable credit
unwirtschaftlich	uneconomical
Urheberrecht	copyright, copyright law
Urkunde	document, deed, certificate
Urlaub	holiday, vacation
Urlaub, bezahlter ~	paid vacation
Urlaub, Mutterschafts-	maternity leave
Urlaub, Tarif-	tariff holiday
Urlaubsgeld	vacation extra legal pay, holiday pay, vacation allowance
Urlaubsgeldrückstellung	accrual for vacation pay
Ursachenanalyse	cause analysis
Ursprungshinweis	certification mark
Urteil	judgement
Urteil aufheben	to reverse a decision
Urteil der Geschworenen	verdict
Urteil des Gerichts	decision, sentence
Urteil fällen	to render judgement
Urteil, Grundsatz-	landmark decision
Urteil, vorläufiges ~	interlocutory decree
Urteilsbegründung	reasons for decision
Usance-Kurs	cross rate

V

Valuta	value
Valutadatum	value date
valutieren	to value
variable Kosten	variable costs
variable Vertriebsgemeinkosten	variable sales and distribution costs
Veralterung	obsolescence
veraltet	obsolete
Veränderung der Finanzanlagen	changes in investments
Veränderung der Finanzverbindlichkeiten	change in financial liabilities
Veränderung der Liquidität	net change in liquid funds

Veränderung der Vorräte und Forderungen	change in stocks and debtors
Veränderung der Zahlungsmittel aus Geschäftstätigkeit	change in cash and cash equivalents due to business activities
Veränderung des Konsolidierungskreises	change in consolidated companies
Veränderung des sonstigen Fremdkapitals	change in short-term liabilities
Veränderung gegenüber dem Vorjahr	change as compared to prior year
Veränderung liquider Mittel	change of cash
Veranlagung, Steuer-	assessment
Veranlagungszeitraum	taxable period
Verantwortlichkeit	responsibility, accountability
Verantwortlichkeit, Kosten-	cost responsibility
Verantwortlichkeitsbereich	area of responsibility
Verantwortlichkeitsrechnung	responsibility accounting
Verantwortungsbereich	area of responsibility
Verarbeitung	processing
Verarbeitungskosten	manufacturing cost, processing cost
verauslagte Kosten	out-of-pocket expenses, expenses disbursed
Veräusserungsgewinn	gain from sale
Veräusserungsverlust	loss from sale
Verband	association
Verbesserung	improvement
Verbesserung, Ergebnis-	improvement of income
Verbesserung, Qualitäts-	improvement in quality
Verbesserungen, kurzfristig umsetzbare ~	quick wins
Verbindlichkeit, dinglich gesicherte ~	liability secured by charge on property
Verbindlichkeit, kurzfristige ~	short-term liability
Verbindlichkeit, kurzfristiger Anteil von langfristigen ~	current maturity of long-term debt
Verbindlichkeit, langfristige ~	long-term liability, long-term debt
Verbindlichkeiten	liabilities, payables
Verbindlichkeiten aus erklärter Dividende	payable dividends

Verbindlichkeiten aus Lieferungen und Leistungen	trade accounts payable
Verbindlichkeiten eingehen	to incur liabilities
Verbindlichkeiten gegenüber Kreditinstituten	liabilities to banks, bank loans, amounts due to banks
Verbindlichkeiten gegenüber verbundenen Unternehmen	amounts due to affiliated companies
Verbindlichkeiten, Eventual-	contingent liabilities
Verbindlichkeiten, Lieferanten-	trade liabilities
Verbindlichkeiten, mittel- und langfristige ~	medium and long-term liabilities
Verbindlichkeiten, sonstige ~	other liabilities, other accounts payable
Verbindlichkeiten, unverbuchte ~	unrecorded liabilities
Verbrauch	consumption
Verbrauch, Eigen-	own use
Verbraucher	consumer
Verbraucheranalyse	consumer research
Verbraucherschutz	consumer protection
Verbraucherwunsch	consumer desire
Verbrauchsabweichung	consumption variance, consumption variation
Verbrauchsgewohnheiten	consuming habits
Verbrauchsgüter	non-durable goods
Verbrauchsrückgang	decrease in consumption
Verbrauchssteuer	excise tax
Verbriefung	securitisation
Verbuchung	posting of an entry
Verbuchung auf einem Konto	entry
verbundene Unternehmen	affiliated enterprises
Verbundkarte	dual card
verdeckte Gewinnausschüttungen	hidden distribution of profits
Verdienst	proceeds, earnings
Verdienstspanne	profit margin
Verein	association
Verein, eingetragener ~	registered association
Vereinbarung	agreement
Vereinbarung, vertragliche ~	contract

vererben (bewegliche Sachen)	to bequeath
vererben (unbewegliche Sachen)	to devise
Verfahren	procedure, method, proceedings, process
Verfahren, Abrechnungs-	accounting system
Verfahren, dynamische ~	dynamic procedures
Verfahren, gerichtliches ~	proceeding
Verfahren, statische ~	static procedures
Verfahren, Umsatzkosten-	turnover cost system
Verfahrensrichtlinien	obligatory direction
Verfall (durch Zeit)	expiration
Verfall (von Rechten)	forfeiture, lapse
Verfallbuch	date file
Verfalldatum	expiry date, due date
verfallenes Patent	lapsed patent
Verfalliste	aging schedule
verfügbar	available, disposable
Verfügbarkeit	availability
Verfügung, einstweilige ~	temporary restraining order
Verfügungsgewalt	jurisdiction, right of disposal
Vergleich	comparison
Vergleich (mit Gläubigern)	composition, proceedings
Vergleich, gerichtlicher ~	accord
Vergleich, Kosten-	comparison of costs
Vergleich, Plan-Ist-	budget-actual-comparison
Vergleich, Soll-Ist-	target-actual-comparison
vergleichen mit	to compare with, to check against
Vergleichsübersicht	comparative presentation
Vergleichsverfahren	composition proceedings
Vergleichsverwalter	administrator in receivership cases, receiver
Vergütung	allowance, compensation
Verhältnis Gewinn zu Umsatz	sales-profit ratio
Verhältnisse des Marktes	market conditions
Verhältniszahl	ratio
verjähren	to expire under statute of limitations, to lapse

Verjährungsfrist	statutory limitation period
Verkauf	sale, selling
Verkauf auf Kommissionsbasis	sale on commission
Verkauf auf Probe	sale on approval
Verkauf auf Ziel	sale on credit
Verkauf durch Versteigerung	public auction
Verkauf in Mengen	bulk sale
Verkauf mit Preisnachlass	bargain sale
Verkauf nach Muster	sale to pattern
Verkauf ohne Deckung	short sale
Verkauf unter Eigentumsvorbehalt	conditional sale
Verkäufer	salesman, vendor
Verkäufermarkt	seller's market
verkäuflich	saleable
Verkaufsabteilung	sales department, selling department
Verkaufsaktivitäten	sales activities
Verkaufsanalyse	sales analysis
Verkaufsauftrag	sales order
Verkaufsbedingungen	terms of sale, selling conditions
Verkaufsbuch	sales book
Verkaufsbüro	sales office
Verkaufserfolgsrechnung	sales result accounting
Verkaufsförderung	sales promotion
Verkaufsgebiet	sales area
Verkaufsjournal	sales register
Verkaufskampagne	sales campaign
Verkaufskosten	selling expenses
Verkaufsleiter	sales manager
Verkaufsniederlassung	sales location, sales branch
Verkaufsoption	option to sell
Verkaufspreis	sales price, selling price
Verkaufsprovision	sales commission, selling commission
Verkaufsrabatt	sales allowance, sales rebate
Verkaufsrechnung	sales invoice
Verkaufsstelle	sales outlet, outlet
Verkaufsstrukturkosten	sales structure costs

Verkaufswert	sales value, selling value
Verkaufsziel	sales objective
verlängern	to prolong, to renew
Verlängerung	extension, prolongation, renewal
Verlust	loss, deficit
Verlust bei Veräusserungen von Anlagevermögen	capital loss
Verlust eines Rechtes	forfeiture of a right
Verlust vor Steuern (LBT)	loss before tax (LBT)
Verlust, auf die Vorjahre bezogener ~	loss relating to prior years, prior years' charge
Verlust, auf konzernfremde Gesellschafter entfallender ~	losses attributable to minority interest
Verlust, Bilanz- (in der Bilanz)	accumulated deficit (within the balance sheet)
Verlust, Bilanz- (in der Gewinn- und Verlustrechnung)	unappropriated deficit (within the profit and loss statement)
Verlust, finanzieller ~	financial loss
Verlust, Konzern-	consolidated loss
Verlustanteile anderer Gesellschafter	minority interests in losses
Verlustausgleich	loss absorption, loss compensation
Verlustausweis	showing a deficit
Verlustdeckung	loss absorption
Verlustrücktrag, steuerlicher ~	tax loss carry-back
Verlustübernahme	loss absorption
Verlustvortrag (Bilanz)	deficit carried forward (balance sheet)
Verlustvortrag (steuerlich)	tax loss carried forward (tax statement), tax loss carry-forward
vermachen (von Grundstücken)	to devise
vermachen (von Sachen)	to bequeath
Vermarktungsvorbereitung	new business development, pre-launch activities
Vermerk, Wareneingangs-	good inwards note (GIN)
vermieten	to let, to lease, to rent
Vermieter	landlord, lessor
Vermietung	letting, leasing
Verminderung	decrease
Vermittlung	referral

Vermittlungsgeschäft	brokerage
Vermögen	net assets
Vermögen, aktives ~	assets
Vermögen, betrieblich nicht genutztes ~	idle assets
Vermögen, Betriebs-	assets used in the business
Vermögen, betriebsnotwendiges ~	operating assets, assets deemed necessary for use in the business
Vermögen, bewegliches ~	movable property
Vermögen, immaterielles ~	intangible assets
Vermögen, materielles ~	tangible assets
Vermögen, Privat-	personal assets
Vermögen, Umlauf-	current assets
Vermögensabgabe	property levy
Vermögensgegenstände	assets
Vermögensgegenstände, immaterielle ~	intangible assets
Vermögenslage	financial position, financial standing
Vermögenssteuer	net assets tax
Vermögensverwalter	custodian, trustee
Vermögenswerte	assets
Vermögenswerte, liquide ~	liquid assets
vermögenswirksame Leistung	property payment, property-creating performance
Veröffentlichung	publication
Verordnung	regulation
verpachten	to lease
Verpackungskosten	packing costs
Verpackungsmaterial	packaging material
verpfänden	to pledge
verpfänden, dinglich	to mortgage
Verpfändung und Abtretung von Forderungen	pledging and assigning of accounts receivable
Verpflichtung	commitment, obligation
Verpflichtungen, Kauf-	purchase commitments
verrechnete Gemeinkosten	absorbed overhead expense
Verrechnung	charging to an account

Verrechnung, innerbetriebliche Leistungs-	intercompany services' charging
Verrechnungskonto	clearing account
Verrechnungspreis	intercompany price, transfer price
Verrechnungspreis, innerbetrieblicher ~	internal transfer price
Verrechnungspreis, Interkonzern-	intercompany transfer price
Verrechnungspreise	transfer prices
Verrechnungssätze	allocation rates
Verrechnungsscheck	crossed cheque
Verrechnungsstelle	clearing house
Verrechnungsverkehr der Banken	clearing
Versammlung	meeting
Versammlung, beschlussfähige ~	quorum
Versammlung, Haupt-	shareholders' meeting
Versand	shipping, dispatch, shipment
Versandabteilung	shipping department
Versandauftrag	shipping order
versandfertig	ready for shipping
Versandgeschäft	mail-order business
Versandhandel	distant selling, mail-order selling
Versandhaus	mail order business
Versandkosten	dispatch charges, shipping expenses, freight
Versandschein	shipping ticket
verschiedene Gemeinkosten	miscellaneous overhead expenses
verschiedenes	miscellaneous
Verschlechterung, Ergebnis-	deterioration of income
Verschlechterung, Qualitäts-	deterioration in quality
Verschleiss	wear and tear
verschlüsseln	to code
Verschmelzung	merger, consolidation
Verschrottung	scrapping
Verschrottung eines Anlagegutes	abandonment of a fixed asset
Verschuldung	indebtedness
Verschuldung, Gesamt-	total indebtedness
Versetzung (von Mitarbeitern)	personnel transfer
Versicherer	insurer

Versicherung	insurance
Versicherung mit Selbstbeteiligung	co-insurance
Versicherung, Betriebsunterbrechungs-	business interruption insurance
Versicherung, Einbruchs-	burglary insurance
Versicherung, Haftpflicht-	liability insurance
Versicherung, Kranken-	health insurance, medical insurance
Versicherung, Pensions-	old age insurance
Versicherung, Unfall-	accident insurance
Versicherung, Unterschlagungs-	employee fidelity insurance, fidelity bond
Versicherungsanspruch	insurance claim
Versicherungsbeiträge, vorausbezahlte ~	prepaid insurance premiums
Versicherungsdeckung	insurance coverage
versicherungsfremde Leistungen	extraneous insurance benefits
Versicherungsnehmer	insured
versicherungspflichtig	compulsorily insured
Versicherungspolice	insurance policy
Versicherungsprämie	insurance premium
Versicherungsschutz	insurance coverage
Versicherungswert	face value of policy
Versorgungsanlage	service equipment
Versorgungsbetrieb, öffentlicher ~	public utility
Versorgungsbezüge	social security allowances
Verspätung, Verzögerung	delay
versteuern	to pay tax on
versteuert	tax-paid
Versuch (technisch)	trial (technical)
Versuch und Irrtum	trial and errror
Versuchsphase	experimental phase
Verteiler (Namensliste)	distribution list (list of addresses)
Verteilung	distribution
Verteilung, Gewinn-	profit distribution
Verteilung, Kosten-	cost distribution, cost allocation
Verteilungsbogen	spread sheet
Verteilungsschlüssel	distribution key, distribution ratio
Vertrag	contract, agreement

Vertrag auf Selbstkostenbasis plus Gewinn	cost-plus contract
Vertrag, Ergebnisabführungs-	profit and loss transfer agreement
Vertrag, Lohn-	processing agreement, tolling agreement
Vertrag, mündlicher ~	oral agreement
Vertrag, Tarif-	labour contract
Vertrag, Wartungs-	maintenance contract
Vertrag, Werk-	contract for material and labour
Vertragsdauer	contract period
Vertragsfreiheit	contractual liberty, contractual freedom, freedom of contract
Vertragshaftung	contractual liability
Vertragslieferant	contractor
Vertragslösung	selective contracting
Vertragspflicht	contractual obligation
Vertragsrechte	contractual rights
Vertragsstrafe	penalty
Vertragsurkunde	document, deed
Vertragsurkunde (bei Dritten treuhänderisch hinterlegt)	escrow
Vertrauensabstimmung	vote of confidence
vertraulich	confidential
Vertreter	representative, agent
Vertrieb	selling, distribution, sale, marketing
Vertriebsabteilung	selling department
Vertriebseinheit	selling entity, selling unit
Vertriebsförderung	sales promotion
Vertriebsgemeinkosten, variable ~	variable sales and distribution costs
Vertriebsgesellschaft	selling company
Vertriebskanal	sales channel, channel of distribution
Vertriebskosten	distribution costs, selling costs, sales cost, selling expenses
Vertriebslager	sales stock
Vertriebstechnik	marketing
Vertriebsweg	sales channel, channel of distribution, distribution method, distribution channel

Verursachungsprinzip	principle of causation
Verwahrer	depositary
Verwaltung	administration
Verwaltungskosten	administrative expenses, administrative costs
Verwaltungsrat	board of directors
Verwaltungsstrukturkosten	administration structure costs
Verwaltungsvorschriften	administrative regulations
Verwendung, Gewinn-	appropriation of profits
Verwendungszweck	intended use, purpose
Verzahnung	interface
Verzehr, Substanz-	real-asset usage
Verzeichnis	table of contents, index
verzichten, auf einen Anspruch ~	to waive a claim
verzinslich	interest bearing
Verzinsung	yield
Verzinsung, Kapital-	return on investment (ROI)
Verzögerung	delay
verzollen	to pay duty on
verzollt	duty-paid
Verzug	delay
Verzug (Nichtzahlung einer Verbindlichkeit)	default
Verzug, Lieferungs-	late delivery
Verzugsstrafe	penalty
Verzugstage, gewährte ~	grace period granted
Verzugszinsen	default interest
vierteljährlich	quarterly
vierzehntägig	fortnightly, twice monthly
Vision	vision
volkswirtschaftliche Entwicklung	economic process
Volkszählung	census
Vollarbeitskräfte	full time employees
Vollbeschäftigung	full employment
Vollkaskoversicherung	comprehensive insurance
vollkommener Wettbewerb	perfect competition, pure competition
Vollkostenbasis	based on full costing

Vollkostenrechnung	full costing, absorption costing
Vollmacht, Handlungs-	proxy
Vollständigkeitserklärung	general representation letter
Vollstreckung	execution
Vollzeitbeschäftigung	full-time employment
Vor- und Rückkopplung	feed-forward and feedback
Voranschlag	estimate
Vorarbeiter	foreman
Vorausschätzung	projection
Vorauszahlung	payment in advance, prepayment, payment on account, advance payment
Vorbericht	draft report, preliminary report
Vorentscheidung	preliminary decision
Vorfinanzierung	pre-financing, interim financing
Vorgabemengen	standard quantities
Vorgabezeiten	standard times
Vorhaben, Rationalisierungs-	rationalization intention
Vorjahr	previous year, prior year
Vorkalkulation	preliminary costing, cost estimate
Vorkaufsrecht	option right
Vorkaufsrecht (Bezugsrecht auf Aktien)	preemptive right
Vorkontierung	preliminary account distribution
Vorlage	presentation
vorläufige Kosten	preliminary costs
Vorprüfung	preliminary audit
Vorräte	stocks, inventories
Vorratsvermögen	inventories
Vorruhestandsregelung	early retirement scheme
Vorschuss	payment in advance
Vorschuss, Lohn-	advance on pay-roll
Vorsichtsprinzip	principle of conservative accounting
Vorsitz	chairmanship, presidency
Vorsitzender	chairperson
Vorstand	executive board, officers, executives
Vorstandsbereich	division of executive board members
Vorstandsbezüge	officers' renumeration
Vorstandsmitglied	member of the executive board

Vorstandsvorsitzende	chairman (of the executive board)
Vorstandsvorsitzender	president, chief executive officer
Vorsteuer	before tax
Vorstudie (Projektstudie)	feasibility study
Vortrag	paper, presentation, speech
vorzeitige Pensionierung	early retirement
Vorzugsaktien	preferred stock
Vorzugsaktien, kumulative ~	cumulative preferred stock
Vorzugsdividende	preferred dividend
Vorzugspreis	preferential price

W

Wachstum	growth
Wachstumsrate	growth rate
Wagniskapital	venture capital
Wagniskosten	risk costs
Wagniskosten, kalkulatorische ~	imputed risk costs
Wahrscheinlichkeitstheorie	theory of probability
Währung	currency
Währung, Fremd-	foreign currency
Währung (Landeswährung)	local currency
Währungsabwertung	devaluation
Währungsaufwertung	revaluation
Währungseinheit	monetary unit, currency unit
Währungsfonds, internationaler (IWF)	international monetary fund (IMF)
Währungsgeschäft	foreign exchange business
Währungsgewinne und -verluste	exchange gains and losses
Währungsklausel	currency clause
Währungskontrolle	exchange control
Währungskurs	foreign exchange rate
Währungsrisiko	exchange risk
Währungsumrechnung, Unterschied aus ~	translation differences, currency translation differences
Wandelschuldverschreibung	convertible bond
Ware geringer Qualität	poor quality goods
Ware, fehlerhafte ~	defective goods

Ware, Fertig-	finished goods
Ware, Handels-	merchandise
Ware, retournierte ~	returns
Ware, unterwegs befindliche ~	merchandise in transit, goods in transit
Waren	goods, merchandise
Waren, bezogene ~	purchased merchandise
Warenausgabe	in-house shop
Warenausgang	shipment, delivery; shipping department
Warenbeschaffung	purchasing
Warenbestände	trading stock
Warenbestellbuch	purchase record
Warenbörse	commodity exchange
Wareneingang	receiving
Wareneingangsvermerk	goods inwards note (GIN)
Wareneinsatz	cost of goods sold, cost of sales
Warenempfänger	recipient, customer
Warenfluss	flow of goods
Warengruppe	article group
Warenkredit	trade credit on goods
Warenlager	warehouse, stockroom
Warenprobe	sample
Warenretourenbeleg (vom Kunden)	goods returned receipt (GRR)
Warensortiment	assortment of goods, merchandise assortment
Warenumschlag	turnover
Warenverkaufskonto	sales account
Warenvorräte	inventories
Warenwechsel	trade draft
Warenzeichen	trademark
Warenzeichen, eingetragenes ~	registered trade mark
Warenzeichenpiraterie	to pirate a trademark
Warenzeichenregister	trademarks' register
Warenzeichenschutz	protection of trademarks
Wartung, Instandhaltung	maintenance
Wartungskosten	maintenance costs, maintenance expenses

Wartungsvertrag	maintenance contract
Wasser, Strom, Gas	utilities
Wechsel	note, bill of exchange
Wechsel ausstellen	to issue a note
Wechsel zu Protest gehen lassen	to protest a note
Wechsel, diskontfähiger ~	bill of exchange discountable
Wechsel, diskontierter ~	discounted bill (bill of exchange), discounted note
Wechsel, Domizil-	addressed note
Wechsel, eigener ~	promissory note
Wechsel, fälliger ~	matured note
Wechsel, Finanz-	financing note
Wechsel, gezogener ~	draft
Wechsel, Handels-	trade note
Wechsel, nicht eingelöster ~	unpaid note
Wechsel, notleidender ~	dishonoured bill
Wechsel, prolongierter ~	renewed bill, rollover note
Wechsel, Schatz-	treasury bill
Wechsel, Schuld-	promissory note
Wechsel, Sicht-	sight note
Wechsel, Waren-	trade note
Wechselbuch	note register
Wechselbürgschaft	guarantee for a bill of exchange, aval
Wechseldiskont	discount on notes, bill discount
Wechseldiskontierung	note discounting, discounting of bills
Wechselforderungen	notes receivable
Wechselgeldkasse	petty cash
Wechselgesetz	negotiable instruments act
Wechselkredit	acceptance credit
Wechselkurs	exchange rate
Wechselkurs des Vormonats, Schluss-	foreign exchange rate at closing date of prior month
Wechselkurs, direkter ~	direct quotation
Wechselkurs, indirekter ~	indirect quotation
Wechselkurs, Plan-	budget exchange rate

Wechselkurs, Stichtags-	exchange rate of settling day, current exchange rate
Wechselkursänderungen	exchange rate movements
wechselkursbedingte Wertänderungen der liquiden Mittel	effect of exchange rate movements on liquid funds
Wechselkursdifferenz	difference in exchange rates
Wechselkurse, feste ~	fixed exchange rates
Wechselkurse, flexible ~	flexible exchange rates
Wechselkurse, floatende ~	floating exchange rates
Wechselkursschwankungen	exchange rate fluctuation
Wechselobligo	acceptance liability, contingent liabilities from bills of exchange
Wechselprotest	protest of note
Wechselreiterei	cross-acceptance
Wechselrembours	documentary acceptance credit
Wechselsteuer	tax on promissory notes
Wechselverbindlichkeiten	notes payable
Wechselwirkung	interaction
Wehrdienst	military service
Weihnachtsfreibetrag	Christmas exemption
Weihnachtsgratifikation	Christmas bonus
Weltmarkt	world market
Weltmarktpreis	world market price
Werbeabteilung	advertisement department
Werbeagentur	advertising agency
Werbeaktion	advertising activity, advertising campaign
Werbeanzeige	advertisement, commercial
Werbeausgaben	advertising expenditures
Werbebrief	mailing
Werbebudget	advertising budget
Werbeeffekt	advertising effect
Werbeerfolg	advertising result
Werbeetat	advertising budget
Werbekosten	advertising expenses
Werbepraktiken	promotional practices
Werbung	advertising

Werbungskosten	advertising expenses, publicity expenses
Werk (Fabrik)	factory, plant
Werkplan	plant layout
Werksbudget	factory budget, plant budget
Werksferien	factory vacation
Werksgemeinkosten	plant overhead
Werksleiter	plant manager
Werksschutz	plant protection force
Werkstatt	work shop, machine shop
Werksverkehr	internal traffic
Werkvertrag	contract for material and labor
Werkzeug und Kleingeräte	minor items, tool sand small equipment
Werkzeuge, Hand-	tools
Werkzeugkosten	tooling expenses
Wert	value
Wert, Bar-	present value
Wert, Börsen-	quoted market value
Wert, Buch-	book value, net book value, carrying value
Wert, Code-	code value
Wert, Einheits-	assessed value
Wert, innerer ~	intrinsic value
Wert, Markt-	market value
Wert, Niederst-	net realizable value
Wert, Rest-	remaining value
Wert, Tages-	current value
Wert, Unternehmens-	corporate value, company value
Wert, Wiederbeschaffungs-	replacement value
Wertanalyse	value engineering, value analysis
Wertänderung, als Neubewertung	revaluation
Wertberichtigung	valuation adjustment, valuation reserve
Wertberichtigung auf Bodenschätze	accumulated depletion
Wertberichtigung auf das Anlagevermögen	accumulated depreciation, reserve for depreciation
Wertberichtigung auf den Wertpapierbestand	allowance for loss in the value of securities

Wertberichtigung auf Forderungen	allowance for doubtful accounts
Wertberichtigung auf immaterielle Vermögenswerte	accumulated amortization
Wertberichtigung auf zweifelhafte Forderungen	allowance for doubtful accounts
Wertberichtigung, Pauschal-	lump-sum adjustment
Wertbestimmung	valuation
Wertgerüst	value structure
Wertkettenanalyse	value chain analysis
Wertminderung (durch Abschreibung)	decline in value (due to depreciation), devaluation
Wertpapiere	bonds, securities, stocks
Wertpapiere des Anlagevermögens	long-term investments
Wertpapiere des Umlaufvermögens	short-term security investments
Wertpapiere, börsengängige ~	marketable securities
Wertpapiere, festverzinsliche ~	fixed interest securities
Wertpapiere, unverzinsliche ~	non interest bearing securities
Wertpapiermakler	stock broker
Wertprinzip, Niederst-	lower of cost or market principle
Wertschöpfung	net value added, value added
Wertsteigerung	appreciation, increase in value
Wertverlust	loss of value
Wertzoll	ad valorem duty
Wertzuwachs	appreciation
wesentlich	major, material
Wettbewerb	competition
Wettbewerber	competitor
Wettbewerbsanalyse	competition analysis
Wettbewerbsbedingungen	terms of competition
Wettbewerbsbeschränkung	restraining clause
wettbewerbsfähig	competitive
Wettbewerbsfähigkeit	competitiveness
Wettbewerbsklausel	competition clause
Wettbewerbsposition	competitive position
Wettbewerbsverbot	non-competition clause
Wettbewerbsverzerrung	distortion of competition
Wettbewerbsvorteil	competitive advantage

Widerklage	countersuit
widerlegbar	refutable
widerrechtliche Handlung	tort, illegal act
Widerruf	revocation
widerrufen	to revoke
Widerspruch einlegen	to appeal
Wiederanlage	reinvestment
Wiederanlaufpunkt	rerun point
Wiederbeschaffung	replacement
Wiederbeschaffungskosten	current replacement cost
Wiederbeschaffungspreis	market price
Wiederbeschaffungswert	replacement value
Wiederbeschaffungswert eines gebrauchten Gutes	depreciated replacement cost
Wiedereinfuhr	reimportation
Wiederherstellungskosten	reproduction cost
Wiederverkaufspreis	retail price
Wiederverkaufspreismethode	price less system
Wirksamkeit	effectiveness, efficiency
Wirkungsgrad	level of activity
Wirtschaft	economy
wirtschaftlich	cost-effective, economical
wirtschaftliche Betrachtungsweise	business point of view
wirtschaftliche Entwicklung	commercial development
wirtschaftliche Gründe	good business reasons
wirtschaftliche Nutzungsdauer	useful life
wirtschaftliches Risiko	economic risk
Wirtschaftlichkeit	profitability, efficiency
Wirtschaftlichkeitsrechnung	calculation of profitability, economic appraisal
Wirtschaftlichkeitsrechnung, dynamisches Verfahren der ~	dynamic method of calculation profitability
Wirtschaftlichkeitsreserven	efficiency reserves
Wirtschaftsbelebung	economic recovery
Wirtschaftsberater	economic adviser
Wirtschaftsentwicklung	economic development
Wirtschaftsgut	asset

Wirtschaftsgut, kurzfristig abnutzbares ~	low-life asset
Wirtschaftsgüter, geringwertige ~	low value items
Wirtschaftsgüter, immaterielle ~	intangible assets
Wirtschaftshilfe	economic aid
Wirtschaftsindikator	economic indicator
Wirtschaftsjahr	fiscal year, business year
Wirtschaftsklima	economic climate
Wirtschaftslage	economic situation
Wirtschaftsminister	economics minister, chancellor of the exchequer (GB)
Wirtschaftsprüfer	German certified public accountant
Wirtschaftsprüfung	public accounting, auditing
Wirtschaftsprüfungsgebühr	audit fee
Wirtschaftsvereinbarung	economic agreement
Wirtschaftswachstum	economic growth
Wirtschaftswunder	economic miracle
Wirtschaftszeitraum	fiscal period
Wirtschaftszentrum	economic centre
Wissen und Gewissen, nach bestem ~	to the best of knowledge and belief
Wochenlohn	weekly wage
Wohlfahrtsökonomik	welfare economics
Wohltätigkeit	charity
Wucher	usury

Z

Zahl	figure, digit
zahlbar	payable, due
zahlbar bei Auftragserteilung	cash with order
zahlbar bei Lieferung	cash on delivery
zahlbar bei Sicht	payable at sight
Zählblatt für Bestandsaufnahmen	count sheet
Zahlenverdrehung	transposition
Zähler	counter
Zählerausgang für Posten	counter list exit
Zählereingang	counter entry
Zählerkapazität	counter capacity

Zählerstelle	counter position
Zahlstelle	place of payment
Zahltag	payday
Zahlung	payment
Zählung	count
Zahlung auf Raten	to pay by installments
Zahlung nach Aufforderung	payment on demand
Zählung von Wertpapieren	security count
Zahlung, rückständige ~	payment in arrears
Zahlung, statt ~	in lieu of payment
Zählung, stichprobenweise ~	test count
Zahlung, Teil-	installment
Zahlungen, Folge-	subsequent payments
Zahlungsanweisung	money order
Zahlungsaufforderung	demand for payment
Zahlungsaufschub	payment extension
Zahlungsausgang	payments made
Zahlungsbedingungen	terms of payment, payment terms
Zahlungsbefehl	court order (for payment)
Zahlungsbeleg	disbursement voucher
Zahlungsbilanz	balance of payments
Zahlungseingang	payments received
Zahlungseingangsfrist, durchschnittliche ~	average collection period
Zahlungseingangsprognose	forecast of incoming payments
Zahlungseinstellung	suspension of payments
Zahlungsempfänger	payee
Zahlungsfähigkeit	solvency, ability to pay, liquidity
Zahlungsmittel zum 01.01.	cash and cash equivalents at beginning of year
Zahlungsmittel zum 31.12.	cash and cash equivalents at end of year
Zahlungsmittel, gesetzliches ~	legal tender
Zahlungsmittel, umlaufende ~	currency in circulation
Zahlungsrate	collection rate
zahlungsunfähig	insolvent, bankrupt
Zahlungsunfähigkeit	insolvency

Zahlungsverkehr	monetary transactions
Zahlungsweise	mode of payment, payment record
Zahlungsziel	terms of payments
Zeichner (von Aktien)	subscriber (of shares)
Zeichnung von Aktien	share subscription
Zeichnungsberechtigung	signature authorization
Zeichnungsschein	subscription certificate
Zeilen	lines
Zeilenbegrenzung	overflow
Zeitabschnitt	period
Zeitabschnitt, unbestimmter ~	indefinite period
Zeiten, Bearbeitungs-	processing times
Zeiten, Umrüst-	reprogramming times
Zeithorizont	time span
Zeitkontrolle	time control
Zeitlohn	time-rate wages
Zeitplan	schedule, time table
Zeitpunkt	deadline
Zeitrente	annuity certain
Zeitstudie	time and motion study
Zeittabelle	time schedule
Zeit-und Bewegungsstudien	time and motion studies
Zeitwert	depreciated replacement
Zentrale	headquarter
Zentrale, Konzern-	group headquarter
zentralisierter Einkauf	centralized buying, centralized purchasing
Zentrallager	central warehouse
Zentrallager, gemeinsam genutzes ~	jointly used warehouse
Zentralnotenbank	central bank
Zertifikat	certificate
Zession	assignment
Ziehkartei	tub file
Ziel	target, aim, goal, objective
Ziele, Deckungsbeitrags-	contribution margin objectives
Ziele, Einzel-	individual targets

Ziele, Kosten-	cost objectives
Ziele, Leistungs-	output objectives, performance objectives
Ziele, Unternehmens-	corporate objectives
Zielerreichung, Grad der ~	percentage of completion
Zielfunktion	target function
Zielgruppe	target group
Zielkauf	purchase on credit, credit purchase
Zielkostenrechnung	target costing
zielorientiert	objective-oriented, focussed on objectives
Zielpreis	target price
Zielvereinbarung, Führung durch ~	management by objectives
Zielvereinbarungsprozess	process of agreeing objectives
Ziffer	digit
Zins	interest
Zins- und Dividendeneinnahmen	interest and dividends received
Zins, Markt-	market rate of interest
Zinsabgrenzung	accrued interest
Zinsausgaben	interest paid
Zinsen	interest
Zinsen und ähnliche Aufwendungen	interest and similar charges
Zinsen und ähnliche Erträge	interest and similar income
Zinsen, kalkulatorische ~	calculated interest, imputed interest
Zinsen, ohne Zinsen notiert	quoted flat
Zinsertrag	interest income
Zinserträge, transitorische ~	unearned interest
Zinseszins	compound interest
Zinsfussmethode, interne ~	internal interest rate method
Zinskonditionen	terms of interest
Zinskosten	interest expense
Zinskupon	interest coupon
Zinsrechnung	calculation of interest
Zinssaldo	interest balance
Zinssatz	rate of interest, interest rate
Zinssatz für Tagesgeldgeschäfte	overnight callrate

Zinssatz, Jahres ~	annual rate of interest
Zinsschein	coupon
Zinsspanne	interest margin
Zinstabelle (für Obligationen)	bond yield table
Zivilrecht	civil law
Zoll	customs, duty, customs duty
Zoll, Einfuhr-	customs inwards, duty on importation
Zoll, Wert-	ad valorem duty
Zollager	bonded warehouse
Zollamt	customs office
Zollamt, Haupt-	district customs office
Zollerstattung	duty refund
zollfrei	duty free
Zollgebühr	duty
Zollprüfung	customs duty audit
Zollrechnung	customs invoice
Zollsenkung	tariff cut
Zolltarif	tariff
Zollverschluss, unter ~	in bond
Zonenrandgebiet	border area
zu treuen Händen	in trust, in escrow
Zubehör	accessories, fittings
Zuführung zu Abschreibung	provision for depreciation
Zuführung zu Rücklagen	provision for reserves
Zuführung zu Wertberichtigungen	provision for valuation reserves
Zugang zum Sachanlagevermögen	addition to fixed assets
Zulage	premium, allowance
Zulage, Erschwernis-	work condition bonus
Zulage, Investitions-	investment grant
Zulage, Schicht-	shift premium, allowance
Zurechnung von Kosten	cost allocation
Zurückbehaltungsrecht	lien
zurückrechnen	to add back
zurückverfolgen	to trace back
zurückverweisen, auf ein Urteil ~	to refer to a judgement
zurückweisen	to reject

zurückzahlen	to refund, to pay back
Zurückziehung	withdrawal
Zusammenarbeit	collaboration, cooperation
Zusammenbau (als Teil der Fertigung)	assembly
Zusammenbruch einer Unternehmung	bankruptcy
Zusammenschluss von Unternehmen	merger, fusion
Zusatz	appendix, addition
Zusatzeinrichtung	accessories, special device
Zusatzgewinn	extra profit
Zusatzklausel	rider
Zusatzkosten	imputed cost
zusätzlich	additional
Zusatzsteuer	surtax
Zusatzvereinbarung	amendment
Zusatzvergütung	bonus
Zuschlag, Abfall-	allowance for scrap and usage
Zuschlag, Aufschlag	surcharge
Zuschlag, Fertigungs-	manufacturing allowance
Zuschlag, Gemeinkosten-	overhead surcharge, burden rate
Zuschlag, Mehrarbeits-	overtime premium
Zuschlagskalkulation	overhead percentage cost calculation
Zuschlagssätze	allocation rates
Zuschreibung	write-up, appreciation
Zuschuss	subsidy, contribution
Zuschuss, Investitions-	investment grant
Zuschuss, Kurzarbeiter-	allowance for short time workers
Zuschuss, staatlicher ~	state grants, government grants
Zuständigkeit	competence
Zustimmung	approval, permission
Zuteilung	allocation
Zuverlässigkeitsgrenze	fiducial limit
Zuwachs	increment
Zuweisung	apportionment, appropriation
Zuweisung zu Rücklagen	transfer to reserves, allocation of earned surplus
Zwangsauflösung	forced liquidation
Zwangsbeiträge	compulsory dues

Zwangsenteignungsrecht	eminent domain
Zwangskonkursverfahren	involuntary bankruptcy proceedings
Zwangsmassnahme	coercive measure
Zwangsvergleich	compulsory settlement
Zwangsverkaufswert	forced-sale value
Zwangsversteigerung	foreclosure sale
Zwangsverwaltung	receivership
Zwangsvollstreckung	execution, foreclosure
zweckgebundene Bankguthaben	earmarked cash
zweckgebundene Rücklage	appropriated surplus
zweifach	with copy, in duplicate
zweifelhafte Forderungen	doubtful accounts
Zweigbüro	branch office
Zweigniederlassung	branch
Zweigstelle	local branch
zweijährlich	biannual
zweimonatlich	bimonthly
zweiwöchentlich	biweekly
Zwischenabrechnung	preliminary billing
Zwischenabschluss	interim closing, interim statements
zwischenbetrieblich	intercompany
zwischenbetriebliche Eliminierung	intercompany elimination
zwischenbetriebliche Geschäftsvorgänge	intercompany transactions
Zwischendividende	interim dividend
Zwischenergebnis	intermediate result
Zwischengewinn	intercompany profit
Zwischengewinneliminierung	elimination of intercompany profit
Zwischenhandel	intermediary trade
Zwischenhändler	middleman
Zwischenkontrolle	intermediate control
Zwischenprodukt	intermediate product
Zwischenprüfung	preliminary audit
Zwischenrechnung	progress billing
Zwischenschein	scrip
Zwischensumme	subtotal
Zwischenurteil	interlocutory decree

Zwischenzinsen	interim interest
zyklische Bestandsaufnahme	cycle inventory count
zyklische Konjunkturschwankungen	cyclical fluctuations

A

abandonment	Stillegung
abandonment of a fixed asset	Verschrottung eines Anlagegutes
abatement	Steuererlass
ability to pay	Zahlungsfähigkeit
ability to work	Erwerbsfähigkeit
above par	über dem Nennwert
absentee rate	Abwesenheitsrate
absenteeism	Fehlzeiten
absolute market share	absoluter Marktanteil
absorption costing	Vollkostenrechnung, Kostenaufteilungsverfahren
abstention	Enthaltung
abstract	Auszug
abstract of minutes	Auszug aus Besprechungsprotokollen
accelerated depreciation	Sonderabschreibung
acceptable as collateral	beleihbar
acceptance	Wechselannahme
acceptance credit	Wechselkredit
acceptance liability	Wechselobligo
accepting commission	Akzeptprovision
accessories	Zubehör, Zusatzeinrichtung
accident	Unfall
accident benefit	Unfallrente
accident insurance	Unfallversicherung
accident prevention	Unfallverhütung
accord	gerichtlicher Vergleich
according to present jurisdiction	nach herrschender Rechtsprechung
according to present law	nach geltendem Recht
according to the by-laws	satzungsgemäss
according to the result	ergebnisbezogen
account	Etat, Konto
account analysis	Kontoanalyse
account centre	Abrechnungsstelle
account centre sheet	Abrechnungsbogen
account distribution	Kontierung

account distribution, to do the ~	kontieren
account title	Kontobezeichnung
account, blocked ~	gesperrtes Guthaben, Sperrkonto
account, closed ~	abgeschlossenes Konto
account, to open an ~	Konto eröffnen
accountability	Rechenschaftspflicht, Verantwortlichkeit
accountant	Buchhalter
accounting	Buchführung, Rechnungslegung
accounting (department)	Rechnungswesen (Abteilung)
accounting cycle	Buchungskreislauf
accounting manual	Handbuch des Rechnungswesens
accounting period	Abrechnungszeitraum
accounting policies, valuation and ~	Bilanzierungs- und Bewertungsgrundsätze
accounting principles	Rechnungslegungsvorschriften, Buchhaltungsvorschriften
accounting record	Buchungssatz
accounting rules	Grundsätze der Rechnungslegung
accounting system	Abrechnungsverfahren
accounting unit	Abrechnungseinheit
accounting, budgetary ~	Finanzplanung
accounting, cash basis ~	Einnahmen- und Ausgabenrechnung
accounting, consolidated ~	Konzernrechnung
accounting, cost ~	Kostenrechnung
accounting, cost center ~	Kostenstellenrechnung
accounting, cost element ~	Kostenartenrechnung
accounting, customer contribution ~	Kundendeckungsbeitragsrechnung
accounting, decision ~	Entscheidungsrechnung
accounting, departmental ~	Kostenstellenrechnung
accounting, external ~	externes Rechnungswesen
accounting, financial ~	Finanzbuchhaltung
accounting, general ~	externes Rechnungswesen
accounting, group ~	Konzernrechnung
accounting, incoming and outgoing ~	Einnahmen- und Ausgabenrechnung

accounting, installment ~	Teilabrechnung
accounting, management ~	internes Rechnungswesen
accounting, management result ~	Management-Erfolgsrechnung
accounting, marginal contribution ~	Deckungsbeitragsrechnung
accounting, material cost ~	Materialabrechnung
accounting, multidimensional contribution ~	mehrdimensionale Deckungsbeitragsrechnung
accounting, pay-roll ~	Lohn- und Gehaltsbuchung
accounting, principle of conservative ~	Vorsichtsprinzip
accounting, responsibility ~	Verantwortlichkeitsrechnung
accounting, sales result ~	Verkaufserfolgsrechnung
accounting, service ~	Abrechnung von Dienstleistungen
accounting, stepwise contribution ~	stufenweise Deckungsbeitragsrechnung
accounting, unit cost ~	Kostenträgerrechnung
accounts	Konten
accounts classification	Kontengliederung
accounts payable, other ~	sonstige Verbindlichkeiten
accounts receivable	Debitoren, Forderungen
accounts receivable from affiliates	Forderungen ggü. verbundenen Unternehmen
accounts receivable turnover	Forderungsumschlag
accounts receivable, other ~	sonstige Forderungen
accounts, chart of ~	Kontenplan
accounts, closing the ~	Abschluss der Konten
accounts, to reconcile of ~	abstimmen von Konten
accreditee	Akkreditivinhaber
accrual basis of accounting	Abgrenzung, periodische Abgrenzung von Aufwand und Ertrag
accrual for necessary repairs	Rückstellung für unterlassene Instandhaltung
accrual for vacation pay	Urlaubsgeldrückstellung
accrual for warranties	Rückstellung für Garantieverpflichtungen (für Gewährleistungsanprüche)
accrual, to set up an ~	Rückstellung bilden

accruals	periodengerechte Abgrenzungen
accruals and deferrals	Abgrenzungen
accruals, other ~	sonstige Rückstellungen
accruals, to provide for ~	Bildung von Rückstellungen
accrued interest	Stückzinsen, Zinsabgrenzung
accrued interest payable or receivable	Abgrenzung von Zinsaufwand oder Zinsertrag
accrued liabilities	Rückstellungen
accumulated amortization	Wertberichtigung auf immaterielle Vermögenswerte
accumulated deficit	aufgelaufener Reinverlust
accumulated deficit (within the balance sheet)	Bilanzverlust
accumulated depletion	Wertberichtigung auf Bodenschätze
accumulated depreciation	Abschreibung, aufgelaufene Abschreibung auf Sachanlagevermögen
accumulation of capital by retention of earnings	Thesaurierung
acknowledgement	Bestätigung
acknowledgement of debt	Schuldanerkenntnis
acquiescence	stillschweigende Einwilligung
acquisition	Akquisition, Anschaffung, Übernahme
acquisition cost	Anschaffungskosten
acquisition price	Einstandspreis
acquisition value	Einstandswert
act of God	höhere Gewalt
action	Klage
action for damages	Schadenersatzklage
action planning	Massnahmenplanung
activity based budgeting	prozessorientierte Planung
activity based cost	Prozesskosten
activity based cost management	Prozesskostenmanagement
activity rate	Erwerbsquote
activity report	Tätigkeitsbericht
activity unit	Bezugsgrösse
activity-based costing	Prozesskostenrechnung
activity-based management	Prozesskostenmanagement

actual activities	Istleistung
actual cost determination	Nachkalkulation
actual cost recording	Ist-Kostenerfassung
actual costs	Istkosten
actual data	Istdaten
actual market price	Tagespreis
actual units	Istleistung
actual-future account	Ist-Wird-Rechnung
actual-target-activity	Ist-Soll-Leistung
actual-target-performance	Ist-Soll-Leistung
actuarial reserve	versicherungstechnische Rücklage
ad valorem duty	Wertzoll
add back, to ~	zurückrechnen
added-value tax	Mehrwertsteuer
addition	Zusatz
additional	zusätzlich
additional billing	Nachforderung
additional capitalization	Nachaktivierung
additional charges	Nebenkosten
additional order	Nachbestellung
additional tax assessment	Steuernachforderung
additional value	Mehrwert
addressed note	Domizilwechsel
addressee	Empfänger
adequate price	angemessener Preis
adjudication of bankruptcy	Konkurseröffnung
adjusting entry	Berichtigungsbuchung
adjusting journal entry	Umbuchung
adjustment	Berichtigung, Korrektur
adjustment (in respect of claims)	Reklamationsbegleichung
adjustment allowance	Überbrückungsgeld
administration	Verwaltung
administration structure costs	Verwaltungsstrukturkosten
administrative costs	Verwaltungskosten
administrative expenses	Verwaltungskosten
administrative regulations	Verwaltungsvorschriften

administrator in receivership cases	Vergleichsverwalter
advance on pay-roll	Lohnvorschuss
advance on wages	Lohnvorschuss
advance payment	Vorauszahlung
advance payment made	geleistete Anzahlung
advance payment on fixed assets	Anzahlung auf Anlagen
advance payment received	erhaltene Anzahlung
advance, to ~	auslegen, vorschiessen
advantage, competitive ~	Wettbewerbsvorteil
advertisement	Werbeanzeige
advertisement department	Werbeabteilung
advertising	Reklame, Werbung
advertising activity	Werbeaktion
advertising agency	Werbeagentur
advertising budget	Werbebudget
advertising campaign	Werbeaktion
advertising effect	Werbeeffekt
advertising expenditures	Werbeausgaben
advertising expenses	Kosten für Werbung, Werbekosten
advertising result	Werbeerfolg
advertising to the general public	Öffentlichkeitswerbung
advertising, unfair ~	unlautere Werbung
adviser	Berater
affidavit	eidesstattliche Erklärung
affiliate	Beteiligung (unter 50 %), nahestehende Gesellschaft
affiliated company	Beteiligungsgesellschaft (unter 50 %)
affiliated enterprises	verbundene Unternehmen
after sales service	Kundendienst (nach dem Kauf)
after-tax profit	Gewinn nach Steuerabzug
aged receivable trial balance	Saldenliste der Forderungen aufgeschlüsselt nach Alter
agenda	Tagesordnung
agent	Makler, Vertreter
aggregate supply	Gesamtangebot
aging schedule	Terminliste, Verfalliste
agio	Aufgeld

agreed price	vereinbarter Preis
agreed wage	Tariflohn
agreement	Abkommen, Vereinbarung, Vertrag
agreement, tolling ~	Lohnvertrag
agreement, trilateral ~	dreiseitige Vereinbarung
agreement, trust ~	Treuhandvertrag
aim	Ziel
allocated costs	Umlagekosten, weiterbelastete Kosten, verrechnete Kosten
allocated costs, fully ~	volle verrechnete Herstellkosten
allocation	Umlage, Zuteilung
allocation key	Umlageschlüssel
allocation of costs	Allokation von Kosten, Kostenverteilung
allocation of earned surplus	Zuweisung zu Rücklagen
allocation of fixed costs	Fixkostenzuteilung
allocation of labour costs	Arbeitskostenverteilung
allocation of period expenses	Fixkostenumlage
allocation of structure costs	Umlage von Strukturkosten
allocation of variances	Abweichungsverteilung
allocation rates	Verrechnungssätze, Zuschlagssätze
allowance	Rabatt, Abzug, Nachlass, Vergütung, (Schicht-)Zulage
allowance for doubtful accounts	Wertberichtigung auf zweifelhafte Forderungen
allowance for loss in the value of securities	Wertberichtigung auf den Wertpapierbestand
allowance for scrap and usage	Abfallzuschlag
allowance for short time workers	Kurzarbeiterzuschuss
amendment	Nachtrag, Zusatzvereinbarung
amortization	Amortisation, Tilgung
amortization period	Tilgungszeitraum
amount	Summe
amount due	fällige Schuld
amount of depreciation	Abschreibungsbetrag
amount out of balance	Abstimmungsdifferenz
amount, total ~	Gesamtbetrag

amounts due to affiliated companies	Verbindlichkeiten gegenüber verbundenen Unternehmen
amounts due to banks	Verbindlichkeiten gegenüber Kreditinstituten, Bankschulden
analyse, to ~	auswerten
analyses, sales ~	Umsatzstatistik, Verkaufsanalyse
analysis	Analyse, Auswertung
analysis of financial statements	Bilanzanalyse
analysis of fixed assets	Anlagespiegel
analysis, account ~	Kontoanalyse
analysis, business ~	Unternehmensanalyse, betriebswirtschaftliche Analyse
analysis, cause ~	Ursachenanalyse
analysis, competition ~	Wettbewerbsanalyse
analysis, demand ~	Bedarfsanalyse
analysis, potential ~	Potentialanalyse
analysis, risk benefit ~	Nutzen-Risiko-Analyse
analysis, sensitivity ~	Sensitivitätsanalyse
ancillary expenses	Nebenkosten
ancillary rental costs	Mietnebenkosten
ancillary wage costs	Lohnnebenkosten
annual	Jahrbuch
annual audit	Jahresabschlussprüfung
annual average	Jahresdurchschnitt
annual balance sheet	Abschlussbilanz
annual budget	Jahresbudget, Jahresplanung
annual financial statements	Jahresabschluss
annual planning	Jahresplanung
annual rate of interest	Jahreszinssatz
annual report	jährlicher Geschäftsbericht
annual settlement	Jahresabrechnung
annual settlement of wage withholding tax	Lohnsteuerjahresausgleich
annualization	Umrechnung auf Jahresbasis
annually	jährlich
annuity	Annuität, Rente

annuity bond	Rentenschuldverschreibung
annuity certain	Zeitrente
annuity due	Rentenschuld
annuity insurance	gesetzliche Rentenversicherung
annulment	Nichtigkeitserklärung
anti-trust law	Kartellgesetz
appeal	Berufung
appeal, to ~	Widerspruch einlegen
appeal, to file an ~	Berufung einlegen
appeals committee	Berufungsausschuss
appellate court	zweite Instanz (Berufung)
appendix	Anhang, Zusatz
application	Antrag
application of funds	Mittelverwendung
appointed day	Stichtag
apportionment	Zuweisung
appraisal	Schätzung
appraisal surplus	Sonderrücklage aus Neubewertungen
appreciation	Wertsteigerung
apprentice	Auszubildender
apprenticeship	Berufsausbildung
appropriate earnings to specific surplus accounts, to ~	Bildung von Rücklagen
appropriated reserve	zweckgebundene Rücklage
appropriated surplus	Rücklage(n)
appropriation	Zuweisung
appropriation of profits	Gewinnverwendung
approval	Erlaubnis, Genehmigung, Zustimmung
approve, to ~	genehmigen
arbitration	Arbitrage
arbitrator	Schiedsrichter
area of activity	Tätigkeitsgebiet
area of responsibility	Verantwortungsbereich
arithmetic mean	arithmetisches Mittel
arithmetical verification	Prüfung der zahlenmässigen Richtigkeit
arrears in premium	Prämienrückstand

article	Artikel
article code	Artikelnummer
article group	Warengruppe
article history list	Bestandsfortschreibungsliste
article of consumption	Konsumartikel
article, unsaleable ~	Ladenhüter
artificial person	juristische Person
artisan	Handwerker
as scheduled	planmässig
ask	Briefkurs
assembling	Montage
assembly	Zusammenbau (als Teil der Fertigung)
assessable income	beitragspflichtige Einnahmen
assessable income ceiling	Beitragsbemessungsgrenze
assessable share	nachschusspflichtige Aktie
assessed value	Einheitswert
assessed value for tax purposes	Steuerwert
assessment	Steuerveranlagung
assessment of contributions	Beitragsbemessung
asset	Wirtschaftsgut
asset value, net ~	Substanzwert
asset, low-life ~	kurzfristig abnutzbares Wirtschaftsgut
assets	Aktiva, Vermögenswerte
assets deemed necessary for use in the business	notwendiges Betriebsvermögen
assets used in the business	Betriebsvermögen
assets, bankrupt's ~	Konkursmasse
assets, current ~	Umlaufvermögen
assets, financial ~	Finanzanlagen
assets, fixed ~	Anlagevermögen
assets, floating ~	Umlaufvermögen
assets, free ~	verfügbare Guthaben
assets, frozen ~	gesperrte Guthaben
assets, gross ~	Rohvermögen
assets, hidden ~	stille Reserven
assets, idle ~	betrieblich nicht genutztes Vermögen

assets, intangible ~	immaterielle Vermögensgegenstände
assets, liquid ~	liquide Vermögenswerte, flüssige Mittel
assets, loss in ~	Anlageabgang
assets, manufacturing ~	Produktionsmittel
assets, operating ~	betriebsnotwendiges Vermögen
assets, quick ~	liquide Mittel und Forderungen
assets, tangible ~	Sachanlagen
assignment	Zession
assignment of accounts receivable	Forderungsabtretung
assignment of security	Sicherheitsabtretung
association	Verband, Verein
Association of German Chambers of Industry and Commerce	Deutscher Industrie- und Handelstag
association of persons	Personenvereinigung
assortment	Sortiment
assortment of goods	Warensortiment
assurance "not to"	Negativklausel
at a discount	unter pari
at best	bestens
at par value	zum Nennwert
attachment	Anhang, Pfändung
attest, to ~	beglaubigen
attestation	Bescheinigung
attorney	Anwalt
audit	Prüfung, Revision
audit date	Prüfungsstichtag
audit engagement	Prüfungsauftrag
audit fee	Wirtschaftsprüfungsgebühr, Prüfungsgebühr
audit period	Prüfungszeitraum
audit programme	Prüfungsprogramm
audit required by law	Pflichtprüfung
audit scope	Prüfungsumfang
audited financial statements	geprüfter Jahresabschluss
auditing	Prüfungswesen
auditing procedures	Prüfungshandlungen

auditing standards	Prüfungsgrundsätze
auditor	Prüfer, Revisor
auditor's certificate	Bestätigungsvermerk des Wirtschaftsprüfers
auditors' report	Prüfungsbericht
authorization	Bevollmächtigung, Handlungsvollmacht
authorize, to ~	genehmigen
authorized capital	genehmigtes Kapital
authorized capital stock	genehmigtes Aktienkapital
authorized position	Planstelle
authorized representative	Handlungsbevollmächtigter
authorized share capital	Nennkapital
automatic	automatisch
automatic check	Selbstprüfung
automation	Automatisierung
automobile expenses	Kraftfahrzeugbetriebskosten
automobile liability insurance	Kraftfahrzeughaftpflichtversicherung
automobiles and trucks	Fuhrpark
auxiliary wages	Hilfslöhne
availability	Verfügbarkeit
available	verfügbar
available funds	verfügbare Mittel
aval	Wechselbürgschaft
average	Durchschnitt, Mittelwert
average collection period	durchschnittliche Zahlungseingangsfrist
average consumer	Durchnittsverbraucher
average consumption	Durchnittsverbrauch
average cost	Durchschnittskosten
average customer	Durchnittsverbraucher
average life	durchschnittliche Nutzungsdauer
average overhead rate	Durchschnittsgemeinkostensatz
average salary	Durchschnittsgehalt
average standard cost system	Normalkostenrechnung
average useful life	durchschnittliche Nutzungsdauer
average wage	Durchschnittslohn

	B
back order	Lieferrückstand
back pay	Nachzahlung, Lohn
back payments	Zahlungsrückstand
backlog	Lieferrückstand
backlog of demand	Nachholbedarf
backvalue	Rückvaluta
bad debt expense	Forderungsausfall
bad debts	uneinbringliche Forderungen
bad investment	Fehlinvestition
bad-debt loss	Kundenausfall
bail	Sicherheitsleistung
balance (bookkeeping)	Saldo (buchhalterisch)
balance at beginning of year	Saldovortrag am Jahresanfang
balance carried forward	Saldovortrag
balance of payments	Zahlungsbilanz
balance of trade	Handelsbilanz
balance on postal cheque account	Postscheckguthaben
balance sheet	Bilanz
balance sheet account	Bilanzkonto
balance sheet date	Bilanzstichtag
balance sheet total	Bilanzsumme
balance sheet, closing ~	Schlussbilanz
balance sheet, condensed ~	konsolidierte Bilanz
balance sheet, preliminary ~	vorläufige Bilanz
balance sheet, special purpose ~	Sonderbilanz
balance sheet, tax ~	Steuerbilanz
balance, closing ~	buchhalterischer Endbestand
balance, trial ~	Rohbilanz, Saldenbilanz
balanced score card	ausgewogenes Kennzahlensystem
ballot	Stimmzettel
bank	Bank
bank acceptance	Bankakzept
bank charges	Bankspesen
bank collection procedure	Bankeinzugsverfahren
bank confirmation	Bankbestätigung

bank credit	Bankkredit
bank deposit	Bankeinzahlung
bank discount	Bankdiskont
bank discount rate	Bankdiskontsatz
bank holiday	Feiertag
bank holiday payment	Feiertagsbezahlung
bank interest	Bankzinsen
bank loan	Bankkredit
bank loans	Verbindlichkeiten gegenüber Kreditinstituten
bank of issue	Notenbank
bank overdraft facility	Banküberziehungskredit
bank reconciliation	Bankabstimmung
bank statement	Bankauszug
bank transfer	Banküberweisung
bank transfers	Überweisungsverkehr
banker's acceptance credit	Akzeptkredit
banker's cheque	Bankscheck
banker's commission	Bankprovision
banker's discretion	Bankgeheimnis
banker's guarantee	Bankgarantie
banking act	Bankengesetz
banking law	Bankengesetz, Kreditwesengesetz
bankrupt	Konkursschuldner, zahlungsunfähig
bankrupt, to go ~	Bankrott gehen
bankruptcy	Bankrott, Konkurs
bankruptcy proceeds	Konkursverfahren
bardepot	Bardepot
bargain level	niedrigst kalkulierter Preis
bargain sale	Verkauf mit Preisnachlass
bargain, to ~	aushandeln
barrister (GB)	Rechtsanwalt
barter transaction	Kompensationsgeschäft, Tauschgeschäft
barter value	Tauschwert
barterer	Tauschhändler
base pay	Grundlohn

base salary	Grundgehalt
base stock	eiserner Bestand
base value	Festwert
base value for tax purposes	Steuermessbetrag
basic needs	Grundbedürfnisse
basic rate	Grundpreis, Normalsatz
basic research	Grundlagenforschung
basic salary	Grundgehalt
basic wage	Grundlohn
basis of assessment	Bemessungsgrundlage
batch	Charge
batch number	Chargenbezeichnung, Chargennummer
batch record	Chargenprotokoll
batch testing	Chargenprüfung
bear market	schwacher Markt
bearer	Inhaber, Überbringer
bearer bond	Inhaberschuldverschreibung
bearer certificate	Inhaberpapier
bearer stock	Inhaberaktie
become effective, to ~	in Kraft treten
below par	unter pari
below-capacity utilization	Unterbeschäftigung
beneficial interest	Nutzungsrecht
beneficiary	Nutzniesser
beneficiary of a letter of credit	Akkreditivbegünstigter
benefit	Nutzen
benefit in kind	Sachleistung
benefit, additional ~	Zusatznutzen
benefit, fringe ~	übertarifliche Leistung
benefits-in-kind principle	Sachleistungsprinzip
bequeath, to ~	vererben (bewegliche Sachen)
beverage tax	Getränkesteuer
biannual	zweijährlich
bid price	Geldkurs, Nachfragepreis
bill	Banknote, Rechnung
bill discount	Wechseldiskont

bill of exchange	Wechsel
bill of exchange discountable	diskontfähiger Wechsel
bill of lading	Konossement
bill of material	Stückliste
bill, to ~	fakturieren
billing	Fakturierung, Rechnungsschreibung
billing department	Rechnungsabteilung
bimonthly	zweimonatlich
bin card	Lagerfachkarte
biweekly	zweiwöchentlich
blanket agreement	Rahmenvereinbarung
blanket contract	Rahmenvertrag
blocked account	gesperrtes Guthaben, Sperrkonto
blocked currencies	nicht frei konvertierbare Devisen
blue chips	Standardwerte (Börse)
blue-collar worker	Arbeiter
board of directors	Aufsichtsrat, Verwaltungsrat
body public	öffentlich-rechtliche Körperschaft
bond	Obligation, Schuldverschreibung
bond creditor	Obligationsgläubiger
bond discount	Obligationsdisagio
bond holder	Obligationsgläubiger
bond issue	Anleihenemission
bond issuer	Obligationsschuldner
bond market	Anleihemarkt
bond sinking fund	Obligationstilgungsfonds
bond yield table	Zinstabelle (für Obligationen)
bonded stock	unverzolltes Lager
bonded warehouse	Zollager
bonds	Wertpapiere
bonds and convertible bonds	Schuldverschreibung und Wandelschuldverschreibung
bonus	Bonus, Gratifikation, Prämie, Tantieme
bonus stock	Gratisaktie
book depreciation	buchmässige Abschreibung
book gain (loss) on quasi-reorganization	Sanierungsgewinn (-verlust)
book profit	Buchgewinn

book value	Buchwert
book, to ~	buchen
bookkeeper	Buchhalter
bookkeeping	Buchführung
bookkeeping, double entry ~	doppelte Buchführung
bookkeeping, single entry ~	einfache Buchführung
bookkeeping, transfer ~	Umbuchung
boom	Hochkonjunktur
border area	Zonenrandgebiet
borderline case	Grenzfall
borrower	Kreditnehmer
borrowing	Kreditaufnahme
borrowing costs	Kreditkosten
borrowing rate	Ausleihungssatz
borrowing requirements	Kreditbedarf
borrowings	fremde Mittel
bottleneck	Engpass
bottleneck of capacity	Kapazitätsengpass
bottleneck unit	Engpasseinheit
bottleneck, strategic ~	strategischer Engpass
bottom price	Tiefstpreis
bottom quality	niedrigste Qualität
branch	Filiale, Niederlassung, Zweigniederlassung
branch of industry	Branche
branch office	Filiale, Geschäftsstelle, Zweigbüro
brand	Marke, Markenname, Markenartikel
brand acceptance	Markenakzeptanz
brand comparison	Markenvergleich
brand loyalty	Markentreue
brand name	Handelsname
brand policy	Markenpolitik
brand preference	Markenpräferenz
breach of duty	Pflichtverletzung
break-down	Unterbrechung (in der Produktion)
break-even	Kostendeckung

break-even point	Ertragsschwelle, Gewinnschwelle
bribe	Bestechung
briefing	Informationsweitergabe, Unterweisung, Instruktionen
broker	Makler
brokerage	Maklerprovision, Vermittlungsgeschäft
broker's commission	Maklergebühr
budget	Plan, Plankosten, Planung, Etat
budget allowance	Budgetvorgabe
budget constraint	Budgetrestriktion
budget control	Budgetkontrolle
budget costs	Plankosten
budget cutback	Haushaltskürzung(en)
budget exchange rate	Planwechselkurs
budget item	Budgetposition
budget period	Budgetzeitraum
budget procedure	Planungsablauf
budget reconciliation	Hauhaltsanpassung
budget release	Budgetfreigabe
budget variance	Budgetabweichung
budget, advertising ~	Werbebudget
budget, annual ~	Jahresbudget, Jahresplan
budget, to draw up a ~	Budgetierung
budget-actual-comparison	Plan-Ist-Vergleich
budgetary accounting	Finanzplanung
budgeting	Budgetierung, Planung
budgeting, activity based ~	prozessorientierte Planung
budget-priced	preisgünstig
building	Gebäude
building loan association	Bausparkasse
building loan contract	Bausparvertrag
building permit	Baugenehmigung
building up reserves	Reservelegung
bulk sale	Verkauf in Mengen
bull market	starker Markt
burden equalization levy	Lastenausgleichsabgabe

burden equalization levy on loan profits	Kreditgewinnabgabesteuer
burden equalization levy on mortgage profits	Hypothekengewinnabgabesteuer
burden rate	Gemeinkostenzuschlag
burglary insurance	Einbruchsversicherung
business	Betrieb, Geschäft
business analysis	Unternehmensanalyse, betriebswirtschaftliche Analyse
business centre	Handelszentrum
business conditions	Geschäftsbedingungen
business custom	Handelsbrauch
business forecast	Konjunkturprognose
business form	Geschäftsformular
business income	Einkünfte aus Gewerbebetrieb
business interruption insurance	Betriebsunterbrechungsversicherung
business line	Branche
business on joint account	Konsortialgeschäfte
business point of view	wirtschaftliche Betrachtungsweise
business policy	Geschäftspolitik
business research	Konjunkturforschung
business segments	Geschäftsbereich
business terms	Geschäftsbedingungen
business trend	wirtschaftliche Entwicklung
business trend, upward ~	Konjunkturaufschwung
business year	Geschäftsjahr, Wirtschaftsjahr
business-interruption insurance	Betriebsunterbrechungsversicherung
businessman	Geschäftsmann
buyer category	Käufergruppe
buyer, marginal ~	Grenzkäufer
buyer's market	Käufermarkt
buying	Einkauf
buying behaviour	Einkaufsverhalten
buying power	Kaufkraft
buying rate	Geldkurs, Kaufkurs
by way of pledge	pfandweise
by-laws	Satzung
by-product	Abfallprodukt, Nebenprodukt

C

cable transfer	telegrafische Geldüberweisung
calculated depreciation	kalkulatorische Abschreibung
calculated interests	kalkulatorische Zinsen
calculation	Berechnung, Kalkulation
calculation basis	Kalkulationsgrundlage
calculation of contributions	Beitragsberechnung
calculation of flexible budget	Sollkostenermittlung
calculation of interest	Zinsrechnung
calculation of product costs	Produktkostenrechnung
calculation of profitability	Wirtschaftlichkeitsrechnung
calculation of scrap	Abfallwertrechnung
calculation, price ~	Preisberechnung, Preiskalkulation
calendar	Kalender
calendar year	Kalenderjahr
call money	Tagesgeld
call rate	Tagesgeldzinssatz
callable	abrufbar, kündbar
callable bond	Schuldverschreibung (vom Kreditnehmer auf Abruf rückzahlbar)
campaign	Kampagne
cancel, to ~	entwerten, stornieren
cancellation	Stornierung, Streichung
cancellation of a debt	Löschung einer Schuld
cancelled cheque	eingelöster Scheck
capacity	Kapazität
capacity costs	Kapazitätskosten, Bereitschaftskosten
capacity demand	Kapazitätsnachfrage
capacity requirements planning	Kapazitätsbedarfsplanung
capacity utilization	Kapazitätsauslastung
capacity, bottleneck of ~	Kapazitätsengpass
capacity, excess ~	Überkapazität
capacity, optimum ~	optimale Kapazität
capacity, optimum plant ~	Optimalkapazität des Betriebes
capacity, productive ~	produktive Kapazität
capacity, theoretical ~	maximale Kapazität

capacity, utilization of ~	Kapazitätsauslastung
capital	Kapital
capital and reserves	Eigenkapital
capital assets, replacement of ~	Ersatzinvestitionen
capital budget	Budget der Investitionen
capital contribution	Einlage, Kapitaleinzahlung
capital deficit	Unterbilanz
capital employed	betriebsnotwendiges Kapital
capital expenditure	aktivierungspflichtiger Aufwand
capital expenditure budget	Investitionsplan
capital expenditures	aktivierungspflichtige Ausgaben
capital funds	Eigenmittel
capital gain	Kapitalgewinn
capital gains tax	Vermögenszuwachssteuer
capital increase	Kapitalerhöhung
capital invested	investiertes Kapital
capital investment tax	Gesellschaftssteuer
capital loss	Verlust bei Veräusserungen von Anlagevermögen, Kapitalverlust
capital market	Kapitalmarkt
capital ownership	Kapitalverhältnisse
capital released	Kapitalfreisetzung
capital requirements	Kapitalbedarf
capital reserve(s)	Kapitalrücklage(n)
capital share	Kapitalanteil
capital share paid in	Kapitaleinlage
capital stock	Aktienkapital, Grundkapital, Stammkapital
capital stock authorized	genehmigtes Aktienkapital
capital stock issued	ausgegebenes Aktienkapital
capital stock paid-in	eingezahltes Aktienkapital
capital structure	Kapitalaufbau
capital surplus	Kapitalreserven, Rücklage aus Agio
capital transaction tax	Kapitalverkehrsteuer
capital turnover	Kapitalumschlag
capital value	Kapitalwert
capital value method	Kapitalwertmethode

capital yields tax	Kapitalertragsteuer
capital, tied-up ~	gebundenes Kapital
capital, venture ~	Wagniskapital, Risikokapital
capital, working ~	kurzfristiges Betriebskapital
capitalization	Aktivierung
capitalize, to ~	aktivieren, kapitalisieren
capitalized cost	kapitalisierte Kosten
capitalized leases	aktivierte Mietanlagen
capitation	Pro-Kopf-Berechnung
capitation payment	Pauschalvergütung
carrier	Transportgesellschaft
carry-forward	Saldovortrag
carrying value	Buchwert
carry-over (to next year)	Übertragung (ins Folgejahr)
cartage	Rollgeld
cartel	Kartell
case study	Fallstudie
cash	Bargeld, Kasse, flüssige, liquide Mittel
cash and cash equivalents at beginning of year	Zahlungsmittel zum 01.01.
cash and cash equivalents at end of year	Zahlungsmittel zum 31.12.
cash and trade discounts	Skonti und Rabatte
cash at banks	Guthaben bei Kreditinstituten
cash audit	Kassenprüfung
cash balance	Bestand an flüssigen Mitteln
cash basis accounting	Einnahmen- und Ausgabenrechnung
cash budget	Einnahmen- und Ausgabenplan, Finanzplan
cash control	Finanzkontrolle
cash disbursement	Geldausgang
cash discount	Barskonto, Barzahlungsrabatt
cash flow	Cash Flow, Kapitalfluss
cash flow before interest and taxes	Cash Flow vor Ertragssteuern und Zinsen
cash flow from financing activities	Mittelzufluss aus Finanzierungstätigkeit

cash flow from operating activities	Mittelzufluss aus laufender Geschäftstätigkeit
cash flow statement	Kapitalflussrechnung
cash flow used in financing activities	Mittelabfluss aus Finanzierungstätigkeit
cash flow used in investing activities	Mittelabfluss aus Investitionstätigkeit
cash in bank	Bankguthaben
cash in transit	unterwegs befindliche Gelder
cash management	Liquiditätsdisposition, Steuerung der Geldbestände
cash on delivery	zahlbar bei Lieferung
cash on delivery (COD)	Lieferung per Nachnahme
cash on hand	Bargeld, Kassenbestand
cash payment	Barzahlung
cash position	Liquiditätslage
cash purchase	Barkauf
cash receipt	Geldeingang
cash sale	Barverkauf
cash settlement discount	Barskonto
cash surrender value	Rückkaufswert
cash transaction	Bargeschäft, Kassageschäft
cash transfer	Barüberweisung
cash value	Barwert
cash value of a deferred annuity	Barwert einer zukünftigen Rente
cash with order	zahlbar bei Auftragserteilung
cash, change of ~	Veränderung liquider Mittel
cashed cheques	zum Inkasso gegebene Schecks
cashier	Kassierer
casualty	Schadensfall
cause analysis	Ursachenanalyse
cause of action	Klagegrund
caution money	Kaution
ceiling price	Höchstpreis
census	Volkszählung
central bank	Zentralnotenbank
central warehouse	Zentrallager
centralized purchasing	zentralisierter Einkauf
centre of commerce	Handelszentrum

certificate	Bescheinigung, Urkunde, Zertifikat
certificate of deposit	Hinterlegungsbescheinigung
certificate of incorporation	Gründungsurkunde
certificate of indebtedness	Schuldschein
certification	Bestätigung
certification mark	Ursprungshinweis
certified cheque	Bankscheck
certify, to ~	beglaubigen, bescheinigen
CFBIT (cash flow before interest and taxes)	Cash Flow vor Ertragssteuern und Zinsen
chairman (of the executive board)	Vorstandsvorsitzende
chairman of the board	Aufsichtsratsvorsitzender
chairmanship	Vorsitz
chairperson	Vorsitzender
chamber of commerce	Handelskammer
chancellor of the exchequer (GB)	Wirtschaftsminister
change as compared to prior year	Veränderung gegenüber dem Vorjahr
change in cash and cash equivalents due to business activities	Veränderung der Zahlungsmittel aus Geschäftstätigkeit
change in consolidated companies	Veränderung des Konsolidierungskreises
change in financial liabilities	Veränderung der Finanzverbindlichkeiten
change in pay	Lohnänderung
change in short-term liabilities	Veränderung des sonstigen Fremdkapitals
change in standard	Konfektionsunterschied
change in stocks and debtors	Veränderung der Vorräte und Forderungen
change in taste	Geschmackswandel
change of articles	Satzungsänderung
change of cash	Veränderung liquider Mittel
change of inventory	Bestandsveränderung
change of liquidity	Liquiditätsveränderung
changes in investments	Veränderung der Finanzanlagen
channel of distribution	Distributionsweg, Vertriebsweg, Absatzweg

charge	Belastung, Gebühr, Lastschrift, Aufwendung
charge off, to ~	ausbuchen
charge purchase	Kreditkauf
charge sale	Kreditverkauf
charge, to ~	belasten
charges	Aufwendungen
charges, extraordinary ~	ausserordentliche Aufwendungen
charging to an account	Verrechnung
charity	Wohltätigkeit
chart	Schaubild, Tabelle, Übersicht
chart of accounts	Kontenplan
charter provisions	Satzungsbestimmungen
chartered right	verbrieftes Recht
chattel mortgage	Sicherungsübereignung
check	Überprüfung
check against, to ~	vergleichen mit
check list	Checkliste
check sum	Abstimmsumme
check, to ~	prüfen (administrativ), untersuchen, kontrollieren
cheque	Scheck
cheque register	Scheckausgangsbuch
cheque request	Scheckanforderung
cheque, to issue a ~	Scheck ausstellen
cheque, to protest a ~	Scheck zu Protest gehen lassen
cheques on hand	Scheck (Bilanzposten)
chief executive officer	Vorstandsvorsitzender
child-raising leave	Erziehungsurlaub
child-resistant packaging	kindersichere Verpackung
Christmas bonus	Weihnachtsgratifikation
Christmas exemption	Weihnachtsfreibetrag
church tax	Kirchensteuer
circular	Umlauf
circular order	Rundschreiben
circumference	Umfang

civil law	Zivilrecht
civil servant	Beamter
claim	Anspruch, Forderung, Klagerecht, Reklamation
claim for damages	Schadenersatzanspruch
claim for refund	Erstattungsanspruch
claim, to waive a ~	auf einen Anspruch verzichten
clause	Klausel
clause of sliding price scale	Preisgleitklausel
clear, to ~	löschen
clearing	Verrechnungsverkehr der Banken
clearing account	Verrechnungskonto
clearing house	Clearingstelle, Verrechnungsstelle
clearing system	Abrechnungssystem
clerical accuracy	rechnerische Richtigkeit
clerical error	Rechenfehler, Schreibfehler
clerical occupation	Büroberuf
clerical personnel	Büroangestellter, Büropersonal
client	Mandant
clock card	Stechkarte
close	Schlusskurs
closed account	abgeschlossenes Konto
closed case	rechtskräftig abgeschlossener Fall
closing balance	buchhalterischer Endbestand
closing balance sheet	Schlussbilanz
closing inventory	Warenendbestand
closing price	Schlusskurs
closing quotation	Schlussnotierung
closing statement	Kontoabschluss
closing the accounts	Abschluss der Konten
code	Kennziffer
code value	Codewert
code, to ~	verschlüsseln
co-determination (by the staff, employees)	Mitbestimmung, (Personal-)
coercive measure	Zwangsmassnahme
co-insurance	Versicherung mit Selbstbeteiligung

collaboration	Zusammenarbeit
collapse of prices	Preissturz
collateral for a loan	Sicherheiten für ein Darlehen
collaterize, to ~	eine Forderung durch Pfand sichern
colleague	Mitarbeiter
collecting cost account	Sammelkostenkonto
collecting cost centre	Sammelkostenstelle
collection	Inkasso
collection rate	Zahlungsrate
collective bargaining	Tarifverhandlungen
collective wage agreement	Tarifvertrag
collusion	verabredete Täuschung
co-marketing	gemeinsame Vermarktung
combination sale	Kopplungsverkauf
combined reimbursement	kombinierte Vergütungsformen
come into force, to ~	in Kraft treten
commerce	Handel
commercial	Werbeanzeige
commercial balance sheet	Handelsbilanz
commercial development	wirtschaftliche Entwicklung
commercial establishment	Handelsbetrieb
commercial service	gewerbliche Dienstleistung
commercial trade bill	Tratte
commission	Kommissionsgebühr, Provision
commission payment	Provisionszahlung
commission sale	Kommissionsverkauf
commissioner	Beauftragter
commitment	Obligo, Verpflichtung
commitment fee	Bereitstellungsprovision
committee	Ausschuss, Komitee
commodity exchange	Warenbörse
common stock	Stammaktie
companies included in the consolidation	Konsolidierungskreis
company	Gesellschaft, Unternehmen
company disclosure law	Publizitätsgesetz
company health insurance fund	Betriebskrankenkasse (BKK)

company operation costs	Unternehmenskosten
company overheads	Unternehmensgemeinkosten
company philosophy	Unternehmensphilosophie
company policy	Geschäftspolitik
company, parent ~	Muttergesellschaft, Stammhaus
company, to dissolve a ~	eine Gesellschaft auflösen
company, trust ~	Treuhandgesellschaft
comparative presentation	Vergleichsübersicht
compare with, to ~	vergleichen mit
comparison	Vergleich
comparison of budget with actual figures	Soll-Ist-Vergleich
comparison of costs	Kostenvergleich
comparison of performance to budget	Soll-Ist-Vergleich
comparison, target-actual ~	Soll-Ist-Vergleich
compensation	Arbeitsvergütung
compensation for damages	Schadenersatz
competence	Zuständigkeit, Konkurrenz, Wettbewerb
competences, key ~	Kernkompetenzen
competition analysis	Wettbewerbsanalyse
competition clause	Wettbewerbsklausel
competition, cut-throat ~	ruinöser Wettbewerb
competition, distortion of ~	Wettbewerbsverzerrung
competition, managed ~	gelenkter Wettbewerb
competition, unfair ~	unlauterer Wettbewerb
competitive	wettbewerbsfähig
competitive advantage	Wettbewerbsvorteil
competitive position	Wettbewerbsposition
competitiveness	Wettbewerbsfähigkeit
competitor	Konkurrent, Wettbewerber
complaint	Beanstandung, Klageschrift, Mängelrüge, Reklamation
complete, to ~	ausfüllen
composition	Vergleich (mit Gläubigern)
composition proceedings	Vergleichsverfahren
compound entry	Sammelbuchung

compound interest	Zinseszins
compound item	Sammelposten
comprehensive insurance	Vollkaskoversicherung
compulsorily insured	versicherungspflichtig
compulsory dues	Zwangsbeiträge
compulsory employee benefit expenses	gesetzliche soziale Aufwendungen
compulsory insured person	Pflichtversicherter
compulsory member	Pflichtmitglied
compulsory settlement	Zwangsvergleich
computerized system	computergestütztes System
concern	Konzern
concern marginal contribution	Konzerndeckungsbeitrag
condensed balance sheet	konsolidierte Bilanz
condition	Bedingung
conditional capital	bedingtes Kapital
conditional sale	Verkauf unter Eigentumsvorbehalt
conditional sales contract	Kaufvertrag mit Eigentumsvorbehalt
conditionally authorized capital	bedingtes Kapital
conditions of trading	Geschäftsbedingungen
confidential	vertraulich
confirmation	Bestätigung
confirmation of bank balance	Banksaldenbestätigung
conflict of interests	Interessenkonflikt
conservative valuation	vorsichtige Bewertung
consigned goods	Kommissionsware
consigned inventory	Fremdlager
consignee	Kommissionär
consignment	Kommission, Konsignation
consignment sale	Kommissionsverkauf, Konsignationsverkauf
consignment transaction	Konsignationsgeschäft
consolidated accounting	Konzernrechnung
consolidated balance sheet	konsolidierte Bilanz
consolidated financial statements	Konzernabschluss, konsolidierter Abschluss
consolidated income statement	Konzern Gewinn- und Verlustrechnung
consolidated loss	Konzernverlust

consolidated profit	Konzerngewinn
consolidation	Konsolidierung, Verschmelzung
consolidation methods	Konsolidierungsmethoden
consolidation of debts	Schuldenkonsolidierung
consolidation principles	Konsolidierungsgrundsätze
consortium	Konsortium
constitutional law	Staatsrecht
constitutional state	Rechtsstaat
constitutionality	Rechtsstaatlichkeit
constraint	Nebenbedingung
construction in progress	Anlagen im Bau
consultancy	Beratungsgesellschaft
consultant	Berater, Unternehmensberater
consultation	Rücksprache
consulting fees	Beratungskosten
consumer	Konsument, Verbraucher
consumer desire	Verbraucherwunsch
consumer goods	Konsumgüter
consumer loan	Kleinkredit
consumer protection	Verbraucherschutz
consumer research	Verbraucheranalyse
consuming habits	Verbrauchsgewohnheiten
consumption	Verbrauch
consumption variance	Verbrauchsabweichung
consumption, article of ~	Konsumartikel
consumption, average ~	Durchnittsverbrauch
contingency budget	Eventualhaushalt
contingent liabilities	Eventualverbindlichkeiten
contingent liabilities from bills of exchange	Wechselobligo
contingent liability	schwebende Schuld
continued payment of salary	Entgeltfortzahlung
continued payment of wages	Entgeltfortzahlung
continuous improvement	kontinuierlicher Verbesserungsprozess (KVP)
contra account	Gegenkonto
contra entry	Gegenbuchung

contract	vertragliche Vereinbarung, Vertrag
contract for material and labor	Werkvertrag
contract manufacturer	Lohnhersteller
contract note	Schlussnote
contract of sale	Kaufvertrag
contract period	Vertragsdauer
contract work	Auftragsherstellung
contract, trilateral ~	dreiseitiger Vertrag
contractor	Vertragslieferant
contractual freedom	Vertragsfreiheit
contractual liability	Vertragshaftung
contractual liberty	Vertragsfreiheit
contractual obligation	Vertragspflicht
contractual rights	Vertragsrechte
contrallable costs	beeinflussbare Kosten
contribution	Mitgliedschaftsbeitrag, Zuschuss
contribution accounting, customer ~	Kundendeckungsbeitragsrechnung
contribution accounting, stepwise ~	stufenweise Deckungsbeitragsrechnung
contribution in kind	Sacheinlage
contribution margin objectives	Deckungsbeitragsziele
contribution margin steps	Deckungsbeitragsstufen
contribution rate	Beitragsrate
contribution refund	Beitragsrückerstattung
control account	Sammelkonto
control column	Kontrollspalte
control standard costs	Jahresherstellkosten
control, quality ~	Qualitätskontrolle
control, quantity ~	buchmässige Mengenkontrolle
control, regulatory ~	behördliche Kontrolle
control, to ~	steuern, lenken, regeln
control, voluntary ~	Selbstkontrolle
controllability of costs	Beeinflussbarkeit der Kosten
controlled area	kontrollierter Bereich
controller for subsidiaries	Beteiligungs-Controller
controller service	Controllerdienst
controlling	Steuerung, Lenkung; Regelung

controlling year planner	Controlling-Kalender
convention	Übereinkommen
conversion	Konvertierung, Umrechnungstabelle
conversion difference	Kursdifferenz
convert, to ~	umrechnen (von Währungen)
convertible bond	Wandelschuldverschreibung
convertible currency	konvertierbare Währung
converts on difference	Kursdifferenz
conveyor belt	Transportband
cooperation	Zusammenarbeit
co-operative association	Genossenschaft
co-operative buying association	Einkaufsgenossenschaft
co-ordination	Koordination
co-owner	Mitinhaber
copy	Kopie
copy, to ~	kopieren
copyright	Urheberrecht
corporate concept	Unternehmenskonzept
corporate culture	Unternehmenskultur
corporate entity	Körperschaft
corporate identity	einheitliches Unternehmenserscheinungsbild
corporate income tax	Körperschaftssteuer
corporate income tax rate	Körperschaftssteuersatz
corporate objectives	Unternehmensziele
corporate policy	Unternehmenspolitik
corporation	Kapitalgesellschaft, Körperschaft
corporation income tax law	Körperschaftsteuergesetz (KStG)
corporation tax	Körperschaftssteuer
corporation under public law	öffentlich-rechtliche Körperschaft
correction	Berichtigung
corrective actions	Korrekturmassnahmen
correspondent bank	Korrespondenzbank
cost account	Kostenkonto
cost accountant	Kostenrechner
cost accounting	Kostenrechnung

cost accounting based on experience standards	Normalkostenrechnung
cost accounting, unit ~	Kostenträgerrechnung
cost accumulation	Kostenansammlung
cost advantage	Kostenvorteil
cost allocation	Kostenumlage, Kostenzurechnung
cost analysis	Kostenanalyse
cost benefit analysis	Kosten-Nutzen-Analyse
cost category	Kostenart
cost centre	Kostenstelle
cost centre accounting	Kostenstellenrechnung
cost centre overhead rate	Kostenstellengemeinkostenzuschlag
cost centre settlement	Kostenstellenabrechnung
cost centre variation	Verbrauchsabweichung
cost centre, manufacturing ~	Fertigungskostenstelle
cost centre, preparatory ~	vorbereitende Kostenstelle
cost centre, production ~	Produktionskostenstelle
cost centre, service ~	Hilfskostenstelle
cost containment	Kostendämpfung
cost control	Kostenkontrolle
cost control sheet	Kostenkontrollbogen
cost cutting programme	Kostensenkungsprogramm
cost cuttings	Kosteneinsparungen
cost deviation	Kostenabweichung
cost distribution	Kostenumlage, Kostenverteilung
cost distribution sheet	Betriebsabrechnungsbogen (BAB)
cost driver	Kostentreiber
cost efficient	kosteneffizient
cost element accounting	Kostenartenrechnung
cost escalation	Kostenexplosion
cost estimation	Kalkulation, Kostenvoranschlag, Kostenschätzung
cost group	Kostenart
cost key	Kostenschlüssel
cost lag	Kostenremanenz
cost leadership	Kostenführerschaft

cost management	Kostenmanagement
cost objectives	Kostenziele
cost of financing	Finanzierungskosten
cost of goods manufactured	Fertigungskosten
cost of goods sold	Herstellkosten der verkauften Produkte, Warenkosten
cost of living	Lebenshaltungskosten
cost of materials	Materialaufwand
cost of opening	Inbetriebnahmekosten
cost of production	Herstellkosten, Produktionskosten
cost of purchased services	Aufwendungen für bezogene Leistungen
cost of raw materials, consumables and supplies	Aufwendungen für Roh-, Hilfs- u. Betriebsstoffe
cost of sales	Wareneinsatz, Selbstkosten
cost overhead rate, material ~	Materialgemeinkostenzuschlag
cost overrun	Kostenüberschreitung
cost per unit	Stückkosten
cost planning	Kostenplanung
cost plus method	Kostenaufschlagsmethode
cost price	Selbstkostenpreis
cost rate, proportional planned ~	proportionaler Plankostensatz
cost rates	Kostensätze
cost recording	Kostenerfassung
cost recovery	Kostendeckung
cost reduction	Kostensenkung
cost reduction programme	Kostensenkungsprogramm
cost responsibility	Kostenverantwortlichkeit
cost savings	Kosteneinsparungen
cost sharing	Kostenbeteiligung
cost splitting	Kostenspaltung
cost system, average standard ~	Normalkostenrechnung
cost variance	Kostenabweichung
cost, acquisition ~	Anschaffungskosten
cost, activity based ~	Prozesskosten (Kostenrechnung)
cost, average ~	Durchschnittskosten

cost, capitalized ~	kapitalisierte Kosten
cost, current ~	Tageskosten
cost, current replacement ~	Wiederbeschaffungskosten
cost, depreciable ~	abschreibungsfähige Kosten eines Wirtschaftsgutes
cost, distribution ~	Absatzkosten, Vertriebskosten
cost, historical ~	Ist-Kosten der Vergangenheit
cost, labour dependent ~	lohnabhängige Fertigungskosten
cost, machine depending ~	Maschinenfertigungskosten
cost, manufacturing ~	Fertigungskosten, Herstellkosten
cost, organization ~	Organisationskosten
cost, prepaid ~	vorausbezahlte Kosten
cost, processing ~	Verarbeitungskosten
cost, reproduction ~	Wiederherstellungskosten
cost, unrecovered ~	Restwert
cost-effective	kostenwirksam, wirtschaftlich
cost-effectiveness analysis	Kosten-Effektivitäts-Analyse
cost-efficient	kostengünstig
costing	Kostenermittlung
costing based on margin, flexible standard ~	Grenzplankostenrechnung
costing data base	Kalkulationsdatenbank
costing per period, product ~	Kostenträgerzeitrechnung
costing, absorption ~	Vollkostenrechnung, Kostenaufteilungsverfahren
costing, direct ~	Grenzkostenrechnung, Teilkostenrechnung
costing, full ~	Vollkostenrechnung
costing, hybrid ~	Mischkalkulation
costing, marginal ~	Grenzkostenrechnung
costing, preliminary ~	Vorkalkulation
costing, product ~	Köstenträgerrechnung
costing, proportional ~	Proportionalkostenrechnung
cost-plus contract	Vertrag auf Selbstkostenbasis plus Gewinn

cost-plus-profit	Kosten einschliesslich vereinbartem Gewinn
costs	Kosten, Selbstkosten
costs allocations	Umlagekosten
costs depends on revenue	erlösabhängige Kosten
costs of distribution	Kosten für Vertrieb
costs of engineering	Kosten für Technik
costs of general administration	Kosten für allgemeine Verwaltung
costs of goods manufactured	Herstellungskosten
costs of research and development	Kosten für Forschung und Entwicklung
costs primarily arisen	primäre Kosten
costs, actual ~	Istkosten
costs, administrative ~	Verwaltungskosten
costs, allocated ~	Umlagekosten, weiterbelastete Kosten
costs, allocation of ~	Allokation von Kosten, Kostenverteilung
costs, allocation of fixed ~	Fixkostenzuteilung
costs, allocation of labour ~	Arbeitskostenverteilung
costs, allocation of structure ~	Umlage von Strukturkosten
costs, ancillary rental ~	Mietnebenkosten
costs, ancillary wage ~	Lohnnebenkosten
costs, borrowing ~	Kreditkosten
costs, budget ~	Plankosten
costs, capacity ~	Kapazitätskosten, Bereitschaftskosten
costs, company operation ~	Unternehmenskosten
costs, comparison of ~	Kostenvergleich
costs, contrallable ~	beeinflussbare Kosten
costs, control standard ~	Jahresherstellkosten
costs, development ~	Entwicklungskosten
costs, direct ~	Einzelkosten
costs, direct material ~	Einzelmaterialkosten
costs, dismantling ~	Abbruchkosten, Demontagekosten
costs, element of ~	Kostenbestandteil
costs, freight ~	Frachtkosten
costs, full manufacturing ~	volle Herstelkosten

costs, fully allocated ~	volle Herstellkosten
costs, fully allocated production ~	volle Herstelkosten
costs, handling ~	Abwicklungskosten
costs, imputed ~	kalkulatorische Kosten
costs, imputed risk ~	kalkulatorische Wagniskosten
costs, imputed social security ~	kalkulatorische Sozialleistungskosten
costs, incidental purchasing ~	Warenbezugskosten
costs, labour ~	Personalkosten
costs, maintenance ~	Wartungskosten, Unterhaltungskosten
costs, manufacturing structure ~	Fertigungsstrukturkosten
costs, marginal ~	Grenzkosten
costs, mixed ~	Mischkosten
costs, noncontrollable ~	unkontrollierbare Kosten
costs, operating ~	Betriebskosten
costs, opportunity ~	Opportunitätskosten
costs, optimum ~	optimale Kosten
costs, packing ~	Verpackungskosten
costs, pass on ~	Kosten abwälzen
costs, personnel ~	Personalaufwand
costs, planned ~	Plankosten
costs, portion of ~	Kostenanteil
costs, preliminary ~	vorläufige Kosten
costs, primary ~	primäre Kosten, Primärkosten
costs, product ~	Produktkosten, proportionale Herstellkosten, Grenzkosten
costs, product related ~	produktbezogene Kosten
costs, production ~	Produktionskosten
costs, project ~	Projektkosten
costs, proportional manufacturing ~	proportionale Fertigungskosten
costs, real ~	Realkosten
costs, risk ~	Wagniskosten, Risikokosten
costs, running ~	Betriebskosten
costs, secondary ~	Sekundärkosten, sekundäre Kosten
costs, shipping ~	Verschiffungskosten

costs, shut-down ~	Schliessungskosten (Betriebs-)
costs, special direct ~	Sondereinzelkosten
costs, special direct sales ~	Sondereinzelkosten des Vertriebs
costs, transparency for ~	Kostentransparenz
costs, variable ~	variable Kosten
costs, wage ~	Lohnkosten
costs, warehouse ~	Lagerkosten
cost-utility analysis	Nutzwertanalyse
Council of Europe	Europarat
count	Zählung
count sheet	Zählblatt für Bestandsaufnahmen
counter	Zähler
counter capacity	Zählerkapazität
counter cheque	Blankoscheckformular
counter entry	Zählereingang
counter list exit	Zählerausgang für Posten
counter position	Zählerstelle
counterfeit money	Falschgeld
counterfeiting	Produktpiraterie
counteroffer	Gegenangebot
countersuit	Widerklage
coupon	Zinsschein
coupon bond	Obligation mit Zinsabschnitt
coupon sheet	Kouponbogen
court and legal costs	Prozesskosten (Gericht)
court of appeals	dritte Instanz (Revision)
court of arbitration	Schiedsgericht
court of jurisdiction	Gerichtsstand
court order (for payment)	Zahlungsbefehl
court order to pay	Mahnbescheid
courtage	Courtage
cover	Kurssicherung
coverage	Risikoübernahme
cream-skimming	Risikoauslese
created goodwill	originärer Goodwill
credit	Gutschrift, Kredit

credit balance	Habensaldo
credit entry	Gutschreiben, Habenbuchung
credit folder	Kreditakte
credit guarantee	Kreditbürgschaft
credit insurance	Kreditversicherung
credit investigation	Kreditwürdigkeitsprüfung
credit limit	Kreditlimit
credit line	eingeräumter Kredit
credit line quota	Kreditrahmenkontingent
credit manager	Kreditverwalter
credit note	Gutschriftsanzeige
credit on goods, trade ~	Warenkredit
credit order	Kreditauftrag
credit purchase	Zielkauf
credit report	Kreditauskunft
credit risk	Kreditrisiko
credit standing	Bonität, Kreditwürdigkeit
credit terms	Kreditkonditionen
credit, trade ~	Lieferantenkredit
credit, unsecured ~	Blankokredit
credit / debit	Haben / Soll
creditor	Gläubiger
creditor of bankrupt	Konkursgläubiger
crime	strafrechtliche Handlung
criminal court	Strafgericht
criminal law	Strafrecht
criminal offense	strafrechtliche Handlung
critical mass	kritische Masse
critical path method	Netzwerktechnik
critical success factors	kritische Erfolgsfaktoren
cross border delivery	grenzüberschreitende Lieferung
cross rate	Usance-Kurs
cross-acceptance	Wechselreiterei
cross-bill	Rückwechsel
cross-checking	Querkontrolle
crossed cheque	Verrechnungsscheck

cross-footing	Queraddition
cross-licensing	Lizenztausch
cross-section	Querschnitt
cumulative preferred stock	kumulative Vorzugsaktien
cumulative voting right	Mehrstimmrecht
curb exchange	Freiverkehrsbörse
currency	Währung
currency clause	Währungsklausel
currency conversion	Kursumrechnung
currency in circulation	Geldumlauf
currency translation differences	Unterschied aus Währungsumrechnung
currency unit	Währungseinheit
current	laufend
current account	laufendes Konto
current account of customers and suppliers	Kontokorrentkonto
current assets	Umlaufvermögen
current cost	Tageskosten
current demand	kontinuierliche Nachfrage
current exchange rate	Stichtagswechselkurs
current inventory taking	laufende Bestandsaufnahme
current maturity of long-term debt	kurzfristiger Anteil von langfristigen Verbindlichkeiten
current price	Tagespreis
current rate	Stichtagskurs, Tageskurs
current receivables	fällige Forderungen
current replacement cost	Wiederbeschaffungskosten
current value	Tageswert
current year	laufendes Jahr
cushioning products	Polstertechnik
custodian	Vermögensverwalter
custody account	Sammeldepot
customer	Kunde, Warenempfänger
customer allowance	Kundenrabatt
customer contribution accounting	Kundendeckungsbeitragsrechnung
customer satisfaction	Kundenzufriedenheit
customer service	Kundendienst

customers' needs	Kundenbedürfnisse
customers with credit balances	kreditorische Debitoren
customs	Zoll
customs duty audit	Zollprüfung
customs invoice	Zollrechnung
customs inwards	Einfuhrzoll
customs office	Zollamt
cut price	Sonderpreis
cut-off	Abgrenzung
cut-throat competition	ruinöser Wettbewerb
cycle	Maschinengang
cycle inventory count	zyklische Bestandsaufnahme
cyclical	konjunkturelle
cyclical fluctuations	zyklische Konjunkturschwankungen
cyclical trend	konjunkturelle Entwicklung

D

daily	täglich
daily turnover	Tagesumsatz
damage	Schaden
data	Daten
data processing	Datenverarbeitung
data protection	Datenschutz
data sheet	Datenblatt
date file	Terminablage, Verfallbuch
date issued	Ausstellungsdatum
day work	Lohnarbeit
deadline	Fälligkeitstermin, Frist, Stichtag, Zeitpunkt
deadline for filing a return	Zeitpunkt für Abgabe der Steuererklärung
deal	Kaufangebot
deal, to ~	handeln
dealer	Händler
dealer rebate	Händlerrabatt
death benefit	Sterbegeld
debenture	Schuldverschreibung
debenture stock	Schuldverschreibung

debit (bookkeeping)	Soll (buchungsrechnerisch)
debit balance	Schuldsaldo, Sollsaldo
debit entry	Belastungsbuchung, Sollbuchung
debit, to ~	belasten
debit-note	Belastungsanzeige
debt	Schuld
debt discount	Disagio
debtor	Schuldner
debts	Schulden
debts receivable	Aussenstände
debts, bad ~	uneinbringliche Forderungen
deception	Täuschung
decision	Entscheidung
decision accounting	Entscheidungsrechnung
decision contents	Entscheidungsinhalte
decision maker	Entscheidungsträger
decision making	Entscheidungsfindung
decision packages	Entscheidungspakete
decision, to reverse a ~	Urteil aufheben
decision-making process	Entscheidungsprozess
declaration of assignment	Abtretungserklärung
declaration of intent	Absichtserklärung
declared dividend	erklärte Dividende
decline in demand	Nachfragerückgang
decline in prices	Preissturz
decline in value (due to depreciation)	Wertminderung (durch Abschreibung)
declining balance method of depreciation	degressive Abschreibung
decrease	Verminderung
decrease in consumption	Verbrauchsrückgang
deductible	absetzbar
deductible depreciation	abzugsfähige Abschreibung
deductible expenses	abzugsfähige Ausgaben
deductible taxes	anrechnungsfähige Steuern
deduction	Rabatt, Abzug, Nachlass
deduction at source	Steuerabzug an der Quelle

deduction from an account	Abbuchung vom Konto
deductions, other ~	neutraler Aufwand
deed	Urkunde, Vertragsurkunde
defalcation	Unterschlagung
default	Verzug (bei Nichtzahlung einer Verbindlichkeit)
default interest	Verzugszinsen
defective goods	fehlerhafte Ware
defense	Einwand
deferrals	aktive Abgrenzung
deferred charges	Rechnungsabgrenzungsposten
deferred expenses	Rechnungsabgrenzungsposten
deferred income	passive Abgrenzung, Rechnungsabgrenzungsposten
deficiency report	Mängelbericht
deficit	Fehlbetrag, Verlust
deficit carried forward (balance sheet)	Verlustvortrag (Bilanz)
deficit, unappropriated ~	Bilanzverlust
deflation	Deflation
degree of completion	Fertigstellungsgrad
degree of utilization	Auslastungsgrad
delay	Aufschub, Verzögerung, Verzug, Verspätung
delinquent tax	rückständige Steuer
delivery	Lieferung, Warenausgang
delivery date	Lieferdatum, Liefertermin
delivery note	Lieferschein
delivery period	Lieferzeit
delivery price	Lieferpreis
delivery terms	Lieferbedingungen
delivery time	Lieferzeit
demand	Nachfrage
demand analysis	Bedarfsanalyse
demand deposit	Sichteinlage
demand for payment	Zahlungsaufforderung
demand note	Sichtwechsel
demand, marginal ~	Grenznachfrage

demand, steady ~	gleichbleibende Nachfrage, ständige Nachfrage
denial	Dementi
denomination	Stückelung (bei Aktien)
denominator	Nenner
department	Abteilung
departmental accounting	Kostenstellenrechnung
departmental overhead expense	Stellengemeinkosten
dependent	unselbständig
depletion	Abschreibung wegen Substanzverzehr
deposit	Einzahlungsbeitrag, Hinterlegung
deposit fees	Depotgebühren
deposit slip	Einzahlungsbeleg
deposit, to ~	einzahlen
deposit, to put on time ~	Geld festlegen (auf Konto)
depositary	Verwahrer
depot	Verkaufsniederlassung
depreciable cost	abschreibungsfähige Kosten eines Wirtschaftsgutes
depreciated replacement	Zeitwert
depreciated replacement cost	Wiederbeschaffungswert eines gebrauchten Gutes
depreciation	Abschreibung
depreciation accumulated in a reserve account	indirekte Abschreibung
depreciation amortization	Abschreibungen auf das Anlagevermögen
depreciation basis	Abschreibungsgrundlage
depreciation booked against the asset	direkte Abschreibung
depreciation expense	Abschreibungsaufwand
depreciation for tax purposes	steuerliche Abschreibung
depreciation method	Abschreibungsmethode
depreciation of fixed assets	Abschreibungen auf das Anlagevermögen
depreciation period	Abschreibungszeit
depreciation rate	Abschreibungssatz
depreciation, accelerated ~	Sonderabschreibung

depreciation, amount of ~	Abschreibungsbetrag
depreciation, book ~	buchmässige Abschreibung
depreciation, calculated ~	kalkulatorische Abschreibung
depreciation, deductible ~	abzugsfähige Abschreibung
depreciation, extraordinary ~	ausserordentliche Abschreibung
depreciation, imputed ~	kalkulatorische Abschreibung
depreciation, replacement method of ~	Abschreibung auf Basis der Wiederbeschaffungskosten
depreciation, special ~	Sonderabschreibung
depreciation, straight-line method of ~	lineare Abschreibung
depreciation, unit-of-production method of ~	Abschreibung auf der Basis von Produktionseinheiten
deregulation	Deregulierung
detail	Untergliederung
detailed examination	lückenlose Prüfung
deterioration in quality	Qualitätsverschlechterung
deterioration of income	Ergebnisverschlechterung
devaluation	Abwertung, Wertminderung (durch Abwertung)
devaluation of currency	Abwertung der Währung
devaluation of finished goods warehoused	Abwertung der Lagerbestände
devalue, to ~	abwerten
development	Entwicklung
development costs	Entwicklungskosten
development expenses	Entwicklungskosten
deviation	Abweichung
devise, to ~	vererben (unbewegliche Sachen)
diagram	Diagramm
difference	Differenzrestbetrag
difference in exchange rates	Wechselkursdifferenz
difference in valuation	Bewertungsunterschied
differential price	gestaffelter Preis
differentiation strategy	Differenzierungsstrategie
digit	Zahl, Ziffer, Nummer
direct buying	Direkteinkauf

direct costing	Grenzkostenrechnung, Teilkostenrechnung
direct costing, based on ~	Teilkostenbasis
direct costs	Einzelkosten
direct labour	Fertigungslohn
direct material	Fertigungsmaterial, Produktionsmaterial
direct material costs	Einzelmaterialkosten
direct quotation	direkter Wechselkurs
direct sales	Direktabsatz
direct selling	Direktverkauf
direct tax	nicht abwälzbare Steuer
directions	Gebrauchsanweisung
directors' fee	Aufsichtsratsvergütungen
direct-to-consumer advertising	Direktbewerbung
disability	Arbeitsunfähigkeit, Invalidität
disability benefit	Invalidenrente
disability insurance	Invalidenversicherung
disablement	Erwerbsunfähigkeit
disagio	Disagio
disbursement voucher	Zahlungsbeleg
discharge	Entlastung
discharge of debt	Schuldbefreiung
disclaimer	Dementi
discount	Rabatt, Abzug, Nachlass, Skonto
discount factors	Abzinsungsfaktoren
discount for customers	Kundenrabatt
discount on notes	Wechseldiskont
discount rate	Abzinsungssatz
discount, volume ~	Mengenrabatt
discountable	bankfähig
discountable at the Federal Reserve Bank	bundesbankfähig
discounted bill (bill of exchange)	diskontierter Wechsel
discounted note	diskontierter Wechsel
discounting	Abzinsung
discounting of bills	Wechseldiskontierung
discrepancy between two accounts	Kontoabweichung

discretionary decision	Ermessensentscheidung
discretionary power	Ermessensfreiheit, Ermessensspielraum
discretionary reserve(s)	freie Rücklage(n) angreifen
discussion	Besprechung
dishonoured bill	notleidender Wechsel
dismantling costs	Abbruchkosten, Demontagekosten
dismiss without notice, to ~	fristlos kündigen
dismissal	Entlassung
dispatch	Versand
dispatch charges	Versandkosten
disposable	verfügbar
disposable funds	verfügbare Mittel
dispositions	Abgänge
dispossession	Enteignung
dispute	Streit
dissolve a company, to ~	eine Gesellschaft auflösen
distant selling	Versandhandel
distortion of competition	Wettbewerbsverzerrung
distributed dividend	ausgeschüttete Dividende
distributed income	ausgeschütteter Gewinn
distributed manufacturing overhead expenses	umgelegte Fertigungsgemeinkosten
distributed net income	ausgeschütteter Gewinn, Dividende
distributed overhead expenses	umgelegte Gemeinkosten
distribution	Verteilung, Vertrieb, Distribution
distribution area	Absatzgebiet
distribution channel	Vertriebsweg, Absatzkanal
distribution cost	Absatzkosten, Vertriebskosten
distribution key	Verteilungsschlüssel
distribution list (list of addresses)	Verteiler (Namensliste)
distribution method	Absatzmethode, Vertriebsweg
distribution to shareholders	Ausschüttung an Aktionäre
distributor	Auslieferer, Händler
district customs office	Hauptzollamt
diversification	Diversifikation
dividend	ausgeschütteter Gewinn, Dividende

dividend in arrears	rückständige Dividende
dividend rate	Dividendensatz
dividend, to distribute a ~	Dividende ausschütten
dividend, to pay a ~	Dividende zahlen
dividends received	Dividendenerträge
division	Teilbetrieb, Unternehmensbereich
division of executive board members	Ressort, Vorstandsbereich
division of markets	Marktaufteilung
docket	Lieferscheinoriginal
document	Urkunde, Vertragsurkunde
documentary acceptance credit	Wechselrembours
documentation	Dokumentation
documents	Unterlagen
domestic	Inland, inländisch
domestic article	Inlandserzeugnis
domestic business	Inlandsgeschäft
domestic market	Binnenmarkt
domestic needs	Inlandsbedarf
domestic source income	inländische Einkünfte
domestic trade	Binnenhandel
domicile	Sitz
donated surplus	Rücklage aus kostenfreiem Vermögenserwerb
donation	Spende
donor	Stifter
dormant account	inaktives Konto
dormant company	ruhende Gesellschaft
dormant partner	stiller Teilhaber
double entry bookkeeping	doppelte Buchführung
double taxation	Doppelbesteuerung
doubtful accounts	zweifelhafte Forderungen
doubtful accounts, allowance for ~	Wertberichtigung auf zweifelhafte Forderungen
doubtful receivable	dubiose Forderung
doubtful trade receivables	zweifelhafte Kunden
down-payment	Abschlagszahlung, Anzahlung
down-time	Ausfallzeit einer Anlage

downtrend	fallende Tendenz
downward business trend	Konjunkturrückgang
draft	Entwurf, Tratte, gezogener Wechsel
draft report	Vorbericht
draft resolution	Entschliessungsentwurf
draft, trade ~	Warenwechsel
draw on free	freie Rücklage(n) angreifen
drawee	Bezogener, Trassat
drawer	Trassant
drawing	Entnahme
drop shipment	Direktlieferung
drop-out rate	Ausfallquote
dual card	Verbundkarte
dual financing	duale Finanzierung
due	fällig, zahlbar
due date	Fälligkeitstermin, Verfalldatum
due date of tax return	Steuererklärungstermin
dues	Mitgliedschaftsbeitrag
dummy transaction	Scheingeschäft
dun, to ~	mahnen
dunning letter	Mahnbrief
duplicate, to ~	kopieren
duration	Dauer
duty	Zollgebühr
duty free	zollfrei
duty on importation	Einfuhrzoll
duty refund	Zollerstattung
duty-paid	verzollt
dynamic methods of calculating profitability	dynamische Verfahren der Wirtschaftlichkeitsrechnung
dynamic procedures	dynamische Verfahren

E

early detection (diagnosis)	Früherkennung
early retirement	Frühpensionierung
early retirement scheme	Vorruhestandsregelung

earmarked cash	zweckgebundene Bankguthaben
earned surplus	unverteilter Reingewinn
earned surplus balance forward	Ergebnisvortrag
earning power	Ertragskraft
earnings	Einnahmen, Erlöse, Verdienst
earnings appropriated to specific surplus accounts	in Rücklagen eingestellter Gewinn
earnings appropriated to surplus	Einstellung in offene Rücklagen
earnings available for distribution	ausschüttungsfähiger Gewinn
earnings before interest and taxes (EBIT)	Gewinn vor Ertragsteuern und Zinsen (EBIT)
earnings, to retain ~	thesaurieren
economic adviser	Wirtschaftsberater
economic agreement	Wirtschaftsvereinbarung, Wirtschaftsvertrag
economic aid	Wirtschaftshilfe
economic centre	Wirtschaftszentrum
economic climate	Wirtschaftsklima, Konjunkturlage
economic development	Wirtschaftsentwicklung
economic growth	Wirtschaftswachstum
economic indicator	Wirtschaftsindikator
economic miracle	Wirtschaftswunder
economic process	volkswirtschaftliche Entwicklung
economic recovery	Wirtschaftsbelebung
economic result	Wirtschaftsergebnis
economic risk	wirtschaftliches Risiko
economic situation	Wirtschaftslage
economical	wirtschaftlich, ökonomisch
economics minister	Wirtschaftsminister
economies of scale	Grössenvorteile der Massenproduktion
economy	Wirtschaft
EDP (electronic data processing)	EDV (Elektronische Datenverarbeitung)
effect of exchange rate movements on liquid funds	wechselkursbedingte Wertänderungen der liquiden Mittel
effect, advertising ~	Werbeeffekt
effective demand	effektive Nachfrage
effective, to become ~	in Kraft treten

effectiveness	Wirksamkeit
efficiency	Nutzeffekt, Wirkungsgrad, Leistung, Wirksamkeit
efficiency reserves	Wirtschaftlichkeitsreserven
elastic demand	elastischer Bedarf
elective valuation	Bewertungsfreiheit
eligible	anspruchsberechtigt
eligible insured years	anrechnungsfähige Versicherungsjahre
elimination	Ausscheidung
elimination of intercompany profit	Zwischengewinneliminierung
embargo, trade ~	Handelsembargo
embezzlement	Unterschlagung
emergency meeting	Dringlichkeitssitzung
eminent domain	Zwangsenteignungsrecht
emphasis	Schwerpunkt
employed person	Beschäftigter, Arbeitnehmer
employee	Beschäftigter, Arbeitnehmer
employee compensation	Entlohnung
employee facilities	soziale Einrichtung
employee fidelity insurance	Versicherung, Unterschlagungs-
employee loan	Personalkredit
employee stock	Belegschaftsaktie
employee welfare fund	Unterstützungsfonds, Unterstützungskasse
employee's contribution	Arbeitnehmerbeitrag
employee's share	Arbeitnehmeranteil
employees' welfare benefits	Unterstützungsaufwand
employer	Arbeitgeber
employer's contribution	Arbeitgeberbeitrag
employer's share	Arbeitgeberanteil
employment	Beschäftigung
employment contract	Arbeitsvertrag
employment income	Einkünfte aus nichtselbständiger Arbeit
employment offer	Stellenangebot
employment rate	Beschäftigungsgrad
employment status	beruflicher Status
empowerment	Ermächtigung

endorse, to ~	indossieren
endorsement	Indossament
endorsement in blank	Blankoindossament
energy	Energie
energy costs	Energiekosten
energy price variation	Energiepreisdifferenz
energy purchased	Fremdenergie
engineering department	technische Abteilung
enterprise	Betrieb, Unternehmen
entertainment expenses	Bewirtungsspesen
entertainment tax	Vergnügungssteuer
entitlement	Anspruch
entrepreneur	Unternehmer
entry	Buchung, Verbuchung auf einem Konto
entry, to reverse an ~	eine Buchung stornieren
environmental protection	Umweltschutz
equalization levy	Ausgleichsabgabe
equalization of war burden	Lastenausgleich
equalization payment	Ausgleichszahlung
equalization reserve	Rückstellung für Ausgleichsansprüche
equipment	Ausrüstung, Mobilien
equity and liabilities	Passiva
equity capital	Eigenkapital
equivalent	Gegenwert
error	Fehler
error margin	Fehlerwahrscheinlichkeit
error of law	Rechtsirrtum
error probability	Irrtumswahrscheinlichkeit
escrow	Vertragsurkunde (bei Dritten treuhänderisch hinterlegt)
essential requirements	Mussforderungen
estate	Nachlass
estate of a bankrupt	Konkursmasse
estate tax	Erbschaftsteuer
estimate	Voranschlag
estimated (standard) costs	Sollkosten

estimated cost	geschätzte Kosten
European Council	Europäischer Rat
European Social Fund	Europäischer Sozialfonds
European Union (EU)	Europäische Union (EU)
evaluate, to ~	auswerten
evaluation	Auswertung, Bewertung
evaluation of turnover	Umsatzbewertung
evidence	Beweis
ex rights share	Aktie ohne Bezugsrecht
examination on a test basis	stichprobenweise Prüfung
examine, to ~	prüfen (administrativ), untersuchen
examiner	Prüfer
exceed, to ~	übersteigen
exceptional case	Ausnahmefall
excess	Überschuss
excess capacity	Überkapazität
excessive charge	überhöhter Preis
exchange	Tauschgeschäft
exchange arbitrage	Devisenarbitrage
exchange broker	Börsenmakler
exchange control	Währungskontrolle
exchange exposure	Kursrisiko
exchange gains and losses	Währungsgewinne und -verluste
exchange loss	Kursverlust
exchange profit	Kursgewinn
exchange rate	Devisenkurs
exchange rate fluctuation	Wechselkursschwankungen
exchange rate movements	Wechselkursänderungen
exchange rate of settling day	Stichtagswechselkurs
exchange risk	Währungsrisiko
excise tax	Verbrauchssteuer
excise taxes	indirekte Steuern
excretion	Ausscheidung
execution	Zwangsvollstreckung
executive	leitende Führungskraft
executive board	Vorstand

executive power	Exekutivgewalt
executives	Vorstand
exempt amount	Steuerfreibetrag
exempt income	steuerfreie Einkünfte
exemption	Steuerfreibetrag
exercise price	Ausübungspreis
exhibition	Messe
expansion	Erweiterung
expansion intention	Erweiterungsvorhaben
expansion of assortment	Sortimentsausweitung
expansion of production facility	Kapazitätsausweitung
expediting	Terminüberwachung
expenditures	Ausgaben
expense	Aufwand
expense account	Spesenkonto
expense allowance	Aufwandsentschädigung
expense from investments in affiliated companies	Beteiligungsergebnis
expense reimbursement	Spesenerstattung
expense, bad debt ~	Forderungsausfall
expense, departmental overhead ~	Stellengemeinkosten
expenses	Aufwendungen, Kosten, Spesen
expenses disbursed	verauslagte Kosten
expenses from profit and loss pooling agreement	Aufwendungen aus Verlustübernahme
expenses, administrative ~	Verwaltungskosten
expenses, advertising ~	Kosten für Werbung, Werbekosten
expenses, allocation of period ~	Fixkostenumlage
expenses, ancillary ~	Nebenkosten
expenses, compulsory employee benefit ~	gesetzliche soziale Aufwendungen
expenses, deductible ~	abzugsfähige Ausgaben
expenses, deferred ~	Rechnungsabgrenzungsposten
expenses, development ~	Entwicklungskosten
expenses, distributed overhead ~	umgelegte Gemeinkosten
expenses, extraordinary ~	ausserordentliche Aufwendungen

expenses, incidental ~	Nebenkosten
expenses, incidential acquisition ~	Anschaffungsnebenkosten
expenses, manufacturing overhead ~	Fertigungsgemeinkosten
expenses, nondeductible ~	nicht abzugsfähige Ausgaben
expenses, non-operating ~	neutraler Aufwand
expenses, operating ~	Betriebsaufwendungen, Betriebsausgaben
expenses, other ~	sonstige Aufwendungen
expenses, overhead ~	Gemeinkosten
expenses, publicity ~	Werbungskosten
expenses, research and development ~	Forschungs- und Entwicklungskosten
expenses, shipping ~	Versandkosten
expenses, start-up ~	Inbetriebnahmekosten, Anlaufkosten
expenses, tooling ~	Werkzeugkosten
expenses, travel ~	Reisekosten
expenses, underapplied manufacturing overhead ~	Fertigungsgemeinkostenunterdeckung
expenses, voluntary employee benefit ~	freiwillige soziale Aufwendungen
experience curve	Erfahrungskurve
experience curve effect	Erfahrungskurveneffekt
experimental phase	Versuchsphase
expert	Gutachter
expert opinion	Sachverständigengutachten
expertise	Gutachten
expiration	Fristablauf
expire under statute of limitations, to ~	verjähren
expire, to ~	ablaufen einer Frist, erlöschen
expiry	Ablauf einer Frist
expiry date	Ablaufdatum
explicit consent	ausdrückliche Zustimmung
exploit, to ~	auswerten
exploitation	Auswertung
export financing	Ausfuhrkredite
exposed net asset position	aktive Devisenposition
exposed net liability position	passive Devisenposition

extended labour costs	Lohnmehrverbrauch
extended term	Nachfrist
extension	Stundung, Verlängerung
extension of time	Fristverlängerung
external accounting	externes Rechnungswesen
external quality control	externe Qualitätskontrolle
extra charge	Preisaufschlag
extra discount	Sonderrabatt
extra pay for jubilees	Jubiläumsgeld
extra profit	Zusatzgewinn
extraneous insurance benefits	versicherungsfremde Leistungen
extraordinary charges	ausserordentliche Aufwendungen
extraordinary depreciation	ausserordentliche Abschreibung
extraordinary expenses	ausserordentliche Aufwendungen
extraordinary income	ausserordentliche Erträge
extraordinary profit or loss	ausserordentliches Ergebnis
extraordinary result	ausserordentliches Ergebnis

F

face value	Nennwert, Nominalbetrag
face value of policy	Versicherungswert
facility	Einrichtung
facsimile signature	faksimilierte Unterschrift
factoring	Factoring, Verkauf von Forderungen
factory	Werk, Fabrik
factory budget	Werksbudget
factory manager	Fabrikleiter
factory price	Preis ab Werk
factory vacation	Werksferien
failure to perform	Nichterfüllung
fair	Messe
fair market price	angemessener Marktpreis
fair price	angemessener Preis
falling-off of sales	Absatzrückgang
falsification of accounts	Buchfälschung
falsify records, to ~	Unterlagen fälschen
farm worker	Landarbeiter

fast tax write-off	steuerliche Sonderabschreibung
feasibility study	Vorstudie (Projektstudie)
federal agency	Bundesanstalt
federal authority	Bundesbehörde
federal bond	Schuldverschreibung des Bundes
Federal Constitutional Court	Bundesverfassungsgericht
Federal Court of Justice	Bundesgerichtshof
Federal Finance Court	Bundesfinanzhof
Federal Gazette	Bundesanzeiger
Federal Labour Court	Bundesarbeitsgericht
Federal Reserve Bank	Bundesbank
federal subsidies	Bundeszuschüsse
Federal Supreme Court	Bundesgerichtshof
fee	Bezahlung, Gebühr, Honorar
fee cut	Honorarkürzung
fee schedule	Gebührenordnung
fee, audit ~	Wirtschaftsprüfungsgebühr, Prüfungsgebühr
feed, to ~	Daten eingeben
feedback	Rückkopplung
feed-forward and feedback	Vor- und Rückkopplung
fee-for-service payment	Einzelleistungsvergütung
fees, warehouse ~	Lagergebühren
fictitious entry	fiktive Buchung
fictitious purchase	Scheinkauf
fidelity bond	Unterschlagungsversicherung
fidelity insurance	Unterschlagungsversicherung
fiducial limit	Zuverlässigkeitsgrenze
fiduciary	treuhänderisch
field audit	Steuerprüfung
field force	Aussendienst
field service	Kundendienst (im Aussendienst)
field survey	Marktanalyse, Marktuntersuchung
field work	Aussendienst
figure	Zahl
file	Akte, Ordner

fill in, to ~	ausfüllen
final consumer	Endverbraucher
final settlement	Schlussabrechnung
finance bill	Finanzierungswechsel
finance committee	Finanzausschuss
Finance Controller	Finanz-Controller
financial accountant	Finanzbuchhalter
financial accounting	Finanzbuchhaltung
financial analysis	Finanzanalyse
financial assets	Finanzanlagen
financial assets, other ~	übrige Finanzanlagen
financial budgeting	Finanzplanung
financial burden	finanzielle Last, finanzielle Belastung
financial change of funds	finanzielle Mittelbewegung
financial committee	Finanzausschuss
financial concept	finanzwirtschaftliches Konzept
financial control	Finanzkontrolle
financial controlling	Finanzcontrolling
financial environment	finanzielles Umfeld
financial investments	Finanzanlagen
financial liabilities	Finanzschulden
financial liabilities, change in ~	Veränderung der Finanzverbindlichkeiten
financial loss	finanzieller Verlust
financial manoeuvrability	finanzielle Manövriermasse
financial obligations	Finanzschulden
financial paper	Börsenzeitung
financial planning	Finanzplanung
financial position	Finanzlage, Vermögenslage
financial result	Finanzergebnis
financial risk	finanzielles Risiko
financial risks, hedging of ~	Absicherung finanzieller Risiken
financial stability	finanzielle Stabilität
financial standing	Finanzlage, Vermögenslage
financial strategy	finanzielle Strategie
financial support	finanzielle Unterstützung

financial syndicate	Konsortium
financial year	Geschäftsjahr
financing	Finanzierung
financing activities, cash flow from ~	Mittelzufluss aus Finanzierungstätigkeit
financing activities, cash flow used in ~	Mittelabfluss aus Finanzierungstätigkeit
financing activities, net cash used in ~	Abfluss aus Finanzierungstätigkeit
financing note	Finanzwechsel
financing out of retained earnings	Eigenfinanzierung
financing with borrowed funds	Fremdfinanzierung
financing, dual ~	duale Finanzierung
fine	Geldstrafe
finished goods	Fertigerzeugnisse
finished goods warehouse	Fertigwarenlager
finished products	Fertigerzeugnisse
firm	Betrieb, Firma
fiscal	fiskalisch
fiscal equalization	Finanzausgleich
fiscal period	Wirtschaftszeitraum
fiscal year	Haushaltsjahr, Rechnungsjahr, Steuerjahr, Wirtschaftsjahr
fittings	Zubehör
fixed asset register	Anlagenkartei
fixed asset, abandonment of a ~	Verschrottung eines Anlagegutes
fixed assets	Anlagevermögen
fixed assets records	Inventarbücher
fixed assets, addition to ~	Zugang zum Sachanlagevermögen
fixed assets, advance payment on ~	Anzahlung auf Anlagen
fixed assets, analysis of ~	Anlagespiegel
fixed costs	Fixkosten
fixed costs coverage	Fixkostendeckung
fixed date	Stichtag
fixed deposit	Termineinlage
fixed exchange rates	feste Wechselkurse
fixed interest securities	festverzinsliche Wertpapiere
fixed interest-bearing	festverzinslich
fixed value	Festwert

flat reserve	Sammelwertberichtigung
flexible budget, calculation of ~	Sollkostenermittlung
flexible exchange rates	flexible Wechselkurse
flexible standard costing based on margin	Grenzplankostenrechnung
flow chart	Arbeitsablaufplan
flow of goods	Warenfluss
fluctuation rate	Fluktuationsrate
fluctuation, personnel ~	Personalfluktuation
focus	Schwerpunkt
focussed on budgeting	planungsorientiert
focussed on objectives	zielorientiert
folder	Ordner, Schnellhefter
foolproof	betriebssicher
for personal use	private Zwecke
force majeure	höhere Gewalt
forced liquidation	Zwangsauflösung
forced-sale value	Zwangsverkaufswert
forecast	Prognose, Erwartung
forecast error	Prognosefehler
forecast of incoming payments	Zahlungseingangsprognose
forecast value	Prognosewert
forecast, profit and loss ~	Gewinn- und Verlustprognose
forecasts to end of year	Erwartungsrechnung
foreclosure	Zwangsvollstreckung
foreclosure sale	Zwangsversteigerung
foreign balances	Auslandsguthaben
foreign business	Auslandsgeschäft
foreign currency	Devisen, Fremdwährung
foreign currency account	Fremdwährungskonto
foreign currency commitment	Fremdwährungsverpflichtung
foreign currency translation	Fremdwährungsumrechnung
foreign exchange	Devisen
foreign exchange adjustment	Kursdifferenzbuchung
foreign exchange broker	Devisenmakler
foreign exchange business	Devisenhandel

foreign exchange management	Devisenmanagement
foreign exchange market	Devisenbörse
foreign exchange rate	Währungskurs
foreign exchange rate at closing date of prior month	Schlusswechselkurs des Vormonats
foreign exchange restrictions	Devisenbeschränkungen
foreign exchange risk	Kursrisiko
foreign exchange transactions	Devisengeschäfte
foreign investment	Auslandsinvestition
foreign market	Auslandsmarkt
foreign notes and coins	Sorten
foreign trade	Aussenhandel
foreign trade balance	Aussenhandelsbilanz
foreign trade bank	Aussenhandelsbank
foreign trade financing	Export- und Importfinanzierung
foreign transactions tax law	Aussensteuergesetz
foreign worker	Gastarbeiter
foreign-source income	ausländische Einkünfte
foreman	Schichtführer, Vorarbeiter, Meister
forfeiture	Verfall (von Rechten)
forfeiture of a right	Verlust eines Rechtes
forgery	Fälschung
forgiveness of a debt	Schulderlass
form	Formular
fortnightly	vierzehntägig
forward discount	Deport
forward exchange	Termindevise
forward exchange contract	Devisentermingeschäft
forward exchange transactions	Devisenterminhandel
forward purchase	Terminkauf
forward rate	Devisenterminkurs
forwarder	Spediteur
forwarding agency	Spedition
forwarding agent	Spediteur
forwarding charges	Speditionskosten
foundation	Stiftung
founder	Gründer, Stifter

framework agreement	Rahmenvereinbarung
framework contract	Rahmenvertrag
fraud	Betrug, Täuschung
free and clear	unbelastet
free deal	Gratisangebot
free of charge	kostenfrei, ohne Berechnung, umsonst
free reserves	freie Rücklage
free rider position	Trittbrettfahrer-Verhalten
free surplus	freie Rücklage
free trade area	Freihandelszone
freedom of contract	Vertragsfreiheit
freedom of price formation	freie Preisbildung
freedom of trade	Handelsfreiheit
freight	Versandkosten, Transportkosten
freight charges	Frachtkosten
freight costs	Frachtkosten
freight-in	Eingangsfracht
freight-out	Ausgangsfracht
freight-rate check	Prüfung von Frachtrechnungen
frequency	Häufigkeit
fringe benefit	übertarifliche Leistung
frozen loan	eingefrorener Kredit
full costing	Vollkostenrechnung
full costing, based on ~	Vollkostenbasis
full coverage	volle Schadendeckung
full employment	Vollbeschäftigung
full insurance coverage	volle Risikoübernahme durch den Versicherer
full manufacturing costs	volle Herstelkosten
full time employees	Vollarbeitskräfte
full-time	hauptamtlich
full-time employment	Vollzeitbeschäftigung
fully allocated production costs	volle Herstelkosten
fully-automated plant	vollautomatische Fabrik
function	Funktion
function areas	Funktionsbereiche
fund	Fonds

fundamental right	Grundrecht
funded pension plan	Rentenversicherung auf Kapitaldeckungsbasis
funded reserve	Reserve in Form von Bankguthaben oder Wertpapieren
funds	Mittel
furniture	Mobiliar
furniture and fixtures	Einrichtungsgegenstände
furniture and office equipment	Betriebs- und Geschäftsausstattung
fusion	Zusammenschluss von Unternehmen, Fusion
future price	Terminpreis (an der Börse)
futures	Termingeschäfte
futures exchange	Terminbörse

G

gain	Gewinn, Nutzen
gain from sale	Veräusserungsgewinn
gain or loss, unrealized ~	nicht realisierter Gewinn oder Verlust
gain, speculative ~	Spekulationsgewinn
gap in supplies	Angebotslücke
garnishment	Pfändung einer Lohnforderung
general accounting	externes Rechnungswesen
general agreement	Rahmenvereinbarung
general assembly	Delegiertenversammlung
general business terms	allgemeine Geschäftsbedingungen
general conditions	allgemeine Bedingungen
general contract	Rahmenvertrag
general journal	Sammeljournal
general ledger	Hauptbuch
general ledger accounts	Sachkonten
general manager	Geschäftsführer
general manager for manufacturing and development	Technikleiter
general partner	Komplementär, persönlich haftender Partner
general partnership	offene Handelsgesellschaft (OHG)
general purpose allowance	Sammelwertberichtigung

general representation letter	Vollständigkeitserklärung
general social expenses	allgemeine Sozialkosten
generally accepted rule	Rechtsgrundsatz
German certified public accountant	Wirtschaftsprüfer
German Federal Bank	Deutsche Bundesbank
German Trade Union Federation	Deutscher Gewerkschaftsbund
gift	Spende
gift tax	Schenkungsteuer
globalization	Globalisierung
goal	Ziel
good business reasons	wirtschaftliche Gründe
good demand	lebhafte Nachfrage
goods	Waren
goods in process	Teilfabrikat, Halberzeugnis, unfertiges Erzeugnis
goods in transit	unterwegs befindliche Ware
goods inwards note (GIN)	Wareneingangsvermerk
goods on consignment	Konsignationswaren
goods return	Retour, Rücklieferung
goods, defective ~	fehlerhafte Ware
goods, non-durable ~	Verbrauchsgüter
goodwill	Geschäftswert, ideeller Firmenwert
government bonds	Staatspapiere
government budget	Staatsetat
government grants	öffentliche Beihilfen, staatlicher Zuschuss
government subsidy	Staatszuschuss
government supported housing	sozialer Wohnungsbau
government-mandated	gesetzlich vorgeschrieben
grace period	Schonfrist
grace period granted	gewährte Verzugstage
grading	Klassifikation
graduated price	gestaffelter Preis
grant of credit	Kreditzusage
grant of pension	Pensionszusagen
graph	Diagramm
grey market	grauer Markt

gross	Brutto
gross amount	Bruttobetrag
gross assets	Rohvermögen
gross cash provided by operating activities	betrieblicher Brutto-Cash-Flow
gross domestic product (GDP)	Bruttoinlandsprodukt (BIP)
gross income	Bruttoeinkommen
gross loss	Rohverlust
gross margin	Bruttogewinn, Rohertrag
gross national product	Bruttosozialprodukt
gross national product (GNP)	Bruttosozialprodukt (BSP)
gross pay	Bruttolohn
gross pay-roll system	Bruttolohn- und Gehaltssystem
gross profit	Bruttogewinn, Rohertrag
gross receipt	Roheinnahme
gross revenue	Bruttoertrag
gross sales	Bruttoerlös, Roherlös
gross turnover	Bruttoumsatz
gross wage	Bruttolohn
gross wage calculation	Bruttolohnabrechnung
group	Konzern
group accounting	Konzernrechnung
group division	Konzernbereich
group headquarter	Konzernzentrale
group products	Konzernware
grouping sheet	Sammelblatt
groups of cost elements	Kostenartengruppen
growing demand	steigende Nachfrage
growth	Wachstum
growth rate	Wachstumsrate
guarantee	Bürgschaft, Garantie
guarantee claim	Garantieforderung
guarantee for a bill of exchange	Wechselbürgschaft
guarantee obligation	Bürgschaftsverpflichtung
guarantee period	Garantiezeit
guarantor	Bürge
guard, to ~	überwachen

guideline	Leitlinie, Richtlinie
guilt	Schuld, strafrechtlich
guilty	schuldig

H

half-life	Halbwertszeit
half-yearly	halbjährlich
hand posting	manuelle Buchung
handling costs	Abwicklungskosten
handling time	Materialtransportzeit
handworked	handgefertigt
hardship clause	Härtefallregelung
hardship provision	Härtefallregelung
harmonization	Harmonisierung
harmonized legislation	harmonisierte Gesetzgebung
head of department	Abteilungsleiter
head of production	Produktionsleiter
head of the section	Bereichsleiter
head tax	Kopfsteuer
heading	Überschrift
headquarter	Zentrale
health insurance	Krankenversicherung
healthcare facilities	Gesundheitseinrichtungen
hearing	mündliche Verhandlung
hedge	Deckungsgeschäft, Kurssicherung
hedge clause	Schutzklausel
hedges	Termingeschäfte
hedging of financial risks	Absicherung finanzieller Risiken
hidden capital	verdecktes Stammkapital
hidden distribution of profits	verdeckte Gewinnausschüttungen
hidden reserve(s)	stille Reserve(n)
hire-purchase business	Ratenkreditgeschäft
hire-purchase transaction	Ratenkreditgeschäft
hiring of personnel	Personalbeschaffung
historical cost	Ist-Kosten der Vergangenheit
holder	Inhaber
holder of shares	Aktieneigentümer

holding company	Holdinggesellschaft
holiday	Urlaub
holiday pay	Urlaubsvergütung, Sonn- und Feiertagsvergütung
home market	Binnenmarkt
home office	Stammhaus
honorary	ehrenamtlich
hot money	Fluchtgeld
hourly rate of pay	Lohnstundensatz
hourly-paid employee	Arbeiter
hybrid costing	Mischkalkulation
hypothecation bond	Pfandbrief

I

idle assets	betrieblich nicht genutztes Vermögen
idle plant	Anlagen ausser Betrieb
idle plant expenses	Stillstandkosten
illegal	gesetzwidrig
illegal act	widerrechtliche Handlung
illicit	gesetzwidrig
immaterial	unwesentlich
impact	Auswirkung
import authorization	Einfuhrerlaubnis
import credit	Einfuhrkredit
import duty	Einfuhrzoll
import financing	Importkredit
import promotion clause	Importförderklausel
import, parallel ~	Parallelimport
importing country	Einfuhrland
improvement	Verbesserung
improvement in quality	Qualitätsverbesserung
improvement of income	Ergebnisverbesserung
improvement, continuous ~	kontinuierlicher Verbesserungsprozess (KVP)
imputed costs	kalkulatorische Kosten
imputed depreciation	kalkulatorische Abschreibung
imputed entrepreneurial salary	kalkulatorischer Unternehmerlohn
imputed interests	kalkulatorische Zinsen

imputed risk costs	kalkulatorische Wagniskosten
imputed social security costs	kalkulatorische Sozialleistungskosten
in bond	unter Zollverschluss
in duplicate	zweifach
in escrow	zu treuen Händen
in good faith	Treu und Glauben
in kind	in Natura
in lieu of payment	statt Zahlung
in trust	treuhänderisch
inability to collect	Uneinbringlichkeit
inactivate, to ~	stillegen
incapacity for employment	Erwerbsunfähigkeit
incapacity for work	Arbeitsunfähigkeit
incentive	Anreiz
incentive bonus	Leistungsprämie
incentive operations work	Akkordvorgaben
incentive scheme of payment	Akkordlohn
incentive wage	Leistungslohn
incidental expenses	Nebenkosten
incidental purchasing costs	Warenbezugskosten
incidential acquisition expenses	Anschaffungsnebenkosten
income	Einkommen, Einnahmen, Erlöse, Erträge
income before income taxes	Gewinn vor Ertragsteuern
income before tax (IBT)	Gewinn vor Steuer
income from all sources	sämtliche Einkünfte
income from disposal of fixed assets	Erträge aus dem Abgang von Anlagevermögen
income from domestic sources	inländische Einkünfte
income from equity investment	Erträge aus Beteiligungen
income from investments	Beteiligungserträge
income from other sources	sonstige Einkünfte
income from reversal of accruals	Erträge aus der Auflösung von Rückstellungen
income from self-employment	Einkünfte aus selbständiger Arbeit
income maintenance	Einkommensfortzahlung
income statement	Gewinn- und Verlustrechnung, Ergebnisrechnung

income tax	Einkommensteuer, Ertragssteuern
income taxes payable	Rückstellung für Ertragssteuern
income, extraordinary ~	ausserordentliche Erträge
income, improvement of ~	Ergebnisverbesserung
income, licence ~	Lizenzeinnahmen
income, non-operating ~	neutraler Ertrag
income, non-operational ~	neutrales Ergebnis
income, operating ~	Betriebsgewinn
income, other ~	sonstige Erträge, neutraler Ertrag
income, royalty ~	Lizenzeinnahmen
income, unearned ~	transitorische Passiva
incoming and outgoing accounting	Einnahmen- und Ausgabenrechnung
incoming and outgoing budget	Einnahmen- und Ausgabenplan
incorporation expense	Gründungskosten
incorporation of a company	Gesellschaftsgründung
increase	Erhöhung
increase in long-term provisions	Erhöhung langfristiger Rückstellungen
increase in quantity	Mengenausweitung
increase in share capital out of retained earnings	Kapitalerhöhung aus Gesellschaftsmitteln
increase in value	Wertsteigerung
increased sales	Absatzsteigerung
increment	Zuwachs
indebtedness	Verschuldung
indebtedness, total ~	Gesamtverschuldung
indefinite period	unbestimmter Zeitabschnitt
indemnification	Entschädigung, Schadensersatzleistung
indemnity	Abfindung
indemnity insurance	Schadenersatzversicherung
indemnity payment	Abstandszahlung
index	Verzeichnis
indirect labour	Gemeinkostenlöhne
indirect material	Materialgemeinkosten
indirect quotation	indirekter Wechselkurs
indirect taxes	indirekte Steuern
individual	natürliche Person

individual targets	Einzelziele
industrial application	gewerbliche Anwendbarkeit
industrial bonds	Industrieobligation
industrial goods	Produktionsgüter
industrial injury	Arbeitsunfall
industrial relations	Personalabteilung
industry, key ~	Schlüsselindustrie
inelastic demand	starre Nachfrage
inflation reserve	Substanzerhaltungsrücklage
inflationary profit	Inflationsgewinn
influence on costs	Kostenbeeinflussung
informal informations	informelle Informationen
information system	Informationssystem
infrastructure	Infrastruktur
inheritance tax	Erbschaftsteuer
in-house shop	Warenausgabe
initial salary	Anfangsgehalt
injunction	einstweilige Verfügung
innocent	unschuldig
input	Dateneingabe
inquiry	Ermittlung
inside sales	Innenumsatz
insolvency	Insolvenz, Zahlungsunfähigkeit
insolvent	zahlungsunfähig
inspect, to ~	prüfen (technisch)
inspection report	Kontrollbericht, Prüfbericht technischer Art
inspector	Prüfer
installment	Rate, Teilzahlung
installment accounting	Teilabrechnung
installment credit	Teilzahlungskredit
installment credit institution	Teilzahlungsbank
installment debt	in Raten rückzahlbare Schuld
installment loan	Ratenkredit
installment purchase	Teilzahlungskauf
installment sale	Teilzahlungsverkauf

installment sales finance company	Teilzahlungsfinanzierungsgesellschaft
installment terms	Teilzahlungsbedingungen
installments, to pay by ~	Zahlung auf Raten
instructions for use	Gebrauchsanweisung
insurance	Versicherung
insurance claim	Versicherungsanspruch
insurance coverage	Versicherungsschutz
insurance policy	Versicherungspolice
insurance premium	Versicherungsprämie
insured	Versicherungsnehmer
insured loss	Schadensfall
insurer	Versicherer
intangible assets	immaterielle Vermögensgegenstände
intangible property	immaterielles Anlagevermögen
intellectual property	geistiges Eigentum
intended use	Verwendungszweck
intensity of demand	Nachfrageintensität
interaction	Wechselwirkung
interchangeable	substituierbar
intercompany	Interkonzern
intercompany delivery	Interkonzernlieferung
intercompany elimination	zwischenbetriebliche Eliminierung
intercompany price	Verrechnungspreis
intercompany profit	Zwischengewinn
intercompany sales	Interkonzernumsatz
intercompany services' charging	innerbetriebliche Leistungsverrechnung
intercompany transactions	zwischenbetriebliche Geschäftsvorgänge
intercompany transfer price	Interkonzernverrechnungspreis
intercompany turnover	Interkonzernumsatz
interdisciplinary	fachübergreifend
interest	Zins, Beteiligung
interest and dividends received	Zins- und Dividendeneinnahmen
interest and similar charges	Zinsen und ähnliche Aufwendungen
interest and similar income	Zinsen und ähnliche Erträge
interest balance	Zinssaldo
interest bearing	verzinslich

interest coupon	Zinskupon
interest expense	Sollzinsen
interest free	unverzinslich
interest income	Habenzinsen, Zinsertrag
interest margin	Zinsspanne
interest on current account	Kontokorrentzinsen
interest on outside capital	Fremdkapitalzinsen
interest on principal	Kapitalzins
interest paid	Zinsausgaben
interest payable	Schuldzinsen
interest rate	Zinssatz
interest, to accumulate ~	aufzinsen
interest, unearned ~	transitorische Zinserträge
interests, calculated ~	kalkulatorische Zinsen
interests, imputed ~	kalkulatorische Zinsen
interface	Verzahnung
interim closing	Zwischenabschluss
interim dividend	Zwischendividende
interim financing	Vorfinanzierung
interim interest	Zwischenzinsen
interim statements	Zwischenabschluss
interlocutory decree	Zwischenurteil
intermediary trade	Zwischenhandel
intermediate control	Zwischenkontrolle
intermediate product	Zwischenprodukt
intermittent production	Intervallfertigung
internal audit	Innenrevision
internal control	interne Kontrolle
internal cost allocation	innerbetriebliche Leistungsverrechnung
internal interest rate method	Interne-Zinsfuss-Methode
internal quality control	interne Qualitätskontrolle
internal reporting	internes Berichtswesen
internal services	innerbetriebliche Leistungen
internal services charging	innerbetriebliche Leistungsverrechnung
internal traffic	Werksverkehr
internal transfer price	innerbetrieblicher Verrechnungspreis

internal transportation	innerbetriebliche Transporte
internal turnover	Innenumsatz
interpolation	Interpolation
intervention	Intervention
intervention currency	Interventionswährung
intervention points	Interventionspunkte
intracompany	innerbetrieblich
intracompany sales	Innenumsatz
intracompany services	innerbetriebliche Leistungen
intracompany services charging	innerbetriebliche Leistungsverrechnung
intraplant	innerbetrieblich
intrinsic value	innerer Wert
introductory offer	Einführungsangebot
invalid	rechtsungültig
invalidity	Invalidität
inventories	Vorratsvermögen, Warenvorräte
inventory	Bestand, Inventur
inventory account	Bestandskonto
inventory count	körperliche Bestandsaufnahme
inventory decrease	Bestandsabbau
inventory increase	Bestandserhöhung
inventory listing	Bestandsverzeichnis
inventory on hand	Lagerbestand
inventory pricing	Bestandsbewertung
inventory roll-forward	Bestandsfortschreibung
inventory shrinkage	Bestandsverlust
inventory tag	Inventurzettel
inventory turnover	Lagerumschlag
inventory valuation	Bestandsbewertung
inventory valuation method	Inventurbewertungsmethode
inventory value	Bestandswerte, Lagerwert
inventory variance	Bestandsabweichung, Inventurdifferenz
inventory, change of ~	Bestandsveränderung
inventory, closing ~	Warenendbestand
inventory, consigned ~	Fremdlager
inventory, perpetual ~	permanente Inventur

inventory, start-up ~	Eröffnungsinventur
inventory, to take ~	Bestand aufnehmen
invested assets	investiertes Vermögen
invested capital	investiertes Kapital
investigating authority	Ermittlungsbehörde
investigation	Ermittlung, Untersuchung
investigation procedure	Ermittlungsverfahren
investing activities, cash flow used in ~	Mittelabfluss aus Investitionstätigkeit
investing activities, net cash used in ~	Abfluss aus investiver Tätigkeit
investment	Investition, Kapitalanlage
investment amount	Investitionsbetrag
investment appraisal	Investitionsrechnung
investment budget	Investitionsplan
investment climate	Investitionsklima
investment company	Investmentgesellschaft, Beteiligungsgesellschaft
investment credit	Investitionskredit
investment demand	Investitionsnachfrage
investment fund	Anlagefonds
investment for quality improvement	Qualitätsverbesserungsinvestition
investment for rationalization	Rationalisierungsinvestition
investment grant	Investitionszulage
investment incentive	Investitionsanreiz
investment income	Einkünfte aus Kapitalvermögen
investment intention	Investitionsvorhaben
investment made to increase efficiency	Rationalisierungsinvestition
investment objective	Anlageziel
investment policy	Investitionspolitik, Anlagepolitik
investment premium	Investitionszulage
investment risk	Anlagerisiko
investment volume	Investitionsvolumen
investment, amount of ~	Investitionsbetrag
investment, bad ~	Fehlinvestition
investment, foreign ~	Auslandsinvestition
investment, insecure ~	unsichere Kapitalanlage
investment, mistaken ~	Fehlinvestition

investment, promising ~	vielversprechende Investition
investment, return of ~	Rendite, Reinertrag des angelegten Kapitals, Kapitalverzinsung
investment, terms of ~	Investitionsbedingungen
investment, type of ~	Investitionsart
investments for expansion of capacity	Kapazitätserweiterungsinvestitionen
investments to improve quality	Qualitätsverbesserungsinvestitionen
investments, changes in ~	Veränderung der Finanzanlagen
investments, trustee ~	mündelsichere Kapitalanlage
investor	Anleger
invitation to tender	Ausschreibung
invoice	Rechnung
invoice amount	Rechnungsbetrag
invoice check	Rechnungsprüfung
invoice, to verify the ~	Rechnung prüfen
invoice, unvouchered ~	ungebuchte Rechnung
invoicing	Rechnungsstellung
involuntary bankruptcy proceedings	Zwangskonkursverfahren
ipart payment	Teilzahlung
iquid funds	flüssige Mittel
irredeemable	unkündbar
irregularity	Unregelmässigkeit
irrevocable credit	unwiderruflicher Kredit
issuances of debt	Kreditaufnahme
issue	anhängige Streitfrage
issue a cheque, to ~	Scheck ausstellen
issue a note, to ~	Wechsel ausstellen
issue of material	Materialausgabe
issue of shares	Ausgabe von Aktien
issue price	Ausgabekurs, Emissionspreis
issued capital	gezeichnetes Kapital
issued share	ausgegebene Aktie
issued stock	ausgegebene Aktie
issuing of a note	Ausstellung eines Wechsels
item	Position (Posten)
item on the agenda	Tagesordnungspunkt

J

job	Tätigkeit (Beruf)
job description	Arbeitsplatzbeschreibung, Tätigkeitsbeschreibung
job order cost system	Kostenrechnung nach Einzelaufträgen
job time ticket	Akkordzettel
job-order production	Auftragsfertigung
joint debtor	Mitschuldner, Gesamtschuldner
joint investment	gemeinsame Investition
joint liability	Gesamthaftung
joint product	Kuppelprodukt
joint return	gemeinsame Steuererklärung
joint venture	Gemeinschaftsunternehmen
jointly used warehouse	gemeinsam genutzes Zentrallager
jubilee pay	Jubiläumsgeld
judgement	Urteil
judgement, to refer to a ~	auf ein Urteil zurückverweisen
judgement, to render ~	Urteil fällen
jurisdiction	Rechtsprechung, Verfügungsgewalt
jurisdiction in tax matters	Steuerhoheit

K

keen demand	starke Nachfrage
key competences	Kernkompetenzen
key employee	leitender Angestellter
key industry	Schlüsselindustrie
key position	Schlüsselstellung
key question	Schlüsselfrage
key technology	Schlüsseltechnologie
knowledge and belief, to the best of ~	nach bestem Wissen und Gewissen

L

label	Etikett, Kennzeichnung
label, to ~	etikettieren
labeling	Etikettierung
labour	Arbeit
labour contract	Tarifvertrag

labour cost distribution	Personalkostenverteilung
labour costs	Personalkosten
labour dependent cost	lohnabhängige Fertigungskosten
labour efficiency variance	Leistungsgradabweichung (bei Standardkostenrechnung)
labour fluctuation	Personalfluktuation
labour force participation rate	Erwerbsquote
labour grade	Tarifgruppe
labour turnover	Personalfluktuation
land	Grundstück
land and buildings	Grundstücke und Gebäude
land charge	Grundschuld
landed cost	Kosten inkl. Ausladen und Zoll
landlord	Vermieter
landmark decision	Grundsatzurteil
lapse	Verfall (von Rechten)
lapse, to ~	verjähren
lapsed patent	verfallenes Patent
late delivery	Lieferungsverzug
launch of a product	Produkteinführung
launch, to ~	einführen
law	Gesetz
lawmaker	Gesetzgeber
lawsuit	Rechtsstreit
lawyer	Rechtsanwalt
lay-off	Entlassung
lead-manager	Konsortialführer
lease	Pachtvertrag
lease, to ~	mieten, pachten, vermieten, verpachten
leasehold cost	Aufwendungen des Pächters für Pachtgegenstände
leases equivalent to fixed assets	grundstücksgleiche Rechte
leasing	Leasing
leaving date	Abgangsdatum
ledger card	Kontenblatt
ledger sheet	Kontenblatt
legal and fiscal matters (department)	Rechts- und Sozialwesen (Abteilung)

legal and professional fees	Rechts-und Beratungskosten
legal certainty	Rechtssicherheit
legal claim	Rechtsanspruch
legal entity	juristische Person
legal form	Rechtsform
legal holidays	gesetzliche Feiertage
legal issue	rechtliche Frage
legal person	juristische Person
legal position	Rechtslage
legal requirements	gesetzliche Vorschriften
legal reserve	gesetzliche Rücklage
legal right	verbrieftes Recht
legal tender	gesetzliches Zahlungsmittel
legal, patents and licences	Recht, Patente und Lizenzen
legally binding	rechtskräftig
legislation	Gesetzgebung
legislative programme	Gesetzgebungsprogramm
legislator	Gesetzgeber
lend against security, to ~	beleihen
lender	Kreditgeber
length of time	Dauer
lessee	Mieter
lessor	Vermieter
let, to ~	vermieten
letter of credit	Akkreditiv
letter of indemnity	Ausfallbürgschaft
letter of intent	Absichtserklärung
letting	Vermietung
level of activity	Wirkungsgrad
level of income	Einkommensniveau
level of management	Führungsstufen
levy	Steuerabgabe
liabilities	Verbindlichkeiten
liabilities and capital	Passiva
liabilities to banks	Verbindlichkeiten gegenüber Kreditinstituten

liabilities, other ~	sonstige Verbindlichkeiten
liabilities, to incur ~	Verbindlichkeiten eingehen
liabilities, to set up ~	passivieren
liabilities, unrecorded ~	unverbuchte Verbindlichkeiten
liability	Haftung, Schuld, zivilrechtlich, Obligo
liability for damages	Schadenersatzpflicht
liability for taxation	Steuerpflicht
liability insurance	Haftpflichtversicherung
liability secured by charge on property	dinglich gesicherte Verbindlichkeit
liability to pay an additional amount	Nachschusspflicht
liability, trade ~	Lieferantenverbindlichkeiten
licence	Lizenz
licence agreement	Lizenzvereinbarung
licence fee	Lizenzgebühr
licence holder	Lizenzinhaber
licence income	Lizenzeinnahmen
licence term	Lizenzdauer
licencing	Lizensierung
licencing authority	Genehmigungsbehörde
licensee	Lizenznehmer
lien	Zurückbehaltungsrecht, Pfandrecht
life insurance	Lebensversicherung
life style concept	Lebenszykluskonzept
life style costs	Lebenszykluskosten
life, expected ~	voraussichtliche Nutzungsdauer
life-cycle-accounting	Lebenszyklus-Kostenrechnung
limitation of action	Klageverjährung
limitation of quantity	Mengenbegrenzung
limited liability company	Gesellschaft mit beschränkter Haftung (GmbH)
limited partner	Kommanditist
limited partnership	Kommanditgesellschaft (KG)
line extension	Sortimentsvertiefung
line of credit	Kreditlinie
lines	Zeilen
liquid assets	liquide Vermögenswerte, flüssige Mittel

liquid funds	flüssige Mittel
liquid recources	liquide Mittel
liquidation	Liquidation
liquidation balance sheet	Liquidationsbilanz
liquidation value	Liquidationswert
liquidity	Liquidität, Zahlungsfähigkeit
liquidity bottleneck	Liquiditätsengpass
liquidity position	Liquiditätslage
liquidity ratio	Liquiditätskennzahl, Liquiditätsgrad
liquidity reserves	Liquiditätsreserve
liquidity, absorption of ~	Liquiditätsabschöpfung
liquidity, change of ~	Liquiditätsveränderung
liquidity-related contribution	liquiditätswirksamer Deckungsbeitrag
liquidity-related expenses	liquiditätswirksame Aufwendungen
liquidity-related positions	liquiditätswirksame Positionen
list	Tabelle, Liste
list price	Listenpreis
listed stock	an der Börse notierte Aktie
listing	Übersicht
litigate, to ~	prozessieren
litigation	Rechtsstreit
loan	Kredit, Darlehn
loan against a promissory note	Schuldscheindarlehen
loan application	Kreditantrag
loan commission	Kreditprovision
loan department	Kreditabteilung
loan expense	Kreditkosten
loan file	Kreditakte
loan interest	Anleihezinsen
loan issue	Anleihenemission
loan issue expense	Kreditbeschaffungskosten
loan on real estate	Realkredit
loan rate	Ausleihungssatz
loan security	Kreditbesicherung
loan to finance purchases	Kaufkredit
loan transactions	Kreditverkehr

loans payable	Darlehensverbindlichkeiten
loans receivable	Darlehensforderungen
local advertising	lokale Werbung
local allowance	Ortszuschlag
local branch	Zweigstelle
local currency	Währung, Inlandswährung, Landeswährung
location	Standort
logistics	Logistik
Logistics Controller	Logistik-Controller
long position	aktive Devisenposition
long-range plan	Langzeitplan
long-run	langfristig
long-term	langfristig
long-term budget	langfristige Planung
long-term cash budget	langfristiger Finanzplan
long-term credit/loan	langfristiger Kredit
long-term debts	langfristige Verbindlichkeiten
long-term investments	Wertpapiere des Anlagevermögens
long-term investments, other ~	übrige Finanzanlagen
long-term lease	langfristiger Mietvertrag
long-term liability	langfristige Verbindlichkeiten
long-term planning	Langfristplanung
long-term provisions	langfristige Rückstellungen
long-term receivables	langfristige Forderungen
long-term study	Langzeitstudie
loss	Fehlbetrag, Verlust
loss absorption	Verlustausgleich
loss allocation	Verlustzuweisung
loss before tax	Verlust vor Steuern (LBT)
loss compensation	Verlustausgleich
loss from sale	Veräusserungsverlust
loss in assets	Anlageabgang
loss of value	Wertverlust
loss relating to prior years	auf die Vorjahre bezogener Verlust
loss, speculative ~	Spekulationsverlust

losses attributable to minority interest	auf konzernfremde Gesellschafter entfallender Verlust
lost benefit	entgangener Nutzen
lost discount	Skontoverlust
lost profit	entgangener Gewinn
lot production	Losgrössenfertigung
lot-size variance	Losgrössenabweichung
low value	geringwertig
low value items	geringwertige Wirtschaftsgüter
lower court	erste Instanz
lower current value (after partial write-down)	niedrigerer Teilwert
lower of cost or market principle	Niederstwertprinzip
low-income	einkommensschwach
low-life asset	kurzfristig abnutzbares Wirtschaftsgut
lump sum	Pauschale
lump-sum allowance	Pauschalwertberichtigung
lump-sum amount	Pauschalbetrag
lump-sum payment	Pauschalvergütung
lump-sum reserve	Sammelwertberichtigung
lump-sum tax	Steuer, Pausch-
luxury goods	Luxusgüter

M

machine depending cost	Maschinenfertigungskosten
machine load	Maschinenbelastung
machine overhead rate	Maschinenkostensatz
machine shop	Werkstatt
machinery	Maschinen
machinery and equipment	Maschinen und maschinelle Anlagen
magnetic tape	Magnetband
mail	Post
mail addressed to householder	Postwurfsendung
mail order business	Versandhaus
mailing	Werbebrief
mail-order business	Versandgeschäft
mail-order selling	Versandhandel
main strategy	Basisstrategie, Hauptstrategie

maintenance	Wartung, Instandhaltung, Unterhalt
maintenance contract	Wartungsvertrag
maintenance costs	Unterhaltungskosten
maintenance of asset value	Substanzerhaltung
major	wesentlich
major repairs	Grossreparatur
majority	Mehrheit
majority holding	Mehrheitsbeteiligung
majority of votes	Stimmenmehrheit
make	Marke
maker	Fabrikant
man hour	Mann-Stunde
managed competition	gelenkter Wettbewerb
management	Führung, Geschäftsleitung
management accounting	internes Rechnungswesen
management by objectives	Führung durch Zielvereinbarung
management counsellor	Unternehmensberater
management information system	Management-Informationssystem
management report	Management-Report
management result	Management-Erfolg
management result accounting	Management-Erfolgsrechnung
management science	Unternehmensforschung
management strategy	Unternehmensstrategie
manager of personnel affairs	Arbeitsdirektor
managing director	Geschäftsführer
mandated by law	gesetzlich vorgeschrieben
mandatory provisions	zwingende Bestimmungen
manning table	Stellenbesetzungsplan
manpower	menschliche Arbeitskraft
manpower budget	Personalbudget
manufacture, to ~	herstellen, produzieren
manufacturer	Fabrikant, Hersteller, Produzent
manufacturing	Fabrikation, Fertigung
manufacturing allowances	Fertigungszuschläge
manufacturing assets	Produktionsmittel
manufacturing authorization	Herstellungserlaubnis

manufacturing budget	Produktionsplan
manufacturing cost	Fertigungskosten, Herstellkosten
manufacturing cost centre	Fertigungskostenstelle
manufacturing department	Produktionsabteilung
manufacturing formula	Herstellungsformel
manufacturing operations	Herstellungsvorgänge
manufacturing output variation	Fabrikausstossabweichung
manufacturing overhead expenses	Fertigungsgemeinkosten
manufacturing overhead expenses, underapplied ~	Fertigungsgemeinkostenunterdeckung
manufacturing overhead rate	Fertigungsgemeinkostenzuschlag
manufacturing program	Fertigungsprogramm
manufacturing structure costs	Fertigungsstrukturkosten
manufacturing supplies	Hilfs- und Betriebsstoffe
margin	Handelsspanne, Marge, Spanne
margin, average industry ~	Branchenspanne
margin, trade ~	Handelsspanne
margin, wholesale ~	Grosshandelsspanne
marginal buyer	Grenzkäufer
marginal contribution	Deckungsbeitrag
marginal contribution accounting	Deckungsbeitragsrechnung
marginal contribution, concern ~	Konzerndeckungsbeitrag
marginal cost of labour	Grenzkosten der Arbeit
marginal costing	Grenzkostenrechnung
marginal costs	Grenzkosten
marginal demand	Grenznachfrage
marginal efficiency of capital	Grenzleistung des Kapitals
marginal income	Grenzertrag
marginal productivity	Grenzproduktivität
marginal productivity of labour	Grenzproduktivität der Arbeit
marginal profit	Grenzgewinn
marginal rate of tax	Grenzsteuersatz
marginal revenue	Grenzertrag
marginal utility	Grenznutzen
marginal utility, diminishing ~	abnehmender Grenznutzen
marginal utility, theory of ~	Grenznutzentheorie

marital status	Familienstand
mark of quality	Gütezeichen
market analysis	Marktuntersuchung
market area	Absatzgebiet
market audit	Marktuntersuchung
market behaviour	Marktverhalten
market campaign	Marktkampagne
market conditions	Verhältnisse des Marktes
market coverage	Marktdurchdringung, Marktanteil
market data	Absatzzahlen
market development	Marktentwicklung
market economy	Marktwirtschaft
market expansion	Marktausweitung
market facts	Marktdaten
market fluctuations	Marktschwankungen
market force	Markteinfluss
market forecast	Marktprognose
market growth	Marktwachstum
market inquiry	Marktumfrage
market investigation	Marktbeobachtung
market niche	Marktnische
market planning	Marktplanung
market position	Marktposition
market potential	Marktpotential
market price	Wiederbeschaffungspreis, Kurswert
market quota	Absatzkontingent
market quotation	Preisnotierung an der Börse, Kursbericht
market rate of interest	Marktzins
market research	Marktforschung
market saturation	Marktsättigung
market share	Marktanteil
market share, relative ~	relativer Marktanteil
market situation	Absatzverhältnisse, Marktsituation
market size	Marktgrösse
market strategy	Marktstrategie
market structure	Marktstruktur

market study	Marktstudie
market supply	Marktangebot
market survey	Marktanalyse
market value	Marktpreis, Marktwert
market volume	Marktvolumen
market, bear ~	schwacher Markt
market, bull ~	starker Markt
market, buyer's ~	Käufermarkt
market, capital ~	Kapitalmarkt
market, untapped ~	Marktlücke
marketable securities	börsengängige Wertpapiere
marketing	Marketing
Marketing & Sales Controller	Marketing- und Vertriebs-Controller
marketing accounting	Absatzbuchhaltung
marketing agreement	Marktabsprache
marketing approach	Marketingidee
marketing campaign	Marketingkampagne
marketing concept	Marketingkonzept
marketing department	Marketingabteilung
marketing expenses	Marketingkosten
marketing financing	Absatzfinanzierung
marketing manager	Marketingleiter
marketing method	Absatzmethode
marketing mix	Marketingmix
marketing objective	Marketingziel
marketing plan	Marketingplan
marketing policy	Marketingpolitik
marketing research	Absatzforschung
marketing statistic	Absatzstatistik
marketing strategy	Marketingstrategie
marketing techniques	Marketingmethoden
mass production	Fliessbandfertigung, Massenproduktion
mass-produced article	Massenartikel
material allocation	Materialzuordnung
material cost	Materialkosten
material cost accounting	Materialabrechnung

material cost overhead rate	Materialgemeinkostenzuschlag
material handling charge	Materialgemeinkostenzuschlag
material overheads expenses	Materialgemeinkosten
material price variation	Materialpreisdifferenz
material prices, variation in ~	Materialpreisdifferenz
material requirement planning	Materialbedarfsplanung
material shrinkage	Materialschwund, Materialverlust
material transaction register	Materialbewegungsliste
material usage	Materialverbrauch
material, indirect ~	Materialgemeinkosten
maternity leave	Mutterschaftsurlaub
matter	Thema
matured liability	fällige Schuld
matured note	fälliger Wechsel
maturity date	Fälligkeitstermin
maturity value	Fälligkeitswert
maximum contribution	Höchstbeitrag
maximum co-payment	maximale Selbstbeteiligung
maximum rebate	Höchstrabatt
mean average	arithmetisches Mittel
means	Mittel
means of financing	Finanzierungsmittel
mechanical data	technische Daten
medical examination of young workers	Jugendarbeitsschutzuntersuchung
medical insurance	Krankenversicherung
medium and long-term liabilities	mittel- und langfristige Verbindlichkeiten
medium-sized business	Mittelstand
medium-term planning	mittelfristige Planung
meeting	Besprechung, Sitzung, Versammlung
meeting attendance fees	Sitzungsgelder
member	Mitglied
member bank of a syndicate	Konsortialbank
member of the board of directors	Aufsichtsratsmitglied
member of the executive board	Vorstandsmitglied
memo entry	statistische Buchung

merchandise	Handelsware, Waren
merchandise assortment	Warensortiment
merchandise in transit	unterwegs befindliche Ware
merchandise inventory	Handelswarenbestand
merchandise stock	Warenbestand
merchandising scheme	Absatzplan
merchant	Kaufmann
merge, to ~	fusionieren
merger	Zusammenschluss von Unternehmen
merit rating	Leistungsbewertung
merit system	Prämiensystem
method	Verfahren
middle class	Mittelstand
middleman	Zwischenhändler
mid-term planning	Mittelfristplanung
mileage allowance	Kilometergeld
military service	Wehrdienst
mineral oil tax	Mineralölsteuer
minimum capital	Mindestkapital
minimum contribution	Mindestbeitrag
minimum net sales	Reinerlösuntergrenze
minimum qualifications	Mindestqualifikationen
minimum reserve	Mindestreserve
minimum wage	Mindestlohn
Minister of Finance	Finanzminister
Ministry of Finance	Finanzministerium
minor control	Untergruppenkontrolle, Minderheitskontrolle
minority	Minderheit
minority holding	Minderheitsbeteiligung
minority interests	Anteile anderer Gesellschafter, Minderheitsanteil
minority interests in losses	Verlustanteile anderer Gesellschafter
minority interests in profits	Gewinnanteile anderer Gesellschafter
minority of votes	Stimmenminderheit
minority shareholder	Minderheitsaktionär
minutes	Protokoll

minutes of a meeting	Sitzungsprotokoll
miscellaneous	verschiedenes, sonstiges
miscellaneous overhead expenses	verschiedene Gemeinkosten
mission statement	Leitbild
mistake	Fehler
mode of payment	Zahlungsweise
modules	Baukastensystem
monetary transactions	Zahlungsverkehr
monetary unit	Währungseinheit
money	Geld
money markt	Geldmarkt
money order	Zahlungsanweisung
money transfer	Geldüberweisung
monitor, to ~	überwachen
monopoly	Monopol
monopoly price	Monopolpreis
month reported on	Berichtsmonat
monthly billing	Sammelfaktura
monthly salary	Monatsgehalt
mortgage	Grundschuld, Hypothek
mortgage bond	Hypothekenpfandbrief
mortgage certificate	Hypothekenanteilschein
mortgage claim	Hypothekenforderung
mortgage debt	Hypothekenschuld
mortgage lien	Hypothekenpfandrecht
mortgage loan	Hypothekarkredit
mortgage security	Sicherungshypothek
mortgage, to ~	verpfänden, dinglich
motion for a resolution	Entschliessungsantrag
movable property	bewegliches Vermögen
movement of demand	Nachfrageentwicklung
moving average	gleitender Durchschnitt
moving expenses	Umzugskosten
multidimensional contribution accounting	mehrdimensionale Deckungsbeitragsrechnung
multi-dimensional evaluation	mehrdimensionale Bewertung

multinational	multinational
multi-step contribution accounting	mehrstufige Deckungsbeitragsrechnung
municipal bond	Schuldverschreibung der Gemeinden
municipal trade tax	Gewerbesteuer
municipal trade tax on capital	Gewerbesteuer auf das Kapital
municipal trade tax on income	Gewerbesteuer auf den Ertrag
municipal trade tax on pay-roll	Gewerbesteuer auf die Lohnsumme
must not be recorded as a liability	Passivierungsverbot

N

navigability of the business	Navigationsfähigkeit des Unternehmens
need	Bedarf
negative clause	Negativklausel
negative confirmation	Saldenbestätigung ohne Rückantwort
negotiable	übertragbar durch Indossament
negotiable instrument	Orderpapier
negotiable instruments act	Wechselgesetz
negotiate, to ~	aushandeln
negotiator	Unterhändler
net	Netto
net amount	Nettobetrag
net asset value	Substanzwert
net assets	Vermögen
net assets tax	Vermögenssteuer
net book value	Restbuchwert, Nettobuchwert
net cash used in financing activities	Abfluss aus Finanzierungstätigkeit
net cash used in investing activities	Abfluss aus investiver Tätigkeit
net change in liquid funds	Veränderung der Liquidität
net gain or loss	Nettoergebnis
net income	Nettogewinn, Reingewinn
net income after taxes	Gewinn nach Steuerabzug
net income before taxes	Gewinn vor Steuerabzug
net income for the year	Jahresgewinn, Jahresüberschuss
net income, undistributed ~	nicht ausgeschütteter Gewinn
net loss	Nettoverlust, Reinverlust
net operating profit	Betriebsergebnis
net out, to ~	saldieren

net pay	Nettolohn
net presentation	Nettoausweis
net price	Nettopreis
net proceeds	Reinertrag
net profit	Nettogewinn, Reingewinn
net realizable value	Nettoerlöswert, Niederstwert
net revenues	Nettoerlöse
net sales	Umsatzerlöse, Reinerlös, Nettoumsatz
net sales calculation	Reinerlösrechnung
net value added	Wertschöpfung
net weight	Reingewicht
net working capital	Nettoumlaufvermögen
net working capital (NWC)	Nettoumlaufvermögen (NUV)
net worth	Reinvermögen
network	Netzwerk
new business development	Vermarktungsvorbereitung
newly issued shares	junge Aktien
niche strategy	Nischenstrategie
nil	Null
no par value share	Quotenpapier
nominal value	Nennbetrag, Nominalwert
non interest bearing securities	unverzinsliche Wertpapiere
non-cash benefit	Sachleistung
non-competition clause	Wettbewerbsverbot
nonconvertible currencies	nicht frei konvertierbare Devisen
noncurrent assets	Anlagevermögen
nondeductible expenses	nicht abzugsfähige Ausgaben
non-durable goods	Verbrauchsgüter
non-interest bearing	unverzinslich
nonlisting cycle	Sammelgang
non-operating expenses	neutraler Aufwand
non-operating income	neutraler Ertrag
non-operating result	Finanzergebnis
non-operational income	neutrales Ergebnis
nonpayment	Nichtzahlung
non-profit	gemeinnützig

non-resident accounts	Devisenausländerkonten
nonresident taxpayer	Steuerausländer
non-tariff employee	aussertariflicher Angestellter
non-tariff payment	aussertarifliche Bezahlung
non-wage labour costs	Personalnebenkosten
normal capacity	Normalbeschäftigung
normal depreciation	planmässige Abschreibung
not guilty	unschuldig
not paid-in capital	aussenstehende Einlagen
not saleable	unverkäuflich
notary public	Notar
note	Wechsel
note discounting	Wechseldiskontierung
note register	Wechselbuch
note, to issue a ~	Wechsel ausstellen
note, to protest a ~	Wechsel zu Protest gehen lassen
note, unpaid ~	nicht eingelöster Wechsel
notes for guidance	erläuternde Hinweise
notes payable	Wechselverbindlichkeiten, Schuldwechsel
notes receivable	Wechselforderungen
notes to the financial statements	Anmerkung zum Jahresabschluss
notice	Kündigung
notice, to give ~	kündigen
number	Nummer

O

oath of disclosure	Offenbarungseid
objection	Einwendung
objective	Ziel
objective, profit ~	Gewinnziel
objective-oriented	zielorientiert
objectives, performance ~	Leistungsziele
objectives, process of agreeing ~	Zielvereinbarungsprozess
objectives, process of setting ~	Prozess der Zielfestlegung
obligation	Schuld, zivilrechtlich, Verpflichtung
obligation to capitalize	Aktivierungspflicht

obligatory direction	Verfahrensrichtlinie
obligatory hours	Sollstunden
obliging allowances	Kulanzleistung
obligor	Obligationsschuldner
obsolescence	Veralterung
obsolete	veraltet
occupancy rate	Auslastungsrate
occupation	Tätigkeit (Beruf)
occupational accident	Berufsunfall
occupational disability	Erwerbsunfähigkeit
occupational disease	Berufskrankheit
occupational hazard	Berufsrisiko
occupational risk	Berufsrisiko
occupational safety	Arbeitsschutz, Arbeitssicherheit
offer	Kaufangebot
offerer	Anbieter
office	Büro
office equipment	Büroinventar
office supplies	Bürobedarf, Büromaterial
officers	Vorstand
officers' renumeration	Vorstandsbezüge
official quotation	amtliche Kursnotierung
old age company pension	betriebliche Altersversorgung
old age compensation	Ruhegeld
old age insurance	Pensionsversicherung
old age pension	Altersrente
old-age insurance	Ruhestandsversicherung
on call	Rufbereitschaft
on maturity	bei Fälligkeit
on patent	patentgeschützt
one-man business	Einmannbetrieb
on-the-job accident	Arbeitsunfall
on-the-job training	Ausbildung am Arbeitsplatz
open an account, to ~	Konto eröffnen
open cheque	Barscheck
open credit	Kontokorrentkredit

open items	offenstehende Beträge
open market	offener Markt
open reserve(s)	offene Rücklage(n)
opening	Eröffnung
opening balance	Saldovortrag am Jahresanfang, Anfangssaldo
opening balance sheet	Eröffnungsbilanz
opening costs	Kosten der Inbetriebnahme
opening entry	Eröffnungsbuchung
opening inventory	Eröffnungsinventur
operating activities, cash flow from ~	Mittelzufluss aus laufender Geschäftstätigkeit
operating assets	betriebsnotwendiges Vermögen
operating budget	Budget der betrieblichen Aufwände und Erträge
operating costs	Betriebskosten
operating cycle	Betriebsablauf
operating expenses	Betriebsaufwendungen, Betriebsausgaben
operating expenses, other ~	sonstige betriebliche Aufwendungen
operating funds	Betriebsmittel
operating income	Betriebsgewinn
operating income, other ~	sonstige betriebliche Erträge
operating principles	Arbeitsprinzipien
operating procedure	Betriebsablauf
operating result	Betriebsergebnis
operating supplies	Betriebsstoffe
operation	Arbeitsgang, Arbeitsvorgang
operation capacity, variation of the ~	Beschäftigungsabweichung
operational	operativ
operational change	operative Mittelbewegung
operational concept	leistungswirtschaftliches Konzept
operational fund's flow	operative Mittelbewegung
operations research	Unternehmensforschung
operative planning for the year	operative Jahresplanung
operator	Maschinenarbeiter

opinion leader	Meinungsführer, Meinungsbildner
opinion poll	Meinungsumfrage
opinion researcher	Meinungsforscher
opinion survey	Meinungsumfrage
opportunities for improving performance	Leistungssteigerungspotentiale
opportunities for improving quality	Qualitätssteigerungspotentiale
opportunities for rationalisation	Rationalisierungspotentiale
opportunity costs	Opportunitätskosten
optimal size	optimale Betriebsgrösse
option	Option
option loan	Optionsanleihe
option right	Vorkaufsrecht
option to sell	Verkaufsoption
optional bond	Optionsanleihe
oral agreement	mündlicher Vertrag
order	
order acknowledgement	Auftragsbestätigung
order backlog	Auftragsrückstand
order confirmation	Auftragsbestätigung
order instrument	Orderpapier
order of attachment	Pfändungsbeschluss
order of the day	Tagesordnung
order procedure	Auftragsabwicklung
order to foreclosure	Pfändungsbeschluss
ordering system	Bestellsystem
orders received	Auftragseingang
organization chart	Organisationsplan
organization cost	Organisationskosten
organization manual	Organisationshandbuch
organization unit	Organisationseinheit
outcomes analysis	Ergebnisanalyse
outcomes research	Ergebnisforschung
outlet	Verkaufsstelle
out-of-pocket expenses	verauslagte Kosten
out-of-pocket maximum	maximale Selbstbeteiligung
output	Datenausgabe

output objectives	Leistungsziele
outside borrowed capital	Fremdkapital
outstanding cheque	noch nicht zur Einlösung vorgelegter Scheck
outstanding debts	Schulden
overabsorbed overhead	Gemeinkostenüberdeckung
overage	Bestandsüberschuss
overall marketing programme	Gesamtabsatzplan
overapplied manufacturing overhead expense	Fertigungsgemeinkostenüberdeckung
overdraft	Überziehung (eines Kontos)
overdraft facility	Überziehungskredit
overdraft fee	Überziehungsprovision
overdraft loan	Überziehungskredit
overdue	notleidend, überfällig
overdue receivables	überfällige Forderungen
overflow	Zeilenbegrenzung
overhead distribution basis	Gemeinkostenverrechnungsbasis
overhead distribution rate	Gemeinkostenverrechnungssatz
overhead expense, absorbed ~	verrechnete Gemeinkosten
overhead expenses	Gemeinkosten
overhead expenses applied	verrechnete Gemeinkosten
overhead expenses distributed	umgelegte Gemeinkosten
overhead expenses, distributed ~	umgelegte Gemeinkosten
overhead expenses, manufacturing ~	Fertigungsgemeinkosten
overhead expenses, miscellaneous ~	verschiedene Gemeinkosten
overhead percentage cost calculation	Zuschlagskalkulation
overhead rate	Gemeinkostensatz
overhead rate, average ~	Durchschnittsgemeinkostensatz
overhead rate, machine ~	Maschinenkostensatz
overhead surcharge	Gemeinkostenzuschlag
overhead variance	Gemeinkostenabweichung
overhead, overabsorbed ~	Gemeinkostenüberdeckung
overhead, plant ~	Werksgemeinkosten

overhead, underabsorbed ~	Gemeinkostenunterdeckung
overheads, company ~	Unternehmensgemeinkosten
over-indebtedness	Überschuldung
overnight callrate	Zinssatz für Tagesgeldgeschäfte
over-subscription	Überzeichnung
over-the-counter business	Schaltergeschäft
overtime	Überstunden
overtime payment	Überstundenvergütung
overtime premium	Mehrarbeitszuschläge
overvalued	überbewertet
own funds	eigene Mittel
own manufactured supplies	eigenerzeugte Hilfsstoffe
own use	Eigenverbrauch
own work capitalized	aktivierte Eigenleistungen
owned capital	Eigenkapital
owner	Eigentümer, Inhaber
owners' equity	Eigenkapital
ownership	Eigentum

P

packaging material	Verpackungsmaterial
paid vacation	bezahlter Urlaub
paid-in capital stock	eingezahltes Grundkapital
paid-in share capital	eingezahltes Grundkapital
pamphlet	Verkaufsprospekt
paper	Vortrag
paper profit	Scheingewinn
par value	Nennwert
par value of a share	Nennwert einer Aktie
par value stock	Summenaktie (Nennwertaktie)
parent company	Muttergesellschaft, Stammhaus
parity	Parität
part	Teil
part payment	Ratenzahlung
partial payment	Abschlagszahlung
partial write-down of assets	Sonderabschreibung (Teilwertberichtigung von Anlagegütern)

partially consolidated financial statements	Teilkonzernabschluss
participating share	dividendenberechtigte Aktie
participation	Beteiligung
partner	Gesellschafter einer Personengesellschaft, Teilhaber
partnership	Personengesellschaft
partnership agreement	Teilhabervertrag
partnership partly limited by shares	Kommanditgesellschaft auf Aktien (KGaA)
part-performance	Teilleistung
pass on costs	Kosten abwälzen
past due	überfällig
patent	Patent
patent application	Patentanmeldung
patent expiry	Ablauf des Patentschutzes
patent fees	Patentgebühr (amtlich)
patent protection	Patentschutz
patentable inventions	patentfähige Erfindungen
patent-protected	patentgeschützt
pattern	technisches Muster
pay	Entgelt
pay a dividend, to ~	Dividende zahlen
pay back, to ~	zurückzahlen
pay by installments, to ~	Zahlung auf Raten
pay day	Lohntag
pay duty on, to ~	verzollen
pay envelope	Lohntüte
pay rate per hour	Stundenlohnsatz
pay tax on, to ~	versteuern
payable	fällig, zahlbar
payable at sight	zahlbar bei Sicht
payable dividends	Verbindlichkeiten aus erklärter Dividende
payables	Verbindlichkeiten
payday	Zahltag
payee	Zahlungsempfänger

payment	Bezahlung, Zahlung
payment extension	Zahlungsaufschub
payment in advance	Vorauszahlung, Vorschuss
payment in arrears	rückständige Zahlung
payment in kind	Naturalleistung, Sachleistung
payment of a debt	Schuldabzahlung
payment of non-productive labour	sonstiger Zusatzlohn
payment on account	geleistete Anzahlung, Vorauszahlung
payment on demand	Zahlung nach Aufforderung
payment record	Zahlungsweise
payment terms	Zahlungsbedingungen
payments in arrears	Zahlungsrückstand
payments made	Zahlungsausgang
payments received	Zahlungseingang
pay-off rate	Auszahlungskurs
pay-out rate	Auszahlungskurs
pay-per-use	nutzungsabhängiges Bezahl-Modell
pay-roll	Lohn- und Gehaltsliste
pay-roll accounting	Lohn- und Gehaltsbuchung
pay-roll calculation	Lohn- und Gehaltsabrechnung
pay-roll costs	Personalkosten
pay-roll deductions	Gehaltsabzüge, Lohnabzug, für Steuer, Versicherung, usw.
pay-roll department	Lohnbüro
pay-roll register	Lohnbuch
pay-roll sheet	Lohnliste
pay-roll, advance on ~	Lohnvorschuss
penal code	Strafgesetzbuch
penalty	Vertragsstrafe
penalty for breach of contract	Konventionalstrafe
pending transactions	schwebende Geschäfte
penny stocks	Stückaktien
pension	Pension, Rente
pension accounting reserve	Pensionsrückstellung
pension contribution	Rentenbeitrag
pension fund	Pensionskasse
pension insurance	Rentenversicherung

pension liability	Pensionsverpflichtung
pension payment	Ruhegeld
pension plan	Pensionsplan
pension reform	Rentenreform
pension reserve	Rückstellung für Pensionsverpflichtungen
pension right	Pensionsanwartschaft
pension scheme	gesetzliche Rentenversicherung
pensioner	Rentner
per capita	pro Kopf
per capita consumption	Pro-Kopf-Verbrauch
per capita sales	Pro-Kopf-Umsatz
per diem rate	Tagessatz
percentage	Prozentsatz
percentage co-payment	prozentuale Selbstbeteiligung
percentage of completion	Fertigstellungsgrad, Grad der Zielerreichung
percentage of scrap	Abfallprozentsatz
perfect competition	vollkommener Wettbewerb
performance	Leistung
performance- and cost-centre	Leistungs- und Kostenstelle
performance objectives	Leistungsziele
performance potential	Leistungspotential
performance rating	Leistungsbeurteilung
performance, profit ~	Gewinnentwicklung
period	Zeitabschnitt
period costs	Periodenkosten
period expenses recovery	Fixkostendeckung
period reported on	Berichtszeitraum
permanent establishment	Betriebsstätte
permanent stock	eiserner Bestand
permission	Erlaubnis, Genehmigung, Zustimmung
permit application	Genehmigungsantrag
perpetual annuity	ewige Rente
perpetual inventory	permanente Inventur
perpetual inventory records	permanente Inventurunterlagen
person holding power of attorney	Prokurist

person under age	Minderjähriger
personal assets	Privatvermögen
personal exemptions	Steuerfreibetrag
personal income tax	Einkommensteuer
personal property	bewegliche Sache
personal share	Eigenanteil
personnel	Personal
personnel and social affairs	Personal- und Sozialwesen
personnel costs	Personalaufwand
personnel credit	Personalkredit
personnel department	Personalabteilung
personnel directions	Personalrichtlinien
personnel file	Personalakte
personnel fluctuation	Personalfluktuation
personnel hiring	Personalbeschaffung
personnel loan	Personalkredit
personnel manager	Personalchef
personnel position plan	Personalstellenplan
personnel procedures	Personalrichtlinien
personnel procedures and tariffs	Personalrichtlinien und Tarifwesen
personnel request	Personalbeschaffungsantrag
personnel transfer	Versetzung (von Mitarbeitern)
petty cash	Wechselgeldkasse, Handkasse
physical inventory count	Inventur durch körperliche Bestandsaufnahme
physical inventory taking	körperliche Bestandsaufnahme
piece	Stück
piece rate	Stücklohnsatz
piece-work	Akkordarbeit
piece-work labour rate	Einzelakkordsatz
piece-work rate	Akkordvorgaben
piling of demand	Nachfragestau
pirate a trademark, to ~	Warenzeichenpiraterie
place of management	Sitz der Geschäftsleitung
place of payment	Zahlstelle
place of production	Produktionsstätte
placement	Plazierung, Praktikum

placement service	Stellenvermittlungsdienst
placing	Plazierung
placing of orders	Auftragserteilung
plan	Plan
planned activity	Planbeschäftigung, Planleistung
planned cost rate	Plankostensatz
planned costs	Plankosten
planned costs file	Plankostendatei
planned rate	Planfaktor
planned units	Planleistung
planning framework	Planungssystematik
planning levels	Planungsstufen
planning process	Planungsprozess
planning, bottleneck ~	Engpassplanung
planning, capacity ~	Kapazitätsplanung
planning, critical path ~	Netzplantechnik
plant	Werk, Fabrik
plant budget	Werksbudget
plant building	Fabrikgebäude
plant data collection	Betriebsdatenerfassung
plant expansion	Betriebserweiterung
plant layout	Werkplan
plant manager	Betriebsleiter, Werksleiter
plant overhead	Werksgemeinkosten
plant protection force	Werksschutz
pledge	Pfand
pledge, to ~	verpfänden
pledging and assigning of accounts receivable	Verpfändung und Abtretung von Forderungen
plenary session	Delegiertenversammlung
point of purchase	Ort des Einkaufs
point of sale	Ort des Verkaufs
poor quality goods	Ware geringer Qualität
portfolio	Aktienbesitz, Depot, Portefeuille
portfolio analysis	Portfolioanalyse
portfolio concept	Portfoliokonzept

positive confirmation	Saldenbestätigung mit Rückantwort
post season	Nachsaison
postal cheque account	Postscheckkonto
postal savings account	Postsparkonto
posting of an entry	Verbuchung
potential analysis	Potentialanalyse
potential for cost reduction	Kostensenkungspotential
potential, performance ~	Leistungspotential
potentials for success	Erfolgspotentiale
power of attorney	Handlungsvollmacht, Prokura
predetermined cost	vorkalkulierte Kosten
preemptive right	Vorkaufsrecht (Bezugsrecht auf Aktien)
preference bond	Prioritätsobligation
preferential price	Vorzugspreis
preferred claim	bevorrechtigte Forderung
preferred dividend	Vorzugsdividende
preferred shares	Vorzugsaktien
preferred stock	Vorzugsaktie
pre-financing	Vorfinanzierung
pre-launch activities	Vermarktungsvorbereitung
preliminary account distribution	Vorkontierung
preliminary audit	Vorprüfung, Zwischenprüfung
preliminary balance sheet	vorläufige Bilanz
preliminary billing	Zwischenabrechnung
preliminary costing	Vorkalkulation
preliminary costs	vorläufige Kosten
preliminary decision	Vorentscheidung
preliminary report	Vorbericht
premises	Grundstück
premium	Agio, Aufgeld, Bonus, Zulage
premium schedule	Beitragsstaffelung
prepaid cost	vorausbezahlte Kosten
prepaid insurance premiums	vorausbezahlte Versicherungsbeiträge
prepayment	Anzahlung, Vorauszahlung
pre-production model	Prototyp
present value	Barwert, Gegenwartswert

present value of a current annuity	Gegenwartswert einer laufenden Rente
present value of a deferred annuity	Rentenbarwert
present value of an annuity	Rentenbarwert
presentation	Vorlage, Vortrag
presidency	Vorsitz
president	Vorstandsvorsitzender
press conference	Pressekonferenz
press notice	Presseankündigung
press office	Pressestelle
press officer	Pressereferent
press release	Pressemitteilung, Presseverlautbarung
press spokesman	Pressesprecher
press statement	Presseerklärung
pre-tax profit	Gewinn vor Steuerabzug
previous year	Vorjahr
price	Preis
price adjustment	Preisanpassung
price advantage	Preisvorteil
price agreement	Preisabsprache
price alteration	Preisänderung
price calculation	Preisberechnung, Preiskalkulation
price calculation basis	Preisbildungsgrundlage
price catalog	Preisliste
price climb	Preisanstieg
price comparison	Preisvergleich
price comparison list	Preisvergleichsliste
price control	Preiskontrolle
price cut	Preissenkung
price deduction	Preisnachlass
price development	Preisentwicklung
price difference	Preisunterschied
price estimating	Preiskalkulation
price ex factory	Fabrikpreis
price fixing	Preisbindung
price fluctuation	Preisschwankung
price freeze	Preisstop

price guarantee	Preisgarantie
price increase	Preiserhöhung
price less system	Wiederverkaufspreismethode
price level	Preisniveau
price list	Preisliste
price making	Preisbildung
price policy	Preispolitik
price prescription	Preisbindung
price range	Preisspanne
price reduction	Preisermässigung, Preissenkung, Preisnachlass
price rigidity	eingefrorene Preise
price spiral	Preisspirale
price stability	Preisstabilität
price structure	Preisgefüge
price survey	Preisvergleichsliste
price to the ultimative consumer	Endverbraucherpreis
price variation	Preisdifferenz
price variation in merchandise	Handelswarenpreisdifferenz
price variation, energy ~	Energiepreisdifferenz
price variations	Preisabweichungen
price, agreed ~	vereinbarter Preis
price, all-inclusive ~	Pauschalpreis
price, delivery ~	Lieferpreis
price, exercise ~	Ausübungspreis
price, intercompany ~	Verrechnungspreis
price, intercompany transfer ~	Interkonzernverrechnungspreis
price, sliding-scale ~	Staffelpreis
price, steady ~	stabiler Preis
price, suggested ~	Richtpreis, empfohlener Preis
price-fixing clause	Preisbindung
prices, collapse of ~	Preissturz
prices, steadiness of ~	Preiskonstanz
primary costs	primäre Kosten, Primärkosten
primary data	Primärdaten
prime rate	Lombardsatz

prime supplier	Hauptlieferant
principal place of business	Sitz einer Firma
principle of causation	Verursachungsprinzip
principle of conservative accounting	Vorsichtsprinzip
principle of cost coverage	Selbstkostendeckungsprinzip
printing position	Schreibstelle
printmedia	Druckmedien
prior year	Vorjahr
prior years' charge	auf die Vorjahre bezogener Verlust
priority	Schwerpunkt
private company	Personengesellschaft
private health insurance	private Krankenversicherung
private law	Privatrecht
private physician care	privatärztliche Versorgung
pro forma invoice	Proforma-Rechnung
procedure	Arbeitsablauf, Verfahren
procedure of replacement and adjustment	Reklamationsabwicklung
proceeding	gerichtliches Verfahren
proceedings	Vergleich (mit Gläubigern)
proceeds	Erlöse, Verdienst
proceeds from sale of fixed assets	Erlöse aus Anlageabgängen
process	Verfahren
process cost system	Divisionsstufenkalkulation
process of agreeing objectives	Zielvereinbarungsprozess
process of setting objectives	Prozess der Zielfestlegung
processing	Verarbeitung
processing agreement	Lohnvertrag
processing cost	Verarbeitungskosten
processing times	Bearbeitungszeiten
procurement	Beschaffung
produce, to ~	herstellen, produzieren
producer	Hersteller, Produzent
producer's price	Erzeugerpreis
product	Erzeugnis, Produkt
product advertising	Produktwerbung
product analysis	Produktanalyse

product assessment	Produktbeurteilung
product classification grid	Produktordnungsgitter
product contribution	Produktdeckungsbeitrag
product costing	Köstenträgerrechnung
product costing per period	Kostenträgerzeitrechnung
product costing scheme	Kalkulationsschema
product costs	Produktkosten, proportionale Herstellkosten, Grenzkosten
product design	Produktentwurf, Produktgestaltung
product designation	Artikelbezeichnung
product development	Produktentwicklung
product differentiation	Produktdifferenzierung
product group	Produktgruppe
product group contribution	Produktgruppendeckungsbeitrag
product liability	Produkthaftung
product line	Erzeugnisgruppe, Produktlinie
product line extension	Ergänzung des Produktsortiments
product planning	Produktplanung
product programme	Produktprogramm
product recall	Produktrückruf
product related costs	produktbezogene Kosten, Produktkosten
product research	Produktforschung
production	Fertigung, Herstellung, Produktion
production area	Fertigungsbereich, Herstellungsbereich, Produktionsbereich
production batch	Losgrösse
production caused scrap	produktionsabhängiger Abfall
production company	Produktionsgesellschaft
production control	Fertigungssteuerung, Produktionsüberwachung
Production Controller	Produktions-Controller, Werks-Controller
production cost centre	Produktionskostenstelle
production costs	Produktionskosten
production curve	Produktionskurve
production entity	Produktionseinheit

production index	Produktionskennziffer
production island	Fertigungsinsel
production limit	Fertigungshöchstgrenze
production manager	Produktionsleiter
production order	Produktionsauftrag
production plan	Produktionsplan
production planning and scheduling system	Produktionsplanungs- und steuerungssystem (PPS)
production program	Produktionsprogramm
production sample	Produktionsmuster
production scheduling	Fertigungsplanung
production stage	Produktionsstufe
production statement	Produktionsbericht
production structure costs	Produktionsstrukturkosten
production target	Produktionsziel, Fertigungsziel
production under licence	Lizenzfertigung
production unit	Maschinengruppe, Produktionsstätte
production, lean ~	schlanke Produktion
production, line ~	Bandfertigung, Fliessfertigung
production, lot ~	Losgrössenfertigung
production, manual ~	Handfertigung
production, mass ~	Fliessbandfertigung, Massenproduktion
production, serial ~	Serienproduktion
production, unit ~	Einzelfertigung
production, unit of ~	Produktionseinheit
productive capacity	produktive Kapazität
productivity	Produktivität
products in process	unfertige Erzeugnisse, Teilfabrikate
profession	Beruf
professional liability	Berufshaftpflicht
profit	Gewinn
profit and loss absorption	Ergebnisabführung
profit and loss account	Gewinn- und Verlustrechnung
profit and loss transfer	Ergebnisabführung
profit and loss transfer agreement	Ergebnisabführungsvertrag
profit before taxation	Ergebnis vor Ertragssteuern

profit collapse	Gewinneinbruch
profit distribution	Gewinnverteilung
profit for the year	Jahresüberschuss
profit make-up	Gewinnaufschlag
profit margin	Gewinnspanne
profit objective	Gewinnziel
profit or loss on ordinary activities	Ergebnis der gewöhnlichen Geschäftstätigkeit
profit or loss, extraordinary ~	ausserordentliches Ergebnis
profit participation	Gewinnbeteiligung
profit per unit	Gewinn pro Verkaufseinheit
profit performance	Gewinnentwicklung
profit planning	Gewinnplanung
profit share	Gewinnanteil, Gewinnbeteiligung
profit shifting	Gewinnverlagerung
profit, adjusted ~	bereinigter Gewinn
profit, after-tax ~	Gewinn nach Steuer
profit, allocation of ~	Gewinnverteilung
profit, appropriation of ~	Gewinnverwendung
profit, imaginary ~	imaginärer Gewinn
profit, inflationary ~	Inflationsgewinn
profit, intercompany ~	Zwischengewinn
profit, marginal ~	Grenzgewinn
profit, pre-tax ~	Gewinn vor Steuer
profit, undrawn ~	nicht entnommener Gewinn
profit, windfall ~	unerwarteter Gewinn
profitability	Rentabilität, Wirtschaftlichkeit
profit-oriented	gewinnorientiert
prognoses	Prognosen
prognosis	Prognose
progress billing	Zwischenrechnung
progressive tax	progressive Steuer
project controlling	Projektcontrolling
project costs	Projektkosten
project team	Projektgruppe, Projektteam
projection	Vorausschätzung

projection error	Prognosefehler
projekt group	Projektgruppe, Projektteam
prolong, to ~	verlängern
prolongation	Prolongation, Verlängerung
promissory note	Schuldwechsel (Wechselverbindlichkeiten)
promotional competition	akquisitorischer Wettbewerb
promotional practices	Werbepraktiken
proof	Beweis
property	Eigentum
property ledger	Anlagenbuch
property levy	Vermögensabgabe
property payment	vermögenswirksame Leistung
property right	Besitzrecht, Eigentumsrecht
property tax	Steuern vom Vermögen
property, plant and equipment	Sachanlagen
property-creating performance	vermögenswirksame Leistung
proportional costing	Proportionalkostenrechnung
proportional manufacturing costs	proportionale Fertigungskosten
proportional planned cost rate	proportionaler Plankostensatz
proportional tax	proportionale Steuer
proportionately calculated period expenses	anteilig kalkulierte Fixkosten
proprietor	Eigentümer
proprietor's drawing account	Privatkonto
prospectus	Börsenprospekt
protective duty	Schutzzoll
protest a cheque, to ~	Scheck zu Protest gehen lassen
protest a note, to ~	Wechsel zu Protest gehen lassen
protest fee	Protestspesen
protest of note	Wechselprotest
protest, to file a ~	Einspruch einlegen
provide a reserve, to ~	Rücklage bilden
provide for accruals, to ~	Bildung von Rückstellungen
provide for valuation reserves, to ~	Bildung von Wertberichtigungen
provision for	Rückstellungsaufwand für

provision for accruals	Zuführung zu Rückstellungen
provision for depreciation	Zuführung zu Abschreibung
provision for reserves	Zuführung zu Rücklagen
provision for valuation reserves	Zuführung zu Wertberichtigungen
provisions	Rückstellungen, Bestimmungen
provisions for pensions and similar obligations	Rückstellungen für Pensionen u. ähnliche Verpflichtungen
provisions, other ~	sonstige Rückstellungen
proxy	Handlungsvollmacht
public accounting	Wirtschaftsprüfung
public auction	Verkauf durch Versteigerung
public corporation	Körperschaft des öffentlichen Rechts
public debt	Schuld der öffentlichen Hand, Staatsschuld
public expenditures	Staatsausgaben
public funds	öffentliche Mittel
public good	öffentliches Gut
public holiday	Feiertag
public interest	Gemeinwohl
public law	öffentliches Recht
public levy	öffentliche Abgabe
public liability insurance	Betriebshaftpflichtversicherung, Haftpflichtversicherung
public loan	öffentlicher Kredit
public opinion	öffentliche Meinung
public relations	Öffentlichkeitsarbeit
public revenues	Staatseinkünfte
public stock corporation	Aktiengesellschaft
public utility	öffentlicher Versorgungsbetrieb
publication	Veröffentlichung
publicity expenses	Werbungskosten
punishable	strafbar
purchase	Einkauf
purchase commitment	Abnahmeverpflichtung
purchase cut-off	Abgrenzung des Einkaufs
purchase in trial	Kauf zur Probe (mit Rückgaberecht)
purchase of an equity interest	Beteiligungserwerb

purchase of fixed assets	Anlageinvestitionen
purchase on credit	Zielkauf
purchase order	Bestellung
purchase pattern	Käuferverhalten
purchase price	Einkaufspreis
purchase price variance	Einkaufspreisunterschied
purchase record	Warenbestellbuch
purchase register	Kreditorenjournal
purchased goodwill	erworbener Goodwill
purchased merchandise	bezogene Waren
purchasing	Beschaffung
purchasing agent	Einkäufer
purchasing cartel	Einkaufskartell
purchasing department	Einkaufsabteilung
purchasing power	Kaufkraft
purchasing value	Anschaffungswert
pure competition	vollkommener Wettbewerb
purpose	Verwendungszweck
put on time deposit, to ~	Geld festlegen (auf Konto)
put option	Rückprämie

Q

qualified auditor's certificate	eingeschränkter Bestätigungsvermerk
quality	Qualität
quality assurance	Qualitätssicherung
quality assurance system	Qualitätssicherungssystem
quality awareness	Qualitätsbewusstsein
quality bonus	Qualitätsprämie
quality circle	Qualitätszirkel
quality control	Qualitätskontrolle
quality control department	Abteilung für Qualitätssicherung
quality label	Gütezeichen
quality management	Qualitätssicherungssystem
quality, bottom ~	niedrigste Qualität
quantitative restriction	Mengenbegrenzung
quantity	Menge
quantity control	buchmässige Mengenkontrolle

quantity discount	Mengenbonus, Mengenrabatt
quantity of calculable reference	Bezugsgrössenmenge
quantity of sales	Absatzmenge
quantity standard	Mengenstandard, Mengenvorgabe
quantity structure	Mengengerüst
quarterly	vierteljährlich
quasi fixes personnel	quasifixes Personal
quasi-reorganization	Sanierung
quick assets	liquide Mittel und Forderungen
quick assets ratio	Liquidität ersten Grades
quick wins	kurzfristig umsetzbare Verbesserungen
quorum	beschlussfähige Versammlung
quota	Quote
quotable	börsenfähig
quotable share	börsenfähige Aktie
quotation	Börsenkurs, Notierung, Preisangebot
quotation record	Kurstabelle
quote	Kurs
quote, to ~	Preisangebot machen
quoted flat	Zinsen, ohne Zinsen notiert
quoted market value	Börsenwert
quoted value	Kurswert

R

raising of capital and funds	Kapital- und Geldbeschaffung
raising of loans	Kreditaufnahme
range of goods	Sortiment
rate	Kurs, Tarif
rate of exchange	Umrechnungskurs
rate of interest	Zinssatz
rate of issue	Emissionskurs
rate of turnover	Umschlagsgeschwindigkeit
rate on day of reference	Stichtagskurs
rating	Krediteinschätzung
ratio	Verhältniszahl
ratio system structure	Kennzahlenstruktur
ratio systems	Kennzahlensystem

rationalization	Rationalisierung
rationalization fund	Rationalisierungsfonds
rationalization intention	Rationalisierungsvorhaben
ratios	Kennzahlen
raw material	Rohmaterial
raw material code prices	Rohmaterialcodepreis
raw material planning	Materialdisposition
raw material warehouse	Materiallager
raw materials and supplies	Roh-, Hilfs- und Betriebsstoffe
readjusted charge	Nachbelastung
ready for shipping	versandfertig
ready money	liquide Mittel
real account	Bilanzkonto
real estate	Land, Grundstück und Gebäude, Immobilien
real estate tax	Realsteuer
real estate transfer tax	Grunderwerbsteuer
real income	Realeinkommen
real property tax	Grundsteuer
real value	Sachwert
real-asset loss	Substanzverzehr
realizable	realisierbar
realization and liquidation statement	Konkursbilanz
realize, to ~	realisieren
realized gain	realisierter Gewinn
realized profit	realisierter Gewinn
reappraisal	Neubewertung
reasonable price	angemessener Preis
reasons for decision	Urteilsbegründung
reassessment	Neubewertung
rebate	Rabatt, Abzug, Nachlass
rebate in kind	Naturalrabatt
recall	Rückruf
receipt	Empfangsbestätigung, Quittung
receipt of merchandise	Wareneingang
receipts	Kasseneinnahmen
receivable trial balance	Saldenliste der Forderungen

receivable(s)	Forderung(en)
receivable, unsecured ~	ungesicherte Forderung
receiver	Konkursverwalter, Insolvenzverwalter, Empfänger
receivership	Konkursverwaltung, Insolvenzverwalter
receiving	Wareneingang
receiving warehouse	Eingangslager
recipient	Warenempfänger
recipient payee	Überweisungsempfänger
reclassification	Umgruppierung
recommendation	Empfehlung
reconcile of accounts, to ~	abstimmen von Konten
reconciliation bridge	Abstimmbrücke
reconciliation of an account	Kontoabstimmung
reconciliation of figures	Abstimmung von Zahlen
reconciling item	Abstimmungsposten
record	Protokoll
record retention requirements	Aufbewahrungspflicht
record, to ~	buchen, eintragen
records	Unterlagen
records, to store ~	Unterlagen aufbewahren
recourse	Rückgriff, Regress
recourse claim	Rückgriffsrecht, Regressanspruch
redelivery	Retour, Rücklieferung
redemption quote	Rückkaufskurs
redemption value	Rückkaufswert
rediscount	Rediskont
rediscount credit	Rediskontkredit
rediscount rate	Rediskontsatz
reduced current value (after partial write-down)	Teilwert
reduced price	ermässigter Preis
reduction	Ermässigung, Minderung, Nachlass
reduction of share capital	Kapitalherabsetzung
redundancy fund	Personalabfindungsfonds
refer to a judgement, to ~	auf ein Urteil zurückverweisen

reference	Bezugsgrösse
reference number	Kontrollnummer
reference pattern	Probemuster
reference quantity	Bezugsgrössenmenge
reference sample	Rückstellmuster
referral	Vermittlung
refinance, to ~	umschulden
refinancing	Refinanzierung
refund	Rückerstattung, Rückvergütung, Umschuldung
refund, to ~	zurückzahlen
refutable	widerlegbar
registered association	eingetragener Verein (e.V.)
registered bond	eingetragene Obligation
registered designs	gewerbliches Schutzrecht
registered office	Geschäftssitz, Gesellschaftssitz
registered security	Namenspapier
registered share	Namensaktie
registered trade mark	eingetragenes Warenzeichen
regular place of business	Betriebsstätte
regulation	Richtlinie, Verordnung
regulatory control	behördliche Kontrolle
reimbursement	Rückerstattung, Rückvergütung
reimportation	Wiedereinfuhr
reinsurance	Rückversicherung
reinvestment	Reinvestition, Wiederanlage
reject, to ~	zurückweisen
relating to other periods	periodenfremd
release	Entlastung, Freigabe
release of accruals	Auflösung von Rückstellungen
release of employees (or staff)	Freistellung von Mitarbeitern
release of the officers	Entlastung des Vorstandes
relevant to decisions	entscheidungsrelevant
remainder	Rest
remaining balance	Differenzrestbetrag
remaining term	Restlaufzeit

remaining value	Restwert
reminder	Mahnbrief, Mahnung, Erinnerung
remittance	Überweisung
remittance advice	Überweisungsanzeige
remuneration	Entgelt, Entlohnung
remuneration in kind	Sachbezug
render judgement, to ~	Urteil fällen
renew, to ~	verlängern
renewal	Prolongation, Verlängerung
renewal note	prolongierter Wechsel
renewal of credit	Kreditprolongation
renewed bill	prolongierter Wechsel
rent	Mietaufwand, Miete
rent paid in advance	Mietvorauszahlung
rent, to ~	mieten, vermieten
rental expenses	Mietaufwand
rental income	Einkünfte aus Vermietung und Verpachtung
rental value	Pachtwert
repair	Reparatur
repairs and maintenance	Instandhaltung und Reparaturen
repayment	Rückzahlung, Tilgung
repayment period	Abzahlungszeit
repayment terms	Rückzahlungsbedingungen
repeat order	Nachbestellung
replacement	Wiederbeschaffung, Ersatzbeschaffung
replacement capital assets	Ersatzinvestitionen
replacement demand	Ersatzbedarf
replacement free of charge	kostenlose Ersatzlieferung
replacement method of depreciation	Abschreibung auf Basis der Wiederbeschaffungskosten
replacement of capital assets	Ersatzinvestitionen
replacement value	Wiederbeschaffungswert
report	Bericht
report on partially consolidated financial statements	Teilkonzernbericht
reporting	Berichterstattung, Berichtswesen

reporting month	Berichtsmonat
reporting period	Berichtszeitraum
reporting year	Berichtsjahr
repossession	zwangsweise Rücknahme
representative	Repräsentant, Vertreter
reproduction cost	Wiederherstellungskosten
reprogramming times	Umrüstzeiten
request for extension of time	Antrag auf Fristverlängerung
requirement	Bedarf
rerun point	Wiederanlaufpunkt
rescission	Rücktritt vom Vertrag
research	Forschung
Research & Development Controller	Forschungs- und Entwicklungs-Controller
research and development (R&D)	Forschung und Entwicklung (F&E)
research and development expenses	Forschungs- und Entwicklungskosten
reserve account	Rücklage(n)
reserve for depreciation	Wertberichtigung auf das Anlagevermögen
reserve for guarantee obligations	Rückstellung für Garantieverpflichtungen (für Gewährleistungsansprüche)
reserve for price increases	Rücklage für Preissteigerung
reserve for severance pay	Rückstellung für Entlassungsentschädigungen
reserve for sinking fund	Tilgungsrücklage
reserve for uncompleted transactions	Rückstellung für schwebende Geschäfte
reserve requirements	Mindestreservevorschriften
reserve(s)	Rücklage(n)
reserve, to provide a ~	Rücklage bilden
reserve, to set up a ~	eine Reserve bilden
reserves recorded in accordance with tax regulations	Rücklagen gemäss steuerlichen Vorschriften
reserves, to transfer to ~	einstellen in Rücklagen
resident taxpayer	Steuerinländer
residue of stock	Restbestand einer Ware
resignation	Rücktritt (von einer Stellung)

resolution	Entschliessung
responsibility	Verantwortlichkeit
responsibility accounting	Verantwortlichkeitsrechnung
rest	Restposten, Rest
restraining clause	Wettbewerbsbeschränkung
result	Ergebnis
result affecting	ergebniswirksam
result checking	Erfolgskontrolle
result of ordinary activities	Ergebnis der gewöhnlichen Geschäftstätigkeit
result, advertising ~	Werbeerfolg
result, economic ~	Wirtschaftsergebnis
result, extraordinary ~	ausserordentliches Ergebnis
result, intermediate ~	Zwischenergebnis
result, monthly ~	Monatsergebnis
result, non-operating ~	Finanzergebnis
result, operating ~	Betriebsergebnis
result, realized ~	erzieltes Ergebnis
result, risk-adjusted ~	risikobereinigtes Ergebnis
result, trading ~	Handelsergebnis
results, transparency of the ~	Ergebnistransparenz
retail price	Einzelhandelspreis, Wiederverkaufspreis
retail trader	Einzelhändler
retail turnover	Einzelhandelsumsatz
retailing	Einzelhandel
retain earnings, to ~	thesaurieren
retained earnings	Bilanzgewinn in der Bilanz, Gewinnrücklagen, thesaurierter Gewinn
retained earnings of the group	erwirtschaftetes Kapital der Gruppe
retained profit	einbehaltener Gewinn
retention of earnings	Selbstfinanzierung
retiree	Rentner
retirement	Pensionierung, Ruhestand
retirement age	Ruhestandsalter
retirement compensation	Ruhegeld
retirement income	Pension

retirement insurance	Ruhestandsversicherung
retirements of debt	Schuldentilgung
retirements of property, plant and equipment	Abgänge von Sachanlagen
retroactive	rückwirkend
retroactive change in the financial statements	Bilanzänderung
return of investment	Rendite, Reinertrag des angelegten Kapitals, Kapitalverzinsung
return on sales	Umsatzrentabilität
returns	retournierte Ware
revaluation	Neubewertung, Aufwertung
revenue	Einkommen, Erträge
revenue code (US)	Steuergesetz
revenue-based expenditure policy	einnahmeorientierte Ausgabenpolitik
reversal	Storno
reversal of accruals	Auflösung von Rückstellungen
reversal of allowances	Auflösung von Wertberichtigungen
reversal of reserves	Auflösung von Reserven
reverse a decision, to ~	Urteil aufheben
reverse an entry, to ~	eine Buchung stornieren
reversing entry	Stornobuchung
review, to ~	überprüfen, widerrufen
revision	Überprüfung
revocation	Widerruf
revolving assets	Umlaufvermögen
rider	Zusatzklausel
right of action	Klagerecht
right of disposal	Verfügungsgewalt
risk capital	Risikokapital
risk of a lawsuit	Prozessrisiko
risk pool	Risikogemeinschaft
risk profile	Risikoprofil
risk selection	Risikoauslese
risk sharing	Solidarität
risk-benefit analysis	Nutzen-Risiko-Analyse
risk-benefit assessment	Nutzen-Risiko-Bewertung

rival	Konkurrent
rollover note	prolongierter Wechsel
rounded	aufgerundet
royalty	Lizenzgebühr, Patentgebühr (Nutzung)
royalty income	Lizenzeinnahmen
royalty payments	Lizenzzahlungen
rules of orderly bookkeeping	Grundsätze ordnungsgemässer Buchführung

S

safe	Tresor
safe deposit box	Schliessfach bei einer Bank
salaried employee	Gehaltsempfänger
salary	Gehalt
sale	Verkauf, Vertrieb
sale by sample	Kauf nach Muster
sale of an equity interest	Beteiligungsverkauf
sale on approval	Verkauf auf Probe
sale on commission	Verkauf auf Kommissionsbasis
sale on credit	Kreditverkauf, Verkauf auf Ziel
sale to pattern	Verkauf nach Muster
saleable	verkäuflich
sales	Absatz, Umsatz
sales account	Warenverkaufskonto
sales activities	Verkaufsaktivitäten
sales agency	Handelsvertretung
sales agent	Handelsvertreter
sales allowance	Verkaufsrabatt
sales analyses	Umsatzstatistik, Verkaufsanalyse
sales and distribution costs, variable ~	variable Vertriebsgemeinkosten
sales area	Absatzgebiet, Verkaufsgebiet
sales book	Verkaufsbuch
sales branch	Verkaufsniederlassung
sales budget	Absatzplan
sales campaign	Verkaufskampagne
sales channel	Vertriebsweg, Absatzweg
sales chart	Absatzstatistik

sales commission	Verkaufsprovision
sales commitment	Lieferverpflichtung
sales contract	Kaufvertrag
sales cost	Absatzkosten, Vertriebskosten
sales costs, special direct ~	Sondereinzelkosten des Vertriebs
sales curve	Umsatzkurve
sales cut-off	Abgrenzung der Verkäufe
sales deduction	Erlösschmälerung
sales department	Verkaufsabteilung
sales estimate	Umsatzschätzung
sales figures	Absatzzahlen
sales fluctuations	Absatzschwankungen
sales force	Verkaufsaussendienst
sales forecast	Absatzprognose
sales invoice	Verkaufsrechnung
sales limit	Umsatzgrenze
sales literature	Verkaufsprospekt
sales location	Verkaufsniederlassung
sales manager	Verkaufsleiter
sales objective	Umsatzziel, Verkaufsziel
sales of merchandise	Handelswarenumsatz
sales offer	Kaufangebot
sales office	Verkaufsbüro
sales opportunities	Absatzchancen
sales order	Verkaufsauftrag
sales outlet	Verkaufsstelle
sales planning	Umsatzplanung
sales possibilities	Absatzchancen
sales premium	Umsatzprämie
sales price	Abgabepreis, Lieferpreis, Verkaufspreis
sales promotion	Verkaufsförderung, Vertriebsförderung
sales rebate	Verkaufsrabatt
sales register	Verkaufsjournal
sales result	Umsatzergebnis
sales result accounting	Verkaufserfolgsrechnung
sales return	Retour, Rücklieferung

sales statistics	Umsatzstatistik
sales stock	Vertriebslager
sales structure costs	Verkaufsstrukturkosten
sales subject to tax	steuerbarer Umsatz
sales trend	Umsatzentwicklung
sales value	Verkaufswert
sales, intercompany ~	Interkonzernumsatz, Innenumsatz
salesman	Verkäufer
sales-profit ratio	Verhältnis Gewinn zu Umsatz
salvage value	Schrottwert
sample	Muster, Probe
sample order	Probebestellung
sample, to ~	Muster ziehen, Stichproben machen
sampling	Repräsentantivuntersuchung, stichprobenweise Prüfung
saturation of the market	Sättigung des Marktes
savings	Einsparungen
savings bank	Sparkasse
savings certificate	Wertpapier für eine Spareinlage
savings deposit	Spareinlage
scale of discount	Rabattstaffel
scale of prices	Preisstaffel
scenario	Szenario
schedule	Ablaufplan, Liste, Übersicht, Tabelle, Zeitplan
scope of discretion	Ermessensfreiheit, Ermessensspielraum
scrap	Müll, Abfall, Ausschussware
scrap calculation system	Abfallwertrechnung
scrap value	Schrottwert
scrap variation	Abfallabweichung
scrapping	Verschrottung
scrip	Zwischenschein
seasonal adjustment	Saisonbereinigung
seasonal article	Saisonartikel
seasonal fluctuation	Konjunkturschwankung, saisonbedingte Schwankungen
seasonal influence	Saisoneinfluss

seasonal variation	Konjunkturschwankung, saisonbedingte Schwankungen
secondary costs	Sekundärkosten, sekundäre Kosten
secondary liability	Mithaftung
secondhand market	Gebrauchtwarenmarkt
secret reserve	stille Reserve, stille Rücklage
section	Abteilung
sectional market	Teilmarkt
secured lender	Sicherheitsnehmer
securities	Effekten, Wertpapiere
securitisation	Verbriefung
security	Kaution, Pfand, Sicherheitsleistung
security clause	Sicherheitsklausel
security count	Zählung von Wertpapieren
security transaction tax	Wertpapiersteuer
selection criteria	Auswahlkriterien
selective contracting	Einkaufsmodell, Vertragslösung
self-financing	Selbstfinanzierung
self-financing strength	Innenfinanzierungskraft
self-insurance reserve	Selbstversicherungsrücklage
self-manufactured supplies	selbsterzeugte Hilfsstoffe
self-responsibility	Eigenverantwortung
seller's market	Verkäufermarkt
selling	Verkauf, Vertrieb
selling capacity	Absatzkapazität
selling commission	Verkaufsprovision
selling company	Vertriebsgesellschaft
selling conditions	Absatzverhältnisse, Verkaufsbedingungen
selling costs	Vertriebskosten
selling department	Verkaufsabteilung, Vertriebsabteilung
selling entity	Vertriebseinheit
selling expenses	Verkaufskosten, Vertriebskosten
selling price	Ladenpreis, Verkaufspreis
selling price ex works	Fabrikabgabepreis
selling price file	Preiskartei
selling unit	Vertriebseinheit

selling value	Verkaufswert
semiannually	halbjährlich
semi-luxury goods	Güter des gehobenen Bedarfs
seniority part time	Altersteilzeit
sensitivity analysis	Sensitivitätsanalyse
sentence	Urteil des Gerichts
separate return	getrennte Steuererklärung
serial production	Serienproduktion
series-produced goods	Seriengüter
service	Dienstleistung
service accounting	Abrechnung von Dienstleistungen
service cost centre	Hilfskostenstelle
service equipment	Versorgungsanlage
service level	Leistungsniveau
service life	Nutzungsdauer
services purchased	Fremdleistungen
session	Sitzung
set up a reserve, to ~	eine Reserve bilden
set up an accrual, to ~	Rückstellung bilden
set up liabilities, to ~	passivieren
set up wages	Rüstlohn
settlement	Regelung
settling day	Abrechnungstag
set-up of a reserve	Bildung einer Reserve
set-up time	Rüstzeit, Einrichtungszeit, Umstellungszeit
severance payments	Entlassungsgelder
share	Aktie, Anteil, Quote
share capital	Aktienkapital, Stammkapital, Grundkapital
share holdings	Aktienbesitz
share index	Aktienindex
share issue expenses	Aktienausgabekosten
share of costs	anteilige Kosten
share subscription	Zeichnung von Aktien
share value	Unternehmenswert

share, assessable ~	nachschusspflichtige Aktie
share, unissued ~	noch nicht ausgegebene Aktie
share, unlisted ~	nicht an der Börse eingeführte Aktien
share, voting ~	stimmberechtigte Aktie
shared risk community	Solidargemeinschaft
shared risk pool	Solidargemeinschaft
shareholder	Gesellschafter einer Kapitalgesellschaft, Anteilseigner, Aktionär
shareholder value	Aktionärsvermögen
shareholders' meeting	Gesellschafterversammlung, Hauptversammlung
shares held by third parties	Anteile in Fremdbesitz
shares in related companies	Anteile an assoziierten Unternehmen
shares of a corporation	Kapitalgesellschaftsanteile
shares, unquoted ~	nicht notierte Aktien
shelf life	Haltbarkeit
shelf warmer	Ladenhüter
shelves	Regale
shift	Schicht (Arbeitszeit)
shift allowance	Schichtzuschlag
shift premium	Schichtzuschlag
shipment	Versand, Warenausgang
shipping department	Versandabteilung, Warenausgang
shipping expenses	Versandkosten
shipping order	Versandauftrag
shipping ticket	Versandschein
short delivery	Minderlieferung
short position	Devisenposition, passive
short sale	Leerverkauf, Terminverkauf
short time work	Kurzarbeit
shortage	Knappheit, Fehlbetrag
short-term	kurzfristig
short-term budget	kurzfristige Planung
short-term cash budget	kurzfristiger Finanzplan
short-term credit	kurzfristiger Kredit
short-term debts	kurzfristige Schulden

short-term liabilities, change in ~	Veränderung des sonstigen Fremdkapitals
short-term liability	kurzfristige Verbindlichkeit
short-term loan	kurzfristiger Kredit
short-term planning	kurzfristige Planung
short-term provisions	kurzfristige Rückstellungen
short-term receivables	kurzfristige Forderungen
short-term result account	kurzfristige Erfolgsrechnung
short-term security investments	Wertpapiere des Umlaufvermögens
short-time credit/loan	kurzfristiger Kredit
short-time work	Kurzarbeit
show	Messe
showing a deficit	Verlustausweis
shrinkage	Schwund
shut-down costs	Schliessungskosten
sick pay	Krankengeld
sickleave notice	Arbeitsunfähigkeitsbescheinigung
sickness payment	Lohnfortzahlung
side effects	Nebenwirkungen
sight note	Sichtwechsel
sign, to ~	unterschreiben
signals, weak ~	Früherkennungssignale, schwache Signale
signature	Unterzeichnung
signature authorization	Zeichnungsberechtigung
signed, sealed and delivered	unterzeichnet, gesiegelt und ausgehändigt
silent partner	stille Gesellschafter
silent partnership	stille Beteiligung
single entry bookkeeping	einfache Buchführung
single price policy	Einheitspreispolitik
single-stage tax	Einphasensteuer
sinking fund	Schuldtilgungsfonds
site	Grundstück, Standort
sitting	Sitzung
size of order	Auftragsgrösse
skimming	Risikoauslese

sliding average price	gleitender Durchschnittspreis
sliding average price method	gleitendes Durchschnittspreisverfahren
sliding-scale price	Staffelpreis
slow-moving items	Ladenhüter
small business	Kleinbetrieb
small enterprise	Kleinbetrieb
small loan	Kleinkredit
social benefits, voluntary ~	freiwillige soziale Aufwendungen
social concept	soziales Konzept
social insurance contributions	Sozialabgaben
social security allowances	Versorgungsbezüge
social security benefits	Sozialversicherungsleistungen
social security contributions	Sozialabgaben
social security expenses	gesetzliche soziale Aufwendungen
social security insurance	Sozialversicherung
social security taxes	Sozialversicherungsbeiträge
social welfare	Sozialfürsorge
sole proprietorship	Einzelunternehmen
solidarity	Solidarität
solidarity tax	Solidaritätsabgabe
solvency	Solvenz, Zahlungsfähigkeit
source of funds	Mittelherkunft
spare capacity	Reservekapazität
special allowance	Sonderzuwendung
special charge	Sonderbelastung
special commissioner	Sonderbeauftragte(r)
special deduction on imported inventories	Importwarenabschlag
special depreciation	Sonderabschreibung
special device	Zusatzeinrichtung
special direct costs	Sondereinzelkosten
special direct sales costs	Sondereinzelkosten des Vertriebs
special discount	Sonderrabatt
special drawing rights	Sonderziehungsrechte
special envoy	Sonderbeauftragte(r)
special item	Sonderposten
special personal deductions	Sonderausgaben

special purpose balance sheet	Sonderbilanz
special purpose reserve	zweckgebundene Sonderrücklage
special rate	Sonderpreis
special reserve from revaluation	Sonderrücklage aus Neubewertungen
special reserves, not taxable until use or liquidation	Sonderposten mit Rücklageanteil
special tax	Sondersteuer
special write-off	Teilwertberichtigung
specialty goods	Markenartikel
specific costs	Einzelkosten
specification	Spezifikation
specimen signature	Unterschriftsprobe
speculative gain	Spekulationsgewinn
speculative loss	Spekulationsverlust
speculative stock	Spekulationspapier
speech	Vortrag
split tax rate	gespaltener Steuersatz
spoilage	Ausschuss (Schrott)
spokesperson	Sprecher
sponsor	Auftraggeber
spot check	Prüfung an Ort und Stelle
spot exchange transactions	Devisenkassahandel
spot rate	Devisenkassakurs, Kassakurs
spread sheet	Verteilungsbogen
stability test	Haltbarkeitsprobe, Haltbarkeitsprüfung
stabilization of prices	Preisstabilisierung
stable prices	gleichbleibende Preise
staff	Personal
staff expenses	Personalaufwand
staff indemnity fund	Personalabfindungsfonds
staff share	Belegschaftsaktie
staffing schedule	Stellenbesetzungsplan
staff's representation	Belegschaftsvertretung
stagnation of sales	stagnierender Absatz
stamp tax	Stempelsteuer
standard	Norm
standard chart of accounts	vorgeschriebener Kontenrahmen

standard cost	Standardkosten
standard cost (accounting) system	Standardkostenrechnung, Plankostenrechnung
standard cost variance	Standardkostenabweichung
standard costing	Standardkostenrechnung
standard costing based on margin, flexible ~	Grenzplankostenrechnung
standard costs, variation in ~	Abweichung bei Standardkosten
standard figures of distribution	Absatzkennzahlen
standard labour cost	Standardlohnkosten
standard of living	Lebensstandard
standard of performance (SOP)	Leistungsstandard, Leistungsziele
standard operating procedure	Standard-Arbeitsverfahren
standard price	normaler Preis, Standardpreis
standard price system	Standardpreissystem
standard quality	Standardqualität
standard quantities	Vorgabemengen
standard rate	Grundpreis, Standardrate
standard times	Vorgabezeiten
standard wage	Durchschnittslohn
standardisation	Standardisierung
standardized product	standardisiertes Produkt
stand-by credit	Beistandskredit
stand-by facilities	Reserveausrüstung
stand-by fee	Kreditgebühr
standing credit	laufender Kredit
standstill agreement	Stillhalteabkommen
start-up balance sheet	Eröffnungsbilanz
start-up expenses	Inbetriebnahmekosten, Anlaufkosten
start-up inventory	Eröffnungsinventur
start-up period	Anlaufzeit
state bond	Schuldverschreibung der Länder
state grant	staatlicher Zuschuss, öffentliche Beihilfen
state of the market	Marktlage
stated capital	ausgewiesenes Kapital
statement	Bericht

statement of account	Kontoauszug
statement of cash flow	Finanzierungsrechnung
statement of changes in financial position	Mittelherkunfts- und -verwendungsrechnung
statement of income	Ergebnisdarstellung
statement of result	Ergebnisrechnung
static procedures	statische Verfahren
statistical	statistisch
statistics	Statistik
status report	Lagebericht
statutes	Satzung
statutory	satzungsgemäss
statutory limitation period	Verjährungsfrist
statutory provisions	Satzungsbestimmungen
statutory reserve	Mindestreserve, satzungsgemässe Rücklage
steady demand	gleichbleibende Nachfrage, ständige Nachfrage
steady price	stabiler Preis
steering committee	Lenkungsausschuss
stepwise contribution accounting	stufenweise Deckungsbeitragsrechnung
stipulation	Klausel
stock	Bestand, Lagerbestand, Aktie
stock broker	Börsenhändler, Wertpapiermakler
stock brokerage	Aktienhandel
stock clearance	Sortimentsbereinigung
stock control	Lagerüberwachung
stock dividend	Dividende in Form von Aktien
stock exchange	Aktienbörse
stock exchange transaction tax	Börsenumsatzsteuer
stock holding cost	Lagergebühren
stock issued to employees	an Belegschaft ausgebene Aktie
stock location	Lagerort
stock option	Bezugsrecht auf Aktien
stock price	Aktienkurs
stock record	Lagerkarte
stock rotation	Lagerbewegung

stock status report	Lagerbestandsbericht
stock turnover	Lagerumschlag
stock, to take ~	Bestand aufnehmen
stock, voting ~	stimmberechtigte Aktie
stockbroker	Makler von Wertpapieren
stockholder	Aktionär
stockholders' meeting	Hauptversammlung
stockkeeping	Lagerhaltung
stockroom	Warenlager
stocks	Vorräte, Wertpapiere
stop payment order	Schecksperre
stop-loss order	limitierter Kauf- oder Verkaufsauftrag
storage	Lagerung
storage charges	Lagergebühren
storage planning	Lagerplanung
store location	Geschäftslage
store records, to ~	Unterlagen aufbewahren
store, to ~	aufbewahren
storing charges	Lagerkosten
storing rent	Lagermiete
straight piece rate	reiner Stücklohn
straight-line method of depreciation	lineare Abschreibung
strategic bottleneck	strategischer Engpass
strategic business analysis	strategische Unternehmensanalyse
strategic business unit	strategisches Geschäftsfeld
strategic business unit (SBU)	strategische Geschäftseinheit (SGE)
strategic objective	strategisches Ziel
strategic planning	strategische Planung
strategic supervision	strategische Überwachung
strategic tools	strategische Werkzeuge
strategy	Strategie
Strategy Controller	Strategie-Controller
strength of demand	Nachfragestärke
strong market	starker Markt
structure costs	Strukturkosten, Fixkosten
structure costs of the product	Produktstrukturkosten

structure costs of the product group	Produktgruppenstrukturkosten
structure costs, administration ~	Verwaltungsstrukturkosten
structure costs, manufacturing ~	Fertigungsstrukturkosten
stub period	Rumpfgeschäftsjahr
subaccount	Unterkonto, Hilfskonto
subassembly	Teilmontage
subcontractor	Unterlieferant
sub-group	Teilkonzern
subject	Thema
subject to limited taxation	beschränkte Steuerpflicht
subject to tax	steuerbar
subject to unlimited taxation	unbeschränkte Steuerpflicht
sublease	Untervermietung
subscriber (of shares)	Zeichner (von Aktien)
subscription certificate	Zeichnungsschein
subscription right	Bezugsrecht
subsequent payments	Folgezahlungen
subsequently	nachträglich
subsidiary	Tochtergesellschaft (über 50 % Beteiligung)
subsidies	Subventionen
subsidize, to ~	subventionieren
subsidized price	subventionierter Preis
subsidy	Unterstützung, Zuschuss
subsistence level	Existenzminimum
sub-standard goods	Ausschussware
substantive law	materielles Recht
substitute product	Substitutionsprodukt, Ersatzprodukte
sub-systems	Teilsysteme
subtotal	Zwischensumme
subventions	Subventionen
successor in title	Rechtsnachfolger
sue, to ~	Klage erheben, verklagen
suggested price	Richtpreis, empfohlener Preis
suit	Klage
suit, to file a ~	Klage erheben, verklagen

sum	Summe
summary report	Kurzbericht
supervisory board	Aufsichtsrat
supplement freight	Nachschubfracht
supplementary provisions	ergänzende Bestimmungen
supplementary tax	Nachsteuer
supplier	Auslieferer, Lieferant
supplies	Betriebs- und Hilfsstoffe
supply	gesamtwirtschaftliches Angebot
supply market	Beschaffungsmarkt
support	Unterhalt, Unterstützung
surcharge	Aufschlag, Zuschlag
surety	Bürgschaft
surety obligation	Bürgschaftsverpflichtung
surplus	Überschuss
surplus after taxes	versteuerte Rücklage
surplus carried forward, unappropriated ~	Gewinnvortrag
surplus, unappropriated ~	Bilanzgewinn
surtax	Zusatzsteuer
survey	Marktuntersuchung
suspense account	schwebendes Konto, Übergangskonto
suspension of payments	Zahlungseinstellung
swap	Tausch, Swap-Geschäft
swap business	Swap-Geschäft, Tauschhandel, Tauschgeschäft
swap transaction	Swap-Transaktion, Tauschhandel, Tauschgeschäft
swapping	Devisentauschgeschäft
SWOT-Analysis (strengths, weakness, opportunities, threats)	SWOT-Analyse (Stärken, Schwächen, Chancen, Gefahren)
syndicate	Syndikat
syndicate, underwriting ~	Emissionskonsortium

T

table	Tabelle
table of contents	Verzeichnis
tabulate, to ~	tabellieren

tabulation	Tabelle
tacit approval	stillschweigende Genehmigung
take inventory/stock, to ~	Bestand aufnehmen
take-over	Übernahme
tally sheet	Inventuraufnahmeblatt
tangible assets	Sachanlagen
tangible fixed	Sachanlagevermögen
tare	Gewicht der Verpackung
target	Sollvorgabe, Ziel
target costing	Zielkostenrechnung
target costs	Zielkosten
target function	Zielfunktion
target group	Zielgruppe
target price	Zielpreis
target-actual comparison	Soll-Ist-Vergleich
tariff	Tarif, Zolltarif
tariff cut	Zollsenkung
tariff holiday	Tarifurlaub
tariff increase	Tariferhöhung
task force	Arbeitsgruppe, Arbeitskreis
taste, change in ~	Geschmackswandel
tax	Steuer
tax abatement	Steuernachlass
tax advantage	Steuervorteil
tax agent	Steuerbeamter
tax and contributions ratio	Abgabenquote
tax assessment	Steuerbescheid, Steuerfestsetzung, Steuerveranlagung
tax at source	Abzugssteuer
tax audit	Betriebsprüfung, Steuerprüfung
tax authority	Steuerbehörde, Finanzamt
tax avoidance	Steuervermeidung
tax balance sheet	Steuerbilanz
tax basis	Steuerbemessungsgrundlage
tax benefit	Steuervergünstigung
tax burden	Steuerbelastung, Steuerlast

tax claim	Steuerforderung
tax collector	Steuereinnehmer
tax computation	Steuerberechnung
tax concession	Steuervergünstigung
tax consultant	Steuerberater
tax court	Steuergericht
tax credit	Steueranrechnung
tax department	Steuerabteilung
tax due	fällige Steuerschuld
tax evasion	Steuerhinterziehung, Steuerflucht
tax exemption	Steuerbefreiung
tax foreclosure	Pfändung zur Eintreibung einer Steuerschuld
tax form	Steuervordruck
tax fraud	Steuerhinterziehung
tax haven	Steueroase
tax journal	Steuerzeitschrift
tax law	Steuergesetz, Steuerrecht
tax liability, unlimited ~	unbeschränkte Steuerpflicht
tax loss carry-back	steuerlicher Verlustrücktrag
tax loss carry-forward	steuerlicher Verlustvortrag
tax office	Finanzamt, Steuerbehörde
tax on donations	Schenkungssteuer
tax on incremental value	Wertzuwachssteuer
tax on net assets	Steuern vom Vermögen
tax on non-operating income	Steuern vom Ertrag
tax on operating income	Steuern vom Einkommen
tax on promissory notes	Wechselsteuer
tax on, to pay ~	versteuern
tax payment date	Steuertermin
tax planning	Steuerplanung
tax prepayment	Steuervorauszahlung
tax privileged	steuerbegünstigt
tax protest	Steuereinspruch
tax rate	Steuersatz
tax receipts	Steuereinnahmen

tax reduction	Steuerermässigung
tax refund	Steuererstattung, Steuerrückvergütung
tax return declaration	Steuererklärung
tax return, due date of ~	Steuererklärungstermin
tax return, to file a ~	Steuererklärung abgeben
tax revenue	Steueraufkommen, Steuerertrag
tax saving	Steuerersparnis
tax table	Steuertabelle
tax withheld at source	Quellensteuer
tax year	Steuerjahr
tax, added-value ~	Mehrwertsteuer
tax, tobacco ~	Tabaksteuer
tax, trade ~	Gewerbesteuer
tax, transportation ~	Beförderungssteuer
tax, turnover equalization ~	Einfuhrumsatzsteuer
tax, wage ~	Lohnsteuer
tax, wage withholding ~	Lohnsteuer
taxable	steuerbar
taxable income	steuerpflichtiges Einkommen
taxable period	Besteuerungszeitraum, Veranlagungszeitraum
taxation	Besteuerung
taxes, other ~	sonstige Steuern
tax-exempt	steuerfrei
tax-paid	versteuert
taxpayer	Steuerzahler
tax-sheltered transactions	steuergeschützte Massnahmen
technical progress	technischer Fortschritt
teleprinter	Fernschreiber
teller	Bankkassierer
temporary employment	befristete Beschäftigung
temporary restraining order	einstweilige Verfügung
temporary staff	Aushilfen
temps	Aushilfen
tenant	Mieter
term	Bedingung, Laufzeit

term loan	Termindarlehen
term payment	Terminzahlung
terminable	kündbar
terminate, to ~	kündigen
terms	Bestimmungen
terms of competition	Wettbewerbsbedingungen
terms of delivery	Lieferbedingungen
terms of interest	Zinskonditionen
terms of notice	Kündigungsfrist
terms of payment	Zahlungsbedingungen, Zahlungsziel
terms of sale	Verkaufsbedingungen
test	Probe
test count	stichprobenweise Zählung
textile finishing	Textilveredelung
theoretical capacity	maximale Kapazität
theory of probability	Wahrscheinlichkeitstheorie
thin market	schwacher Markt
tick mark	Prüfungszeichen
tie vote	Stimmengleichheit
tied-up capital	gebundenes Kapital
time and motion studies	Zeit-und Bewegungsstudien, REFA-Studien, Arbeitsstudien
time card	Anwesenheitskarte
time clock	Stechuhr
time control	Zeitkontrolle
time deposit	Festgeld, Termineinlage
time limit	Frist
time limit for filing an appeal	Berufungsfrist
time schedule	Zeittabelle
time span	Zeithorizont
time table	Zeitplan
time-rate wages	Zeitlohn
title of retention	Eigentumsvorbehalt
tolling	Lohnverarbeitung
tolling agreement	Lohnvertrag
tooling expenses	Werkzeugkosten
tools	Handwerkzeuge

topic	Thema
tort	unerlaubte Handlung
total	Summe
total amount	Gesamtbetrag
total indebtedness	Gesamtverschuldung
trace back, to ~	zurückverfolgen
track record	Leistungsnachweis
trade	Gewerbe, Handel, Tausch
trade accounts payable	Verbindlichkeiten aus Lieferungen und Leistungen
trade accounts receivable	Forderungen aus Lieferungen und Leistungen
trade balance	Handelsbilanz
trade barriers	Handelshemmnisse
trade credit	Lieferantenkredit
trade credit on goods	Warenkredit
trade debtors	Forderungen aus Lieferungen und Leistungen
trade deficit	Handelsdefizit
trade delegation	Handelsdelegation
trade discount	Händlerrabatt
trade draft	Warenwechsel
trade embargo	Handelsembargo
trade fair	Messe
trade liability	Lieferantenverbindlichkeiten
trade margin	Handelsspanne
trade mark	Markenname, Schutzzeichen
trade mission	Handelsvertretung
trade note	Warenwechsel
trade rebate in kind	Naturalrabatt
trade relations	Handelsbeziehungen
trade restrictions	Handelsbeschränkungen
trade tax	Gewerbesteuer
trade, parallel ~	Parallelhandel
trade-in, to ~	in Zahlung geben
trademark	gewerbliches Schutzrecht, Marke, Warenzeichen

trademark, to pirate a ~	Warenzeichenpiraterie
trademarks' register	Warenzeichenregister
trademarks, protection of ~	Warenzeichenschutz
trading	Handel
trading area	Absatzgebiet, Einzugsgebiet
trading centre	Geschäftszentrum
trading company	Handelsgesellschaft
trading result	Handelsergebnis
trading stock	Warenbestände
trading transactions	Handelsgeschäfte
traffic and shipping	Transport und Versand
trainee	Auszubildender
trainee programme	Ausbildungsprogramm
trainee, temporary ~	Praktikant
training	Ausbildung, Schulung
training on-the-job	Ausbildung am Arbeitsplatz
transaction	Transaktion
transaction tax	Verkehrssteuer
transfer at book value	Übernahme zum Buchwert
transfer bookkeeping	Umbuchung
transfer of title	Eigentumsübertragung
transfer order	Überweisungsauftrag
transfer price	Transferpreis, Verrechnungspreis
transfer to reserves	Zuweisung zu Rücklagen
transfer to reserves, to ~	einstellen in Rücklagen
transitional allowance	Überbrückungsgeld
transitional measure	Übergangsmassnahme
transitional rule	Übergangsregel
translate, to ~	umrechnen (von Währungen), übersetzen
translation differences	Unterschied aus Währungsumrechnung
transmitted loan	durchlaufender Kredit
transparency for costs	Kostentransparenz
transparency of the results	Ergebnistransparenz
transport insurance	Transportversicherung
transportation expenses	Transportkosten

transportation tax	Beförderungssteuer
transposition	Zahlenverdrehung
travel allowance	Reisekostenaufwandsentschädigung
travel department	Reisestelle
travel expenses	Reisekosten
travel expenses (incl. board)	Reisekosten (inkl. Verpflegungskosten)
traveller's cheque	Reisescheck
travelling salesman	Handelsreisender
treasurer	Finanzmanager, Schatzmeister
treasury	Fiskus
treasury bill	Schatzwechsel
treasury bonds	öffentliche Rentenpapiere
treasury note	Schatzanweisung
treasury stock	eigene zurückgekaufte Aktien
trend	Tendenz
trend, upward ~	steigende Tendenz
trial	mündliche Verhandlung
trial (technical)	Versuch (technisch)
trial and errror	Versuch und Irrtum
trial balance	Rohbilanz, Saldenbilanz
trial package	Probepackung
trilateral agreement	dreiseitige Vereinbarung
trilateral contract	dreiseitiger Vertrag
trust	Kartell, Konzern, Treuhand
trust agreement	Treuhandvertrag
trust company	Treuhandgesellschaft
trust fund	Treuhandfonds
trust property	Treuhandvermögen
trustee	Treuhänder, Vermögensverwalter
trustee investments	mündelsichere Kapitalanlage
trusteeship	Treuhänderschaft
tub file	Ziehkartei
turnkey systems	schlüsselfertige Anlagen
turnover	Umsatz, Warenumschlag
turnover cost system	Umsatzkostenverfahren
turnover equalization tax	Einfuhrumsatzsteuer

turnover rebate	Umsatzboni
turnover surplus	Umsatzüberschuss
turnover tax	Umsatzsteuer
turnover tax refund	Umsatzsteuervergütung
turnover, capital ~	Kapitalumschlag
turnover, daily ~	Tagesumsatz
turnover, evaluation of ~	Umsatzbewertung
turnover, intercompany ~	Interkonzernumsatz
twice monthly	vierzehntägig
twice yearly	halbjährlich
type of investment	Investitionsart

U

ultimative consumer	Endverbraucher
umbrella organization	Dachverband
unanimity	Einstimmigkeit
unanimous	einstimmig
unapplied (overhead)	nicht umgelegt (Gemeinkosten)
unappropriated deficit	Bilanzverlust
unappropriated deficit (within the profit and loss statement)	Bilanzverlust (in der Gewinn- und Verlustrechnung)
unappropriated surplus	Bilanzgewinn
unappropriated surplus carried forward	Gewinnvortrag
unclaimed cheque	nicht eingelöster Scheck
uncollectable accounts	uneinbringliche Forderungen
undefined variation	ungeklärte Abweichung
underabsorbed overhead	Gemeinkostenunterdeckung
underapplied manufacturing overhead expenses	Fertigungsgemeinkostenunterdeckung
underbid, to ~	unterbieten
under-employment	Unterbeschäftigung
underinsured	unterversichert
underpayment	Minderzahlung
understaffed	unterbesetzt
undervaluation	Unterbewertung
undervalue, to ~	unterbewerten
uneconomical	unwirtschaftlich

unemployed	arbeitslos
unemployment	Arbeitslosigkeit
unemployment assistance	Arbeitslosenhilfe
unemployment benefits	Arbeitslosengeld
unemployment compensation	Arbeitslosenunterstützung
unemployment insurance	Arbeitslosenversicherung
unfair advertising	unlautere Werbung
unfair competition	unlauterer Wettbewerb
unfunded pension plan	Rentenversicherung auf Umlagebasis
unification treaty	Einigungsvertrag
union	Gewerkschaft
union dues	Gewerkschaftsbeiträge
unit	Stück
unit cost accounting	Kostenträgerrechnung
unit cost(s)	Stückkosten, Einzelkosten
unit of calculable reference	Bezugsgrösseneinheit
unit of cost	Kostenträger
unit of production	Produktionseinheit
unit of quantity	Mengeneinheit
unit price	Stückpreis
unit-of-production method of depreciation	Abschreibung auf der Basis von Produktionseinheiten
unlawful	gesetzwidrig
unprofitable	unrentabel
unrealized gain or loss	nicht realisierter Gewinn oder Verlust
unrecorded	ungebucht
unrecorded liabilities	unverbuchte Verbindlichkeiten
unsaleable article	Ladenhüter
unsecured credit	Blankokredit
unsecured receivable	ungesicherte Forderung
untapped market	Marktlücke
unvouchered invoice	ungebuchte Rechnung
uptrend	steigende Tendenz
upward business trend	Konjunkturaufschwung
upward trend	steigende Tendenz
urgent	dringend
usage intensity	Nutzenintensität

use	Nutzung
use value	Nutzungswert
useful life	Lebensdauer eines Gutes, wirtschaftliche Nutzungsdauer
usury	Wucher
utilities	Strom, Gas, Wasser, usw.
utility, marginal ~	Grenznutzen
utilization	Inanspruchnahme
utilization of capacity	Kapazitätsauslastung

V

vacation	Urlaub
vacation allowance	Urlaubsgeld
valid	gültig
valorization	Kartellpreisstabilisierung
valuation	Bewertung
valuation adjustment	Wertberichtigung
valuation and accounting policies	Bilanzierungs- und Bewertungsgrundsätze
valuation at the lower of cost of market	Bewertung zum Niederstwertprinzip
valuation method	Bewertungsmethode
valuation of an enterprise "as a whole"	Unternehmensbewertung
valuation reserve	Sonderrücklage aus Neubewertungen, Wertberichtigung
valuation reserves, to provide for ~	Bildung von Wertberichtigungen
valuation rules	Bewertungsvorschriften
valuation variation	Bewertungsunterschied
valuation, inventory ~	Bestandsbewertung
value	Wert, Valuta
value added	Wertschöpfung
value added tax payable	Umsatzsteuer
value benefit analysis	Nutzwertanalyse
value chain analysis	Wertkettenanalyse
value date	Valutadatum
value engineering	Wertanalyse
value in exchange	Tauschwert
value of earnings	Ertragswert
value of matter in dispute	Streitwert

value of the enterprise "as a whole"	Unternehmenswert
value structure	Wertgerüst
value, acquisition ~	Einstandswert
value, additional ~	Mehrwert
value, book ~	Buchwert
value, capital ~	Kapitalwert
value, face ~	Nennwert, Nominalbetrag
value, intrinsic ~	innerer Wert
value, liquidation ~	Liquidationswert
value, present ~	Barwert, Gegenwartswert
value, replacement ~	Wiederbeschaffungswert
value, to ~	valutieren
value, use ~	Nutzungswert
value-for-money ratio	Kosten-Leistungs-Verhältnis
variable costs	variable Kosten
variable gross margin	Deckungsbeitrag
variable sales and distribution costs	variable Vertriebsgemeinkosten
variance	Abweichung
variance analysis	Abweichungsanalyse
variance, budget ~	Budgetabweichung
variance, cash discount ~	Skontoabweichung
variance, consumption ~	Verbrauchsabweichung
variance, cost ~	Kostenabweichung
variance, inventory ~	Bestandsabweichung, Inventurdifferenz
variance, labour efficiency ~	Leistungsgradabweichung (bei Standardkostenrechnung)
variance, lot-size ~	Losgrössenabweichung
variance, material ~	Materialabweichung
variance, overhead ~	Gemeinkostenabweichung
variance, purchase price ~	Einkaufspreisunterschied
variance, standard cost ~	Standardkostenabweichung
variance, turnover ~	Umsatzabweichung
variances	Abweichungen
variances, allocation of ~	Abweichungsverteilung
variation	Abweichung

variation in material prices	Materialpreisdifferenz
variation in standard costs	Abweichung bei Standardkosten
variation of the operation capacity	Beschäftigungsabweichung
variation, undefined ~	ungeklärte Abweichung
vault	Tresor
vehicle tax	Kraftfahrzeugsteuer
vendor	Verkäufer
venture capital	Wagniskapital, Risikokapital
verdict	Urteil der Geschworenen
verification	Überprüfung
verification of prices	Preisüberprüfung
verify the invoice, to ~	Rechnung prüfen
virgin market	unerschlossener Markt
vision	Vision
vocational school	Berufsschule
void	ungültig
voided cheque	ungültig gemachter Scheck
volume allowance	Mengenbonus
volume discount	Mengenrabatt
voluntary employee benefit expenses	freiwillige soziale Aufwendungen
voluntary social benefits	freiwillige soziale Aufwendungen
vote of confidence	Vertrauensabstimmung
voting right	Stimmrecht
voting share	stimmberechtigte Aktie
voting stock	stimmberechtigte Aktie
voucher	Ausgabenbeleg, Beleg, Erfassungsbeleg
voucher cheque	Scheck mit anhängendem Zahlungsnachweis
voucher register	Rechnungseingangsbuch

W

wage	Lohn
wage- and price controls	Lohn- und Preiskontrollen
wage arbitration	Schlichtung im Lohnstreit
wage earner	Lohnempfänger
wage freeze	Lohnstop
wage increase	Lohnerhöhung

wage level	Lohnniveau
wage negotiations	Lohnverhandlungen
wage pay-roll department	Lohnabteilung
wage rise	Lohnerhöhung
wage settlement	Tarifvertrag
wage tax	Lohnsteuer
wage tax card	Lohnsteuerkarte
wage tax class	Steuerklasse
wage tax withheld	einbehaltene Lohnsteuer
wage withholding tax	Lohnsteuer
wages in kind	Naturallohn
wages, advance on ~	Lohnvorschuss
wages, auxiliary ~	Hilfslöhne
waive a claim, to ~	auf einen Anspruch verzichten
warehouse	Warenlager, Lager
warehouse costs	Lagerkosten
warehouse fees	Lagergebühren
warehouse for supplies	Hilfsstofflager
warehouse inventory valuation	Lager-Bestandsbewertung
warehouse receipt	Lagerschein
warrants	Optionsscheine
warranty	Garantie
warranty claims	Gewährleistungsansprüche
warranty obligations	Gewährleistungsverpflichtungen
waste material	Abfallmaterial
waste product	Abfallprodukt
weak signals	Früherkennungssignale, schwache Signale
wear and tear	Verschleiss
weekly wage	Wochenlohn
welfare benefits	Unterstützung
welfare economics	Wohlfahrtsökonomik
well-priced	preisgünstig
white-collar employee	Angestellter
wholesale	Grosshandel
wholesale distribution	Grosshandelsvertrieb

wholesale enterprise	Grosshandelsunternehmen
wholesale margin	Grosshandelsspanne
wholesale price	Grosshandelsverkaufspreis
wholly-owned subsidiary	Tochtergesellschaft (100%ige Beteiligung)
willful deceit	arglistige Täuschung
windfall profit	unerwarteter Gewinn
window dressing	Bilanzfrisur
with copy	zweifach, mit Kopie
withdrawal	Abhebung, Entnahme
withdrawal of material	Materialentnahme
withholding exemption certificate	Lohnsteuerkarte
withholding tax	Quellensteuer
withholding tax on dividends	Kapitalertragsteuer
withholding tax table	Lohnsteuertabelle
without obligation	ohne Verpflichtung
without recourse	ohne Gewährleistung oder Obligo
word processing	Textverarbeitung
work condition bonus	Erschwerniszulage
work in process	Halbfabrikate, unfertige Erzeugnisse
work load	Arbeitsbelastung
work overtime	Überstunden machen
work plan	Arbeitsplan
work sheet (US)	Rohbilanz
work shop	Werkstatt
workday	Arbeitstag
workers' council	Betriebsrat
working capital	kurzfristiges Betriebskapital
working code	Artikelnummer
working group	Arbeitsgruppe, Arbeitskreis
working hours	Arbeitsstunden
working procedure	Arbeitsgang, Arbeitsvorgang
workmen's compensation board	Berufsgenossenschaft
workmen's compensation insurance	gesetzliche Unfallversicherung
work-place	Arbeitsstelle, Arbeitsstätte
work-to-rule	Dienst nach Vorschrift
world market	Weltmarkt

world market price	Weltmarktpreis
write off, to ~	ausbuchen
write-up	Zuschreibung
written notice	schriftliche Kündigung

Y

year reported on	Berichtsjahr
year to date	Jahr bisher
year total	Gesamtjahr
year-end bonus	Jahresgratifikation
year-end closing	Jahresabschluss
year-end-settlement	Jahresendabrechnung
year's bonus	Jahresgratifikation
yield	Ausbeute, Rendite, Verzinsung

Z

zero sum game	Nullsummenspiel
zone pricing	Preisdifferenzierung

Zu den Autoren

Ulrich Kohlmeier, Jahrgang 1967, gelernter Industriekaufmann und Dipl.-Kaufmann, studierte Betriebswirtschaftslehre in Göttingen und Economics in Adelaide, Australien. Nachdem Kohlmeier als Controller sowohl im mittelständischen Unternehmen als auch im multinationalen Konzern tätig gewesen war, wechselte er 1998 in das ganzheitliche Controlling eines international operierenden Pharmaunternehmens. Dort leitet Kohlmeier das Strategie-Controlling. Ulrich Kohlmeier ist Mitglied im Controller Verein eV / Gauting (www.controllerverein.de), der der International Group of Controlling (IGC) angehört.

Dr. Frank Koslowski, Jahrgang 1962, studierte Betriebswirtschaftslehre und promovierte am Institut für Industrielles Management in Göttingen. Nach einer Tätigkeit als Controller und Projektleiter in einem internationalen Konzern war er in der Geschäftsführung einer grossen Selbstverwaltungsorganisation der deutschen Wirtschaft für die Bereiche Organisation, Planung und Controlling zuständig. Heute ist er Fachleiter für Wirtschaftsinformatik und Professor für Unternehmensführung und Controlling an der Berufsakademie Mannheim.